improvise PRA VALER

Entenda a música que você ouve.
Toque a música que você imagina.

David Reed

Improvise pra Valer

Por David Reed

ISBN: 978-1-7363369-1-5

Copyright 2020, David Reed

Todos os direitos reservados.

Este ebook é licenciado somente para seu proveito pessoal. Nenhuma parte deste ebook pode ser copiada, compartilhada, redistribuída, vendida ou usada de qualquer forma comercial sem o consentimento escrito prévio do autor. Se você está lendo este livro e não o comprou, por favor considere comprar sua própria cópia. Obrigado por respeitar o trabalho árduo do autor.

Ilustrações e design de capa por Mireia Clua Geli

Design do livro e layout por Jessé Rodrigues

Traduzido por Vanessa Gonçalves Guimarães

Editado por Amy Nicholson

Bases musicais e outros recursos de apoio em ImproviseForReal.com.

Índice

O que eu espero dar a você	1
Por que tocamos	2
Nosso relacionamento disfuncional com a música	3
As origens da educação musical	5
O paradigma das regras e fórmulas	8
Criando uma nova prática musical	10
Os Cinco Exercícios	11
Exercício 1: Terreno	14
Exercício 1: Terreno (para violão e guitarra)	22
Exercício 1: Terreno (para baixo elétrico e contrabaixo)	36
O arquiteto e o pedreiro	48
Sete pequenas notas	50
O poder da experiência direta	52
Compreensão começa no escutar	54
Quebrando o feitiço	57
A chave mágica	60
Isaac Newton e Michael Jordan	65
Exercício 2: Melodia	66
Improvisando pra valer	81
Seu vasto conhecimento musical	84
Teoria musical é na verdade redundante	86
Som, mapa e instrumento	88
Vendo a *Matrix*	92
Os sete ambientes harmônicos	106
Piano para todos	111

Exercício 3: Harmonia Pura	115
Compondo sua própria música	141
"Jam sessions" em família	147
Sol e Lua	153
Tensão e Relaxamento (em melodia)	159
Tensão e Relaxamento (em harmonia)	162
Formatos musicais	165
Medindo distâncias	174
Cortando e colando formatos musicais	180
Exercício 4: Harmonia Mista	184
O tempo	203
Tocando standards de jazz	205
Tocando o blues	214
Tocar escalas não é improvisar	219
Composições avançadas de jazz	220
Improvisação livre - Sinta, Imagine, Crie	223
Exercício 5: Harmonia Livre	228
A jornada começa	248
Sobre o autor	249

O que eu espero dar a você

Eu escrevi este livro para todos os que sonham em compreender música e em serem capazes de sentir o prazer de criá-la por si mesmos. Eu quero que você saiba que não há nada de "errado" com você se ainda não encontrou seu caminho na música. Todos os seres humanos são capazes de imaginar e criar belas músicas, e não há nada o impedindo de sentir a emoção de criar sua própria música quase que imediatamente. Tudo que você precisa é de um pouco de ajuda em visualizar os materiais da sua arte para que possa começar a gostar de trabalhar com eles.

Você não precisa saber absolutamente nada sobre teoria musical para começar. Tudo o que precisa é de uma mente aberta e qualquer instrumento que produza notas musicais (violão, guitarra, baixo, piano, trompete, saxofone, violino, etc.). Você vai começar a improvisar já no primeiro dia e vai utilizar a própria improvisação como seu veículo pessoal para explorar e se mover pelo nosso sistema musical. Você também vai aprender a se conectar com sua imaginação musical e tocar a partir dela, onde irá descobrir que há uma fonte infinita de ideias belas e criativas. E vai aprender a usar um simples, mas poderoso *mapa musical* para gradualmente construir seu próprio entendimento sobre harmonia.

Este método é completamente aberto. Quão longe você vai é sua decisão. Mesmo que você nunca passe dos dois primeiros exercícios, só isso já vai lhe permitir improvisar com confiança em qualquer situação musical pelo resto da sua vida. Mas se você for mais longe, verá as coisas com mais clareza. Você vai começar a reconhecer e a compreender os sons da música ao seu redor. Será capaz de tocar qualquer música que ouvir, em qualquer tom. E vai compor suas músicas com tanta facilidade quanto faz um desenho.

Mas nada disso é tão importante. O que eu realmente espero lhe dar é a chance de descobrir e se conectar com uma parte sua que você não sabia que existe. Eu espero lhe mostrar uma visão da harmonia não como um conjunto de regras sobre "notas certas" e "notas erradas", mas sim como uma bela e infinita paisagem para você descobrir em seu próprio ritmo. Acima de tudo espero que você aprecie a jornada. A vida é muito curta para desperdiçar imitando os outros. Seja você mesmo e descubra *sua própria música*!

Por que tocamos

Você lembra a primeira vez que uma música o emocionou? Talvez aquele tenha sido o momento que você soube que queria ser músico. Ou talvez apenas sentiu o poder da música sem pensar nas consequências. Mas naquele momento você experimentou algo que mais tarde iria passar boa parte da sua vida buscando de novo e de novo.

A sua experiência naquele momento estava descomplicada por teoria musical. A mágica não estava nas escalas, nos acordes ou em uma forma perspicaz de usar síncopes. Você sentiu a música no seu corpo e não precisou de ninguém para lhe dizer que a música era incrível.

Este livro é para honrar aquela experiência. Nós tocamos porque queremos viver naquele momento. Nós não tocamos para impressionar os outros com o quanto sabemos. Tocamos com humildade e gratidão, agradecidos por cada momento e pela beleza de cada som.

Nosso relacionamento disfuncional com a música

A maioria de nós leva uma espécie de vida dupla com respeito à música. De um lado nós temos nossa experiência real, natural, com a música em nossa vida diária. Temos nossas canções preferidas e talvez até mesmo uma banda favorita. Escutamos música em casa, em nossos carros, em nossos fones de ouvido e em quase todo lugar que vamos. Cantamos melodias silenciosamente para nós mesmos e batucamos ritmos com nossas mãos e dedos. Vamos até mesmo a concertos apenas para sentar silenciosamente e concentrar toda nossa atenção em escutar a música. E quando a música é muito boa ela pode nos dar arrepios, trazer lágrimas aos nossos olhos ou fazer-nos gargalhar. De todos esses jeitos inocentes e inconscientes nós demonstramos ambos o nosso amor e nossa compreensão da música.

Mas aí temos algo chamado "aulas de música". Esse ritual bizarro, geralmente conduzido por um solícito guia chamado "professor de música", consiste sobretudo em se olhar fixamente para centenas de pontinhos pretos em uma folha de papel e tentar extrair uma elaborada sequência de notas de um instrumento musical sem violar nenhuma das leis sagradas de postura e posição das mãos. Muitos de nós aderimos a essa rotina por *anos* porque inocentemente presumimos haver algum tipo de conexão entre aulas de música e compreender música.

Mas incrivelmente, não parece haver conexão alguma entre esses dois mundos. Pelo contrário, parece que não importa a quantidade de treinamento formal em música que enfrentemos, nós nunca chegamos a entender toda a música que nos cerca e permeia cada aspecto de nosso dia-a-dia. Esse pequeno detalhe dá origem a uma série de estranhas contradições:

- Crianças que amam música, mas odeiam lições de música
- "Professores" de teoria musical que nunca chegaram a criar nenhuma música
- Músicos clássicos brilhantes que se sentem intimidados por uma amigável jam session
- Improvisadores de jazz que não conseguem tocar canções populares simples de ouvido
- Pianistas virtuosos incapazes de tocar "Parabéns pra você" sem a partitura

O que está acontecendo aqui? Como pode uma pessoa "estudar música" por dez anos ou mais e ainda não compreender *canções infantis*? Por que a maioria dos professores de música não conseguiria escrever uma canção nem para salvar a própria vida enquanto existem tantos compositores bem sucedidos sem nenhuma educação formal?

E o mais importante, por que tantos músicos se sentem envergonhados com seu atual nível de conhecimento e habilidade? Na África você consegue distinguir os músicos pelos seus sorrisos amigáveis e pela sua tremenda energia positiva. Em Nova York você consegue distinguir os músicos pelos seus semblantes preocupados e pelo seu hábito compulsivo de fumar. O que há com nosso sistema educacional que torna tantas crianças lindas e sensíveis em adultos frustrados e autodestrutivos?

O que vou tentar lhe mostrar neste livro é que nossa situação não só tem uma explicação lógica, mas o mais importante, tem uma *solução*. A explicação é bem simples: nós não temos estudado música de jeito algum. A maioria de nós nunca teve ideia alguma de como estudar música, então, ao invés disso, estudamos outra coisa chamada "teoria musical".

A solução é igualmente simples: estudar música.

As origens da educação musical

A abordagem tradicional do ensino de música possui algumas coisas maravilhosas que devemos cuidadosamente preservar. Mas ela também possui algumas falhas gritantes, e acredito ser importante reconhecê-las antes de continuar. Eu penso que se você entender o porquê se ensina música assim, será muito mais fácil para encontrar seu próprio caminho, tanto na música como na vida.

Vamos começar reconhecendo algumas coisas que são feitas muito bem. Faz-se um bom trabalho ao ensinar os estudantes a tocar instrumentos. Os métodos de ensino foram refinados e aperfeiçoados ao longo de muitas gerações, e estamos tornando esses métodos ainda melhores com os estudos sobre aprendizagem infantil, psicologia motivacional, mecânica corporal, lesões por esforço repetitivo e outras questões. Estão até mesmo começando a incorporar tradições de aprendizagem e inovações de outras partes do mundo (como Suzuki) com resultados muito animadores. E também se faz um ótimo trabalho ao ensinar habilidades de alfabetização musical como ler e escrever partituras, teoria musical básica e assim por diante.

Mas incrivelmente, apesar de todos os avanços, parece que esquecemos completamente toda a questão de ensinar as pessoas a *criar* música. Em todas as outras formas de arte, estudantes começam a praticar suas expressões criativas logo no primeiro dia. Pintura, desenho, escultura, poesia e aulas de escrita criativa: todas dão oportunidade aos estudantes de experienciar o processo criativo como uma parte natural de seu aprendizado.

Mas é apenas na música que o processo criativo permanece envolvido em um manto de mistério, território exclusivo dos antigos "compositores" e da criança prodígio ocasional. Pode parecer que nossos professores de música foram um monte de ogros que se recusaram a deixar seus alunos se expressarem criativamente. Mas muito pelo contrário, a maioria dos professores de música adorariam incorporar atividades criativas na sala de aula! E muitos estão bravamente se aventurando nesse território sozinhos. Mas não é tão óbvia a maneira de fazer isso. A maioria dos professores simplesmente não possuem nenhuma metodologia para tornar seus estudantes capazes de criar a *própria* música.

Mas como pode um detalhe tão chamativo ter sido esquecido? Quase todo músico fantasia criar a própria música um dia. Como podemos ter uma indústria inteira dedicada ao "ensino de música" e nunca chegar a mostrar a alguém como criar música?

Acredito que a resposta para essa questão se encontra nas origens europeias das ideias mais básicas sobre o que significa ensinar música. Lembre-se, por séculos o objetivo principal da educação musical clássica era de produzir instrumentistas de orquestra capazes de ler uma partitura e corretamente tocar as ideias do compositor. E isso não é qualquer tarefa. Requer um controle formidável sobre o instrumento e uma habilidade de alto nível para ler complicadas frases musicais em uma página. Isso requer ainda grande sensibilidade e poder de expressão, já que sem isso a música soaria tediosa e sem vida.

Esse tipo curioso de músico une os traços de personalidade mais contraditórios. Ele deve ter o controle preciso de um atleta de nível mundial para executar movimentos tênues ao tocar seu instrumento. Mas ele também deve ter uma extrema agilidade mental para ler e instantaneamente decifrar ritmos absurdamente complexos codificados em símbolos em uma página. Ele deve ser sensível o suficiente para sentir e expressar a beleza em cada linha que toca, mas deve ser desapegado o suficiente para tocar qualquer música que lhe é entregue sem reclamar.

Esse é o contexto em que nosso sistema de educação musical evoluiu. O objetivo era produzir uma espécie de pessoa-robô super executora capaz de tocar qualquer obra musical que surgisse e fazê-la soar esplêndida. Havia, no entanto, uma habilidade que não era exigida desses super executores, e era a habilidade de criar suas próprias músicas. Na tradição clássica europeia, o papel do intérprete não é entender música, mas executá-la.

É fácil imaginar como essa combinação de circunstâncias levou ao desenvolvimento de duas atitudes fundamentais no ensino da música:

O conhecimento vem de fora. Músicos começam vazios inicialmente. Eles devem ser ensinados o que tocar e como tocar. O papel do músico é praticar cada nova técnica até que a execute de forma convincente.

Músicos tocam para os outros. O propósito de um músico é maravilhar audiências e impressionar outros músicos. Seu sucesso pode ser medido pelo número de concertos que consegue, o salário que ganha e também o respeito e a fama que possui entre os músicos.

Ambas essas atitudes estão relacionadas com a preparação do músico para ser um intérprete profissional capaz de ganhar salário ao trabalhar para os outros. Isso é muito diferente da nossa ideia moderna do músico como um ser humano que pensa e sente, que quer crescer, criar e experienciar a vida por conta própria. O que estou tentando dizer é que nosso sistema de ensino de música é em suas raízes uma espécie de ensino profissionalizante. Ele foi pensado para produzir funcionários qualificados que poderiam assumir um posto. E essa atitude é tão enraizada em nossa cultura que continuamos a ensinar música desse jeito ainda hoje, mesmo que não faça mais sentido algum.

O mundo inteiro mudou. Para a maioria das pessoas, não há mais apresentações de orquestras e nem famílias reais comissionando grandes obras de arte. Não há mais nem mesmo grupos itinerantes de jazz que chamam você no último minuto para uma substituição. De um ponto de vista profissional, a era de ouro do músico como intérprete basicamente acabou.

Mas a melhor parte está apenas começando. Estamos no limiar do momento mais incrível de nossa história, em que cada pessoa do mundo pode ter acesso ao mesmo conhecimento de harmonia possuído por Bach ou Mozart. Imagine um mundo inteiro de pessoas descobrindo a música por si mesmas e criando todo tipo de composições fantásticas e surpreendentes. E se cada um que você conhece fosse capaz de pegar um instrumento e improvisar livremente com você? Em casa, com sua família em uma manhã preguiçosa de domingo, de repente sua avó se volta para você e diz: "Que tal uma jam?". Ou imagine se você tivesse a habilidade de recriar os momentos mais impactantes dos concertos mais incríveis que já ouviu, aqueles momentos que lhe deram arrepios ou trouxeram lágrimas aos seus olhos. Imagine como seria se você pudesse entrar nesse mundo na hora que quisesse.

Esse fascinante mundo de sons está aberto vinte e quatro horas por dia e não há cobrança pela entrada. Tudo o que precisamos é de nos perdoar por quaisquer erros que tenhamos cometido no passado e aprender a pensar na música de duas formas fundamentalmente novas:

Todo conhecimento é autoconhecimento. Dentro da imaginação de cada pessoa existe todo um universo de sons, pensamentos, sentimentos e desejos. Esse universo se expande com cada som que escutamos e com cada emoção que sentimos. O caminho do músico é descobrir esses elementos dentro de si e aprender a expressá-los.

Nós tocamos para nós mesmos. Estudar música é um modo de contemplar a beleza da natureza e também uma prática diária que nos permite conectar a nós mesmos. Essa prática está disponível para todos como uma forma de prazer e crescimento pessoal, não importando o nível de conhecimento ou técnica. O sucesso de um músico só pode ser medido pela própria satisfação que obtém em seu relacionamento com a música.

Se você está aberto a essas duas novas ideias, então está preparado para começar a jornada libertadora rumo à sua própria criatividade musical. O caminho poderá ser surpreendente para você, então eu quero começar explicando como a improvisação é normalmente ensinada e porque iremos tomar uma rota tão diferente.

O paradigma das regras e fórmulas

A maior parte dos cursos de improvisação são ambientes pobres para um jovem amante da música. Os alunos chegam para descobrir o fascinante mundo da harmonia, mas ao invés disso se veem afundando em meio a um mar de regras, fórmulas e definições. Os alunos são ensinados a confiar na teoria musical para determinar as "notas corretas" ao improvisar em qualquer situação musical. E espera-se que eles memorizem um inventário que parece sem fim de escalas, licks e frases, os quais devem ser cuspidos durante os solos para demonstrar sua "maestria" do material. Todo o paradigma desses cursos não é para ajudá-lo a descobrir a harmonia, mas simplesmente para lhe dizer *o que tocar*.

Ironicamente, seus dois maiores dons como músico, seu ouvido e sua imaginação, praticamente não possuem qualquer papel em todo esse treinamento musical. Estudantes aprendem como ler partituras e tocar as escalas apropriadas, mas nunca aprendem a *ouvir* os elementos mais básicos de que é feito todo esse material musical. Esse é motivo pelo qual tantos músicos de jazz não conseguem nem mesmo tocar sua música favorita em um tom diferente. Eles só conseguem tocar no tom em que eles a memorizaram porque eles não a compreendem de verdade. Desnecessário dizer, improvisar em outros estilos como flamenco, música clássica, improvisação livre ou música do Oriente Médio fica fora de questão completamente. Teorias e fórmulas não funcionam quando não há acordes escritos.

Mas o maior problema com essa abordagem baseada em fórmulas é que ela não nos dá a satisfação artística que almejamos tanto. Se você esperava que a improvisação musical seria uma forma de se conectar com seu lado criativo e expressar suas *próprias* ideias musicais direto de sua imaginação, então essa abordagem mecânica é uma grande decepção.

O que parece estar faltando em todo curso de improvisação que já vi é a ideia do improvisador como uma pessoa pensante e com sensibilidade, com suas *próprias* ideias e valores. Se os seus professores tivessem lhe dado apenas as informações básicas que você realmente precisa para começar a se expressar criativamente através da música, você ficaria estarrecido com o quão simples a harmonia é, na verdade. A única razão pela qual improvisação parece complicada é porque espera-se que os estudantes memorizem uma lista sem fim de truques e fórmulas para que soem exatamente igual a todo mundo. Em outras palavras, nós nos tornamos tão preocupados em soar "bem" que esquecemos de tocar nossa *própria* música, mesmo que isso tenha sido o que nos levou a querer improvisar em primeiro lugar.

A ironia é que nenhum dos grandes improvisadores da história estudaram música desse jeito. Todos eles contam a mesma história de terem passado pelo processo de descoberta da harmonia por si mesmos. Eles contam sobre terem passado incontáveis horas tocando melodias simples e contemplando o som de cada nota. Dos músicos de jazz da classe trabalhadora até os artistas mais celebrados do século XX, uma imagem é absolutamente recorrente. É a imagem de um ser humano sozinho, perdido em pensamento e completamente absorto no mundo dos sons. Nenhum desses grandes músicos falam sobre aprender truques e fórmulas. Você nunca escutou Miles Davis dizer: "As coisas decolaram para mim quando eu descobri esse livro de escalas de jazz".

Em outras palavras, o estudo de música desses grandes improvisadores não era direcionado para fora, na busca de técnicas e fórmulas. Sua busca foi interna, um tipo de *prática* meditativa pessoal que deu a eles uma poderosa maestria sobre os sons de nosso sistema musical. Hoje não há nada impedindo qualquer um de nós de cultivar essa mesma prática diária em nossas próprias vidas. A chave é parar de procurar respostas no paradigma das regras e fórmulas. Todas as respostas encontram-se no mundo dos sons, e você precisa descobrir esse mundo por si mesmo.

Improvise pra Valer é sobre retornar ao nosso sonho original, ao que nos levou a buscar a improvisação musical em primeiro lugar. Não nos interessamos por ela por estarmos atrás de truques e fórmulas para impressionar outras pessoas com nosso conhecimento. Queríamos improvisar porque nos pegamos imaginando como deve ser fantástica a sensação de se expressar criativamente através da música. Sonhamos em tocar belas e espontâneas apresentações com outras pessoas, expressando a música única que há dentro de nós. Porque alguém trocaria esse sonho por um monte de fórmulas? Se não podemos ser nós mesmos nem sequer ao tocar música, então porque tocá-la?

A verdadeira improvisação musical é tão bonita e entusiasmante como você imaginou que seria. E a experiência emocionante de improvisar pra valer está disponível para simplesmente todos, não importando experiência ou nível de habilidade. Então se você é uma das pessoas que sempre achou que harmonia e improvisação devem ser muito difíceis, então está prestes a ter uma maravilhosa surpresa. Improvisação musical é a coisa mais fácil deste mundo. Você apenas relaxa, escuta aquela voz interior que todos possuímos, e toca o que está ouvindo.

Se você compartilha com o que a maioria das pessoas pensam, provavelmente não faz ideia do que estou falando, ou sequer de como começar. Mas não se preocupe. É disso que se trata este livro. Você está prestes a descobrir uma alternativa entusiasmante para o paradigma das regras e fórmulas. Estudar música de verdade não significa acumular mais técnicas para usar em seus solos. Significa aprender a usar aqueles dois recursos fantásticos que são a própria essência do artista da música: seu ouvido e sua imaginação.

Criando uma nova prática musical

Vamos começar nossa jornada juntos com um momento de brutal honestidade. Quando você olha para o seu instrumento, o que você *sente*?

Você sente amor?

Sente entusiasmo e encanto?

Você vê o seu instrumento como a porta de entrada para seu próprio paraíso pessoal?

Infelizmente, nem todo mundo pode responder "sim" para todas essas questões. Alguns sentem uma vaga sensação de tédio ou indiferença com relação ao seu instrumento, como se não estivessem encontrando seu verdadeiro propósito na música. E algumas pessoas chegam a sentir frustração, culpa e até mesmo medo.

Vale lembrar que música foi a primeira fisioterapia do mundo. A única razão pela qual as pessoas começaram a cantar, dançar e a tocar instrumentos foi pelo intenso prazer físico que elas sentiam nisso. Se não sentimos mais esse êxtase quando tocamos nossos instrumentos hoje, então talvez tenhamos esquecido algo importante. Fico imaginando o que um músico primitivo que viveu 30.000 anos atrás acharia da ideia de a música poder ser uma fonte de culpa ou medo.

Para os próximos meses eu quero propor um experimento. Eu quero que você crie um pequeno espaço na sua vida para uma nova atividade musical que não tem a ver com mais nada da sua vida musical. Não se preocupe em tentar entender como essa nova prática se encaixa em todas as outras coisas que você pode ter estudado. Apenas pense nela como um hobby musical que você vai experimentar por um tempo.

Não é preciso parar suas outras atividades musicais ou mudá-las de forma alguma. Se você já possui alguma rotina de praticar que acredita ser importante continuar, então certamente dê continuidade. Você ainda assim pode manter todos os seus objetivos e metas, suas áreas de aperfeiçoamento e todo aquele material que você gostaria de dominar um dia. A única coisa que eu peço é que você deixe todas essas outras coisas longe da sua mente sempre que praticar as atividades descritas neste livro. Trabalhe nas outras coisas o quanto você quiser, mas separe alguns minutos todos os dias para apenas apreciar relacionar-se com a música de uma forma diferente.

Nosso trabalho aqui é criar algo muito especial só para você. Não é preciso compartilhar isso com ninguém se não quiser. É algo totalmente seu para explorar e curtir pelo resto da sua vida. Isso vai te guiar em aventuras fascinantes quando você estiver a fim de desafio. E vai ser seu conforto e proteção quando as coisas não acontecerem do seu jeito. No início vai parecer como uma espécie de jogo, e pouco a pouco vai evoluir para outra coisa. Mas em nenhum momento vou pedir a você para tocar bem ou impressionar alguém com suas habilidades. Essa prática musical é exclusivamente para seu próprio prazer.

Os Cinco Exercícios

Se você deu uma olhada no índice deste livro, deve ter notado que no método inteiro do Improvise pra Valer há apenas cinco exercícios. Provavelmente não é preciso dizer que esses cinco exercícios não são como um dever de casa para você completar e riscar de uma lista. O que eles representam, na verdade, são cinco diferentes níveis de abstração musical que juntos formam um método completo para crescimento musical ao longo de toda a vida. Cada exercício é todo um campo de estudo da música, e eu incluí neste livro as formas mais essenciais de se trabalhar em cada um desses cinco campos.

Os Cinco Exercícios estão apresentados em uma ordem específica porque cada exercício constrói algo em cima dos anteriores. No entanto, eles são cumulativos no sentido de que você não deixa um exercício para começar o outro. O objetivo é aprender todos os cinco para que você tome controle do seu próprio desenvolvimento musical. Cada vez que você sentar para praticar, é você quem vai decidir onde quer concentrar suas energias.

Cada um dos Cinco Exercícios descritos neste livro contêm ideias e atividades suficientes para mantê-lo ocupado por toda a vida. Então, não caia no erro de pensar que você deve dominar cada exercício completamente antes de passar para o próximo. Não funciona dessa forma! Você vai continuar a aprender e a crescer em todas essas cinco áreas pelo resto da sua vida. Então, aprenda os exercícios no ritmo que fizer sentido pra você. Lembre-se que você sempre tem total liberdade para decidir o quanto quer trabalhar em cada nível.

Você também tem total liberdade para decidir quão longe quer ir no Improvise pra Valer. Muitos estudantes nunca vão além do Exercício 2 porque eles não sentem a necessidade pessoal de saber todos os detalhes da harmonia que os cerca. Eles já conseguem improvisar maravilhosamente em qualquer música e em qualquer tom, e para eles esse é o nível certo de compreensão que lhes oferece uma experiência musical prazerosa. Se o seu objetivo é ser capaz de participar em sessões de improvisação ou improvisar solos em um grupo musical, você vai atingir isso com o Exercício 2. Você vai aprender como se orientar em qualquer música usando nada mais que seu ouvido e vai aprender como expressar suas próprias ideias em qualquer contexto musical.

Se, por outro lado, seu objetivo é se desenvolver completamente como um artista criativo da música, então o Exercício 2 é apenas o início. Para atingir seu potencial máximo como músico, improvisador, compositor e professor de música, você vai precisar se tornar um mestre da harmonia. Esse é o trabalho que fazemos nos Exercícios 3 e 4. Esses exercícios são especialmente importantes para músicos que criam o ambiente harmônico de qualquer grupo musical (baixistas, guitarristas e pianistas). Mas esses exercícios são na verdade para qualquer um que quiser descobrir e compreender o belo mundo da harmonia tonal.

Os estudantes que chegarem até o Exercício 5 descobrirão o fascinante mundo da improvisação livre. Você vai aprender a aplicar o seu conhecimento de harmonia tonal de uma forma mais abstrata, que lhe permite responder de forma instantânea ao que estiver acontecendo musicalmente ao seu redor, bem como participar dessa conversação sem precisar de anotações de mudanças de acordes. Você vai aprender a depender do seu ouvido e da sua imaginação como sendo a única orientação de que precisa.

Esses são os exercícios que meus alunos e eu temos usado para explorar e descobrir todo o mundo da harmonia moderna. Mas em última análise, todo artista é autodidata. Eu posso acompanhá-lo em uma parte da sua jornada, mas a vida é sua. Você é quem decide o que é importante, o que é belo e o que precisa fazer para crescer. Sua liberdade como artista começa com a liberdade de estudar o que *você* quer estudar, da maneira que é mais prazerosa para você. Mas eu espero poder ajudá-lo mostrando-lhe uma forma de você descobrir nosso sistema musical por si mesmo e conectar-se com sua própria imaginação musical.

Em nosso website você encontrará outros componentes do método IFR que trabalham juntos com os conceitos deste livro para acelerar sua aprendizagem musical. Esses recursos tornarão sua prática mais divertida, criativa e efetiva. Aqui estão algumas das mais importantes ferramentas para adicionar à sua prática musical:

- **Bases Musicais IFR** - A linha de Bases Musicais IFR é um curso completo em harmonia moderna. Ela o conduz em um passo-a-passo através da jornada completa pela harmonia que é detalhada neste livro, com elucidações e ilustrações a cada passo do caminho. Cada situação harmônica descrita neste livro corresponde a uma lição completa nas Bases Musicais IFR, o que lhe dá a oportunidade de experienciar esses belos sons por si mesmo e praticar improvisar sua própria música naquela situação.

- **Cante os Números** - Este é o nosso curso artístico de treinamento de ouvido projetado para improvisadores. No IFR acreditamos que sua sensibilidade e seu amor por música são seus maiores dons como improvisador. Portanto, seu programa de treinamento de ouvido também deve ser artístico e belo. Cante os Números utiliza belas músicas e melodias para ensiná-lo sobre música. Através desse processo você irá aprender a reconhecer os sons na música que o cerca e irá aprender a expressar os sons que você imagina em seu instrumento.

- **Cursos em vídeo e workshops** - Vídeo é um meio muito poderoso de aprendizagem musical porque você pode ouvir os sons e ver os exercícios sendo realizados ao vivo. Estamos trabalhando arduamente para criar cursos em vídeo para cada família de instrumentos e eu o convido a conferir o que já está disponível. Nós também oferecemos workshops em improvisação, harmonia e treinamento de ouvido, todos baseados no método IFR.

- **Cursos Maestria em Blues IFR e Standards de Jazz IFR** - Nestes cursos nós aplicamos a metodologia IFR aos estilos musicais do blues e do jazz. O curso Maestria em Blues IFR vai dar a você tudo o que precisa para verdadeiramente dominar a harmonia blues e curtir improvisar em cima do blues. Já o curso Standards de Jazz IFR explora os standards de jazz mais populares tocados em sessões de jam.

Você encontra tudo isso em ImproviseForReal.com.

Nota especial para guitarristas, violonistas e baixistas: por favor pule o próximo capítulo e vá diretamente para a versão do Exercício 1 escrita especialmente para o seu instrumento. Fazemos o Exercício 1 de forma diferente nesses instrumentos.

Exercício 1: Terreno

Objetivo: Continuamente aperfeiçoar sua habilidade em...

Claramente visualizar toda sua extensão musical e mover-se sem esforço através dela.

Já que a música verdadeiramente improvisada é criada na imaginação, a habilidade técnica mais importante ao improvisador é a habilidade de instantaneamente tocar qualquer som que ele imagina. É importante entender que essa capacidade é totalmente mental. Ela não tem nada a ver com tocar rápido. Voar por escalas com o metrônomo estalando a 200 batidas por minuto pode impressionar os vizinhos, mas não o ajuda a improvisar melhor.

O objetivo do improvisador não é velocidade de execução, mas clareza de visão. Imagine ser capaz de ver em sua mente todo o mapa de uma grande cidade de uma só vez. É assim que idealmente gostaríamos de nos sentir com relação a toda nossa extensão musical. O objetivo é alcançar um profundo senso de *orientação* que nos acompanha não importa onde estejamos em nosso instrumento. Se você está na nota Ab, por exemplo, e sua ideia melódica requer que você suba uma terça menor, ou desça uma quarta justa, você não quer que seu fluxo criativo seja interrompido por ter que quebrar a cabeça nesse momento calculando intervalos. A ideia é ser capaz de ver todo o terreno musical imediatamente, para que você possa facilmente imaginar qualquer tipo de movimento através dele. Dessa forma você pode se manter focado no prazer e na diversão de criar música.

A chave para o Exercício 1 é apenas relaxar e se divertir. A única coisa que você pode achar difícil sobre o exercício é superar sentimentos de culpa que fazem com que você queira avançar para algo mais "sério". A maioria dos improvisadores iniciantes estão com uma pressa tão grande de fazer música que eles nunca tomam um tempo para apenas curtir movimentar-se pelo instrumento. Porém, não há nada mais importante para você do que dominar o terreno musical propriamente dito que é a base de tudo que você irá tocar no futuro.

No Exercício 1, as notas no seu instrumento não possuem significado musical algum. Apenas esqueça música por agora. Não se distraia com quaisquer pensamentos sobre melodia, harmonia, tonalidade, escalas, etc. Tente apenas relaxar e se divertir movimentando-se pelo seu instrumento como se você fosse uma criança brincando pelo campo. O único objetivo é ganhar confiança movimentando-se pela sua extensão musical.

Eu recomendo que você se foque exclusivamente no Exercício 1 por alguns dias, e depois apenas o use como um rápido aquecimento diário. Se você é iniciante, você pode passar o período inicial apenas fazendo as duas primeiras atividades (Descoberta e Escadaria). Se você já é um músico bastante experiente, você pode ir diretamente para o Exercício 1 - Nível de Maestria. Mas não importando sua situação, investigue o Exercício 1 minuciosamente por alguns dias e depois apenas o veja como um rápido aquecimento. Você também pode pensar no Exercício 1 como um ponto ao qual pode retornar sempre que quiser aperfeiçoar a clareza de pensamento e rapidez mental.

Um dos objetivos mais importantes do Exercício 1 é aprender a ver as notas do seu instrumento como uma longa cadeia ininterrupta de semitons. Isso é uma parte importante de libertar-se das restrições das armaduras de clave e da teoria. A ideia é ver todas as notas como iguais. Toda sua extensão deve ser como uma longa e conectada escadaria em que você pode mover-se para cima e para baixo como quiser. Então vamos começar simplesmente tocando todas essas notas em sua ordem consecutiva natural. Eu chamo esse simples exercício de "Descoberta".

Descoberta

1. Feche seus olhos.
2. Toque a nota mais grave que você puder tocar confortavelmente no seu instrumento. Tente produzir o som mais bonito que conseguir. Aprecie essa nota musical e dê a ela total atenção.
3. Agora suba exatamente um semitom e toque a nova nota. Novamente faça um esforço para extrair o som mais bonito que conseguir.
4. Agora muito vagarosamente continue a subir cada semitom, pausando em cada nota para apenas relaxar e apreciar o som.
5. Continue subindo em semitons até que você alcance a nota mais aguda que você conseguir tocar confortavelmente sem esforço.
6. Agora comece a descer muito lentamente, um semitom de cada vez, até que você atinja o extremo inferior da sua extensão. Tente não ter pressa ao longo do exercício.

Pratique esse exercício pelo tempo que achar interessante e agradável. Quando você começar a se sentir bastante confiante ao fazê-lo devagar, tente mover-se pela sua extensão mais rapidamente e veja o que acontece. Não existe limite máximo para a velocidade, fluidez e confiança com que você pode mover-se ao longo da sua extensão musical. Assim, você nunca realmente "esgota" o exercício acima. Mas depois de praticá-lo algumas vezes, você provavelmente desejará prosseguir para algo mais interessante. Então, na próxima atividade, vamos incorporar um certo grau de liberdade de movimento em nossa prática.

Escadaria

1. Feche seus olhos.
2. Escolha qualquer nota aleatória em seu instrumento e toque-a.
3. Desça exatamente um semitom e toque esta nova nota.
4. Continue descendo em semitons enquanto quiser.
5. Na hora que você decidir, pare e siga em direção oposta. Volte subindo em semitons e continue subindo pelo tempo que quiser.

6. Continue a passear pelo seu terreno musical em semitons, mudando de direção livremente onde quiser.

Esse é o exercício que me lembra uma criança brincando em uma escadaria. Especialmente quando você começa a ganhar confiança e um pouco de velocidade, você pode começar a tocar livremente com ritmo e síncopes como parte do exercício. Ao mudar de direção com frequência, você pode começar a criar surpreendentes frases musicais que soam como be-bop.

Se existe alguma região que você ache especialmente confusa ou difícil, apenas permaneça ali. Continue indo e voltando ao longo da região do problema até que ela se torne sua parte preferida do terreno musical. Em minha própria prática, as regiões que costumavam me dar mais problema são agora as partes que eu mais gosto. Quando você faz esforço com uma digitação difícil ou outra questão técnica que complica sua movimentação em uma parte de sua extensão, você acaba sentindo uma certa afeição por aquele pequeno pedaço de terra. Ele acaba adquirindo um significado pessoal para você que nenhum outro músico consegue sentir da mesma forma. Leve o tempo que quiser e aproveite essas experiências por si mesmo.

Exercício 1 Meditação Diária

Uma vez que você tenha adquirido um nível básico de conforto em se mover através do seu terreno musical, você pode começar a praticar o Exercício 2: Melodia. Daquele ponto em diante você não vai mais precisar dos exercícios acima. Em vez deles, vamos substituí-los com uma simples meditação diária. Ela leva apenas alguns minutos e é divertida de fazer. Dependendo do seu humor ela poderá ser lúdica, séria, calma ou violenta. Então, seja criativo e use esta meditação para expressar o que quer que você esteja sentindo no momento:

1. Feche seus olhos.

2. Escolha uma nota, qualquer nota. A partir de agora iremos começar cada exercício dessa forma. Você não deve pegar sempre a mesma nota. Mas por outro lado também não pense muito nisso. Apenas escolha uma nota completamente aleatória. Essa é uma ótima forma de praticar uma das habilidades mais essenciais do improvisador, que é a habilidade de orientar-se instantaneamente a partir de uma única nota. Você nunca sabe onde vai estar quando quiser traçar um determinado formato musical no seu instrumento. Então é importante que cada exercício comece com um momento de completa desorientação. Não se intimide com as áreas onde você se sente menos confortável. Esses são os *melhores* lugares para começar, porque a ideia é justamente tornar-se igualmente confortável com *todas* as notas do seu instrumento. Se esta é sua primeira vez então comece de cara com uma nota inusitada como G bemol.

Gb

3. Aprecie essa nota pelo tempo que quiser. Tente produzir o mais belo som possível, o mais puro exemplo de como você deseja que a nota soe. Toque a nota várias vezes e realmente escute o som. Cante junto com a nota se seu instrumento permite isso. *Use essa nota para ajudá-lo a relaxar e preparar sua mente para o restante do exercício.*

4. Mova-se para a nota exatamente um semitom abaixo. Por exemplo se você começou com G bemol então a nova nota é F natural. Toque essa nota da mesma forma que você tocou a primeira, e tente reparar nas mesmas coisas. Não se apresse. Leve um minuto para apenas estar aqui e apreciar essa nota.

F

5. Alterne entre as duas notas. Enquanto alterna, perceba com atenção o que você está fazendo fisicamente com suas mãos e seu corpo para efetuar a mudança de uma nota para outra. Improvise por um minuto com apenas essas duas notas. Brinque. Mesmo com apenas duas notas você pode expressar todo um mundo musical, trabalhando com ritmo, tom e dinâmica. Pense nos percussionistas de conga que são capazes de criar música por horas com apenas dois tambores na frente.

F   Gb

6. Agora o seu foco se expande para incluir uma terceira nota, um semitom acima dessas duas. (Em nosso exemplo a nova nota seria G natural.) Improvise livremente com todas as três notas. Você não precisa sempre passar cromaticamente por todas as três notas. Você pode também saltar diretamente da mais grave para a mais aguda sem passar pela nota do meio. Mas enquanto você estiver tocando, tente visualizar as três notas de uma vez.

F   Gb   G

7. Agora expanda a extensão para baixo novamente, adicionando um semitom abaixo desses três. (Em nosso exemplo a nova nota seria E natural.) Primeiro pratique movendo para cima e para baixo através de toda a série de quatro notas. Depois pratique conectar toda possível combinação de notas dentro dessa região. Improvise livremente com todas as quatro notas, saltando do jeito que quiser dentro dessa pequena região. Enquanto fizer isso, lembre-se de continuar visualizando todas as quatro notas de uma vez. É a visualização simultânea de todas as notas que faz o exercício ser proveitoso.

E   F   Gb   G

8. Adicione uma nota final, um semitom acima dessas quatro. (Em nosso exemplo a nova nota seria um A bemol.) Isso nos traz para um total de cinco notas consecutivas

separadas por semitons. Exercite conectar cada uma dessas notas umas com as outras. Torne-se um expert em mover-se por toda essa pequena região como se você estivesse fazendo jogadas em uma quadra de basquete. Depois, improvise livremente com todas as cinco notas pelo tempo que quiser. Leve um tempo para curtir os efeitos especiais sonoros criados ao se usar algumas notas enquanto se omite outras. Por exemplo tente improvisar com apenas as notas E, F e Ab enquanto omite Gb e G. Como isto soa? Que tal usando apenas as notas F, Gb e Ab? Imagine outras combinações e veja por quanto tempo você consegue tocar com apenas esses cinco sons. Enquanto estiver fazendo isso, tente manter todas as cinco notas em sua consciência como se você estivesse olhando para esse terreno musical de cima.

E   F   Gb   G   Ab

Essencialmente, tudo que você está fazendo nesse exercício é apenas direcionar sua atenção para uma única nota e depois, gradualmente, expandir seu foco para envolver uma pequena região do terreno musical. Já que é você quem decide como vai tocar essas notas, mesmo iniciantes deverão achar esse exercício fácil e relaxante. Mas ao longo do tempo essa simples meditação diária dará a você mais confiança e clareza de pensamento do que você jamais poderia adquirir praticando escalas.

Tenha cuidado com a tentação de avançar através das etapas rápido demais. O segredo do exercício é passar bastante tempo em cada etapa antes de mover-se para a próxima. Aprendizagem profunda apenas acontece *depois* que algo já se tornou familiar. Para iniciantes isso pode ser um conceito difícil de entender. Estamos acostumados em seguir em frente o mais rápido que conseguirmos. Mas é precisamente isso que bloqueia a aprendizagem verdadeiramente profunda que estamos em busca. Se sua mente está sempre trabalhando, pensando sobre a próxima nota ou fazendo outro tipo de cálculo, então sua atenção está sempre em seus próprios pensamentos ao invés de estar na *experiência* de tocar as notas. Então tente sair de sua própria cabeça. Foque em poucas notas e improvise de fato com elas. Escute-as, expresse-se com elas e esqueça o que vem no segundo seguinte. Então, quando você estiver completamente exausto, é aí que você deve mover para a próxima etapa.

(**OBSERVAÇÃO para pianistas:** Você provavelmente está pensando consigo mesmo que esse exercício é ridiculamente fácil para você, mesmo com seus olhos fechados. E você está certo. De fato, grande parte do Exercício 1 é apenas para ajudar outros músicos a ver a extensão musical deles tão claramente como você vê a sua. Mas continue lendo porque você vai descobrir que esse exercício é um pouco mais desafiador quando chegamos em intervalos maiores. E lembre-se que você pode avançar para o Exercício 2 sempre que quiser. Faça o que fizer sentido pra você!)

(**OBSERVAÇÃO para quem toca violino, viola e violoncelo:** Para o exercício acima você não necessariamente precisa usar a digitação específica que você normalmente usaria para tocar a "escala cromática". Você só precisa dessa digitação desconfortável quando deseja tocar vários semitons consecutivamente. Mas sempre que você quiser subir ou descer um tom então sem dúvida use a digitação que for mais confortável para você. Por exemplo, na Etapa 6 acima (com as notas F, Gb e G), em qualquer momento que você for se mover diretamente do F para o G (sem passar pelo Gb), você pode simplesmente usar o dedo que normalmente usaria para esse movimento de um tom. Não há motivo para usar a digitação de escala cromática exceto quando você literalmente quiser tocar F, depois Gb e finalmente G.)

Se você quiser praticar de um jeito que ofereça mais rapidez e estímulo, convém que você invente formas mais desafiadoras de mover-se pelo seu terreno musical em semitons. Mas lembre-se que o objetivo não é apenas executar a escala cromática com rapidez e fluidez. O que estamos em busca é de algo de mais profundidade que isso. Nosso objetivo é nos sentir orientados e completamente em casa não importa onde estejamos em nosso instrumento. Esse sentimento leva um tempo para cultivar, mas está disponível para todo mundo e me parece que há dois meios-chave para conseguir isso:

- Levar o tempo necessário para experienciar cada canto do seu terreno musical.
- Ser lúdico e aproveitar com entrega seja quais notas estiver usando no momento.

Se você é iniciante ou se você apenas quer tocar música como um hobby, os exercícios acima vão lhe dar tudo o que você precisa para curtir toda uma vida de improvisação musical. Mas se seu desejo é se tornar o melhor improvisador que você puder ser, então você deve levar o Exercício 1 para um nível mais profundo. Mesmo assim, você não vai necessariamente precisar gastar muito tempo nele. Mesmo alguns minutos por dia vão levá-lo bem longe, com o tempo. Mas enquanto o instrumentista casual vai superar a necessidade pelo Exercício 1 relativamente cedo, será essencial você continuar crescendo nessa área pelo resto da sua vida. Fazemos isso com o Exercício 1 - Nível de Maestria.

Exercício 1 - Nível de Maestria

No Exercício 1 - Nível de Maestria, nós praticamos a mesma meditação diária que você aprendeu antes, porém a ampliamos para incluir cada intervalo da oitava musical. O primeiro intervalo que você deve estudar depois do semitom é o tom. Para ilustrar, aqui estão as notas que você usaria para praticar o exercício com tons, começando-se pela mesma nota Gb como fizemos anteriormente:

1. A primeira nota seria Gb.

$$Gb$$

2. A segunda nota é E, já que ela está um tom abaixo de Gb

$$E \quad Gb$$

3. A terceira nota é Ab, já que ela está um tom acima de Gb.

$$E \quad Gb \quad Ab$$

4. A quarta nota é D, já que ela está um tom abaixo de E.

<pre>
   D   E   Gb   Ab
</pre>

5. A quinta e última nota é Bb, já que ela está um tom acima de Ab.

<pre>
   D   E   Gb   Ab   Bb
</pre>

Da mesma forma que você fez com semitons, você deve praticar esta meditação com tons em cada parte de sua extensão musical até que você seja capaz de se mover sem esforço ao longo do seu instrumento em tons. Depois, você pode experimentar aumentar o intervalo para uma terça menor, depois uma terça maior, depois uma quarta justa, etc. Talvez um dia você esteja praticando com um intervalo bem grande e no dia seguinte retorne aos semitons. Mais tarde, quando chegarmos a desenhos harmônicos específicos como acordes maiores e menores, você poderá incorporar esses desenhos no jogo também. As possibilidades são inesgotáveis.

No entanto, não fique com nenhuma pressa de passar para intervalos maiores. Apenas relaxe e permita-se passar cerca de cinco minutos por dia explorando algum pequeno pedaço do seu terreno musical do jeito que for mais agradável para você naquele momento. O objetivo do exercício não é "avançar" para níveis mais altos. O objetivo é exatamente o oposto: amorosamente contemplar sua extensão musical de todo ponto de vista possível, sem se importar com mais nada neste mundo.

Nota: O suplemento a seguir é para guitarristas e violonistas apenas.

Exercício 1: Terreno (para violão e guitarra)

Objetivo: Continuamente aperfeiçoar sua habilidade em...

Claramente visualizar toda sua extensão musical e mover-se sem esforço através dela.

Já que a música verdadeiramente improvisada é criada na imaginação, a habilidade técnica mais importante ao improvisador é a habilidade de instantaneamente tocar qualquer som que ele imagina. É importante entender que essa capacidade é totalmente mental. Ela não tem nada a ver com tocar rápido. Voar por escalas com o metrônomo estalando a 200 batidas por minuto pode impressionar os vizinhos, mas não o ajuda a improvisar melhor.

O objetivo do improvisador não é velocidade de execução, mas clareza de visão. Imagine ser capaz de ver em sua mente todo o mapa de uma grande cidade de uma só vez. É assim que idealmente gostaríamos de nos sentir com relação a toda a nossa extensão musical. O objetivo é alcançar um profundo senso de *orientação* que nos acompanha não importa onde estejamos em nosso instrumento. Se você está na nota Ab, por exemplo, e sua ideia melódica requer que você suba uma terça menor, ou desça uma quarta justa, você não quer que seu fluxo criativo seja interrompido por ter que quebrar a cabeça nesse momento calculando intervalos. A ideia é ser capaz de ver todo o terreno musical imediatamente para que você possa facilmente imaginar qualquer tipo de movimento através dele. Dessa forma você pode se manter focado no prazer e na diversão de criar música.

A chave para o Exercício 1 é apenas relaxar e se divertir. A única coisa que você pode achar difícil sobre o exercício é superar sentimentos de culpa que fazem com que você queira avançar para algo mais "sério". A maioria dos improvisadores iniciantes estão com uma pressa tão grande de fazer música que eles nunca levam algum tempo para apenas curtir movimentar-se pelo seu instrumento. Porém, não há nada mais importante para você do que dominar o terreno musical propriamente dito que é a base de tudo que você irá tocar no futuro.

No Exercício 1, as notas no seu instrumento não possuem significado musical algum. Apenas esqueça música por agora. Não se distraia com quaisquer pensamentos sobre melodia, harmonia, tonalidade, escalas, etc. Tente apenas relaxar e se divertir movimentando-se pelo seu instrumento como se você fosse uma criança brincando pelo campo. O único objetivo é ganhar confiança movimentando-se pela sua extensão musical.

Violonistas praticam o Exercício 1 de um jeito especial para tirar proveito de uma propriedade maravilhosa que o violão tem (a guitarra também, mas para simplificar, falaremos apenas violão). O violão é, em alguns aspectos, ainda mais visual do que o piano. Com "visual", quero dizer que todos os intervalos musicais, melodias, acordes, etc. correspondem a formatos físicos ("shapes") específicos no braço desse instrumento. Isso dá ao violonista uma tremenda vantagem na aprendizagem de compreender e realmente internalizar a harmonia. O seu instrumento literalmente tem uma vida dupla. Além de ser seu modo de expressão pessoal e criação musical, ele também serve como seu espaço de trabalho pessoal onde você pode visualmente construir formatos musicais e contemplar seus sons.

Você vai aprender o Exercício 1 em duas fases. O primeiro objetivo é aprender a visualizar as notas de seu instrumento como uma longa cadeia ininterrupta de semitons. Isso é uma parte importante de libertar-se dos desenhos de escala, das armaduras de clave e da teoria. A ideia é ver todas as notas como iguais. Sua extensão inteira deve ser percebida como uma longa e conectada escadaria, em que você pode se mover para cima ou para baixo como quiser.

Alcançamos isso no violão ao praticar a técnica que eu chamo de "Nuvem", que é simplesmente uma forma de visualizar todas as notas que o cerca em todos os momentos. Você só vai praticar essa técnica preliminar por pouco tempo, até avançar para "Mobilidade", que é a verdadeira técnica que usaremos como abordagem permanente para movimentação no violão. Mas esse período inicial de prática da Nuvem é um tremendo exercício de visualização e uma importante preparação mental para a Mobilidade, então por favor não pule esta etapa crítica!

Nuvem

Para começar, por favor tome alguns minutos para olhar o seguinte desenho de um braço de violão. Certifique-se de que compreende a orientação dele. O desenho representa o que você veria se estivesse olhando pra baixo, na região da sua mão esquerda, enquanto toca o violão.

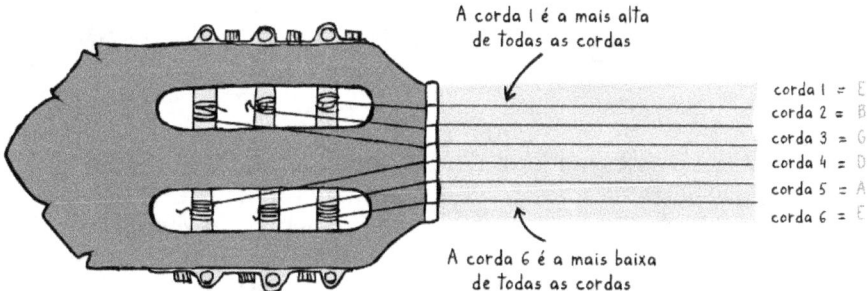

A afinação tradicional do violão (E, A, D, G, B, E) é irregular no sentido de que nem todas as cordas estão separadas pelo mesmo intervalo. Alguns violonistas (como eu) evitam essa inconveniência adotando uma afinação perfeitamente regular. Mas eu vou partir do princípio de que você usa a afinação tradicional e vou mostrá-lo como visualizar as notas ao longo de todas as cordas de seu violão.

As cordas soltas são afinadas de tal forma que o intervalo entre duas cordas adjacentes é sempre uma quarta justa, exceto em um local. A exceção é o intervalo entre a segunda e a terceira corda, que é uma terça maior:

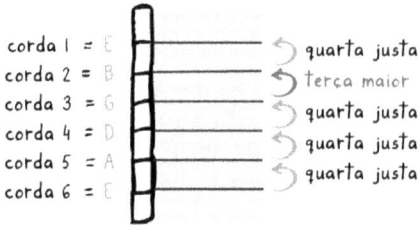

Essa observação terá uma significância muito maior para você nas semanas que se seguem. Mas por agora, a única coisa que você precisa guardar dessa discussão é o fato de que a afinação do violão é irregular, e que esse exato local da irregularidade é a fronteira entre as cordas 2 e 3. Por essa razão, a cadeia ininterrupta de semitons (que também pode simplesmente ser chamada de "escala cromática") é também irregular exatamente nesse ponto. Todo o conjunto de notas disponíveis para você em qualquer momento (o que eu chamo "A Nuvem") toma a seguinte forma no violão:

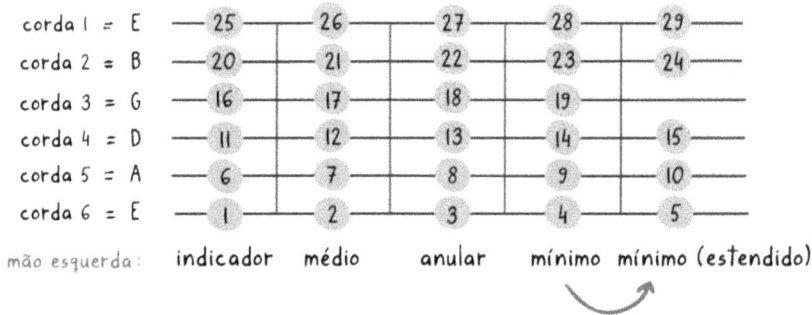

Não se intimide com todos esses números dentro dos círculos. Eu apenas os coloquei lá para mostrá-lo a ordem das notas da mais grave à mais aguda. Imagine-se tocando essas notas uma de cada vez, começando no círculo 1 e terminando no círculo 29. É assim que visualizamos a cadeia ininterrupta de semitons no violão. A indicação a respeito dos dedos é muito importante. Não importa onde você está no braço do violão, por agora você DEVE sempre usar a exata digitação indicada acima. Note que o dedo mínimo tem o "trabalho duplo" de cobrir ambas as notas de duas diferentes casas. Siga essa regra meticulosamente por todo o tempo que você praticar a versão Nuvem do Exercício 1. Quando você avançar para Mobilidade você poderá voltar a tocar notas com a digitação que você quiser. Mas para Nuvem você precisa usar essa exata digitação mesmo quando parece desconfortável ou ilógico. Nós utilizamos essa digitação de certa forma inusitada porque ela nos ajuda a mentalmente visualizar e lembrar onde as notas estão. Lembre-se, no futuro você não irá utilizar essa digitação então não esquente se você se sentir lento ou desengonçado ao fazer dessa forma. Apenas faça mesmo assim. É somente um truque para ajudar a sua memória, e você descobrirá que isso realmente o ajuda a enxergar com mais clareza o que você está fazendo.

O que é importante no desenho acima é que esta "nuvem" de notas tem a mesma aparência não importa onde sua mão esteja no violão. Se você está tocando na parte mais grave do violão, pode ser que seu dedo indicador corresponda à primeira casa. Se você está tocando na parte mais aguda, pode ser que seu dedo indicador esteja na nona casa. Mas em ambos os casos, as notas disponíveis para você tomam exatamente a mesma forma, aquela representada no desenho acima.

Como você pode ver, não há grande mistério com os movimentos de semitom em uma corda em particular. Se você quiser mover-se um semitom acima você apenas se move uma casa acima. A história só se torna interessante nas fronteiras entre uma corda e a outra. Preste especial atenção para essas fronteiras enquanto você se move pela nuvem. Aqui está a versão inicial do Exercício 1 para violonistas que podemos chamar "Prática da Nuvem 1":

Prática da Nuvem 1

Passo 1: Escolha uma nota, qualquer nota.

> Começamos cada exercício deste jeito. Você não deve escolher sempre a mesma nota. Mas por outro lado também não pense muito nisso. Apenas escolha uma nota completamente aleatória. Essa é uma ótima forma de praticar uma das habilidades mais essenciais do improvisador, que é a habilidade de orientar-se instantaneamente com apenas uma única nota. Você nunca sabe onde vai estar quando quiser visualizar uma determinada forma musical no seu instrumento. Então é importante que cada exercício comece com um momento de completa desorientação. Apenas posicione sua mão esquerda onde quiser no braço do violão e alinhe seus dedos adequadamente de forma que cada dedo corresponda a uma casa específica. Escolha qualquer corda aleatoriamente e toque qualquer nota dessa corda, usando o dedo apropriado.

Passo 2: Aprecie essa nota pelo tempo que quiser.

> Ao tocar a nota certifique-se de que cada um dos outros dedos estão alinhados em suas respectivas casas. Tenha cuidado para não distorcer a postura da sua mão. Feche seus olhos. Você deve ainda ser capaz de visualizar sua mão com cada dedo alinhado a uma casa específica. Mantendo seus olhos fechados, você é capaz de visualizar também todo o restante das notas do desenho da nuvem mostrado acima?

Passo 3: Mova para a nota exatamente um semitom abaixo.

> Como exemplo, se você começou no círculo número 22 (tocado com seu dedo anelar), então a nova nota seria a do círculo número 21 (tocado com seu dedo médio). Certifique-se de que sua mão ainda está perfeitamente alinhada com um dedo por casa. Mantenha seus olhos fechados para este e para todos os passos restantes.

Passo 4: Continue movendo-se para as notas mais graves em semitons até onde tiver vontade.

Passo 5: Quando você decidir, mude de direção e comece a mover-se para as notas agudas.

Passo 6: Continue tocando pelo tempo que quiser, mudando de direção quando você estiver com vontade.

Mova-se livremente dentro da nuvem com seus olhos fechados, visualizando exatamente onde você está no desenho da nuvem por todo o tempo. Se você tiver o cuidado de manter sua mão esquerda apropriadamente alinhada com um dedo por casa (exceto pelo dedo mínimo que se estica para realizar seu trabalho duplo), então você deve ser capaz de se mover onde quiser sem ficar desorientado. A chave é praticar o exercício lentamente e visualizar o desenho de nuvem na sua mente em cada passo do caminho.

Essa é apenas uma das muitas maneiras de se praticar a "Nuvem", mas é a maneira mais importante, e é o fundamento de tudo que está por vir. Então não se apresse para a próxima atividade. Permaneça nesse exercício até que consiga fazê-lo com naturalidade. Mesmo depois que você compreender o exercício, continue praticando pelo menos uma vez por dia pelas primeiras semanas. Você pode "captar" bem a ideia intelectualmente desde o começo. Mas sua mente subconsciente precisa de tempo para se reprogramar e imaginar essa nuvem de notas como seu "universo musical". Então tome alguns minutos todos os dias para praticar esse simples e relaxante exercício.

Para torná-lo mais divertido você pode tocar livremente com ritmo, frases e síncopes. Em outras palavras, não marche pelas notas como se você estivesse em um treinamento militar. Brinque e mude bastante de direção. Ao invés de tocar todas as notas em uma sequência chata como esta:

...tente dançar por toda a nuvem como deste jeito:

Uma coisa que você deve entender é que os números dentro dos círculos não têm nenhum propósito além de mostrá-lo como esse exercício funciona. Na verdade, com meus próprios alunos particulares, eu nem mesmo uso esses números porque posso simplesmente mostrar o exercício diretamente no violão. Então enquanto estiver praticando o Exercício 1, por favor não faça nenhum esforço em lembrar os pequenos números dentro dos círculos. Seu único objetivo é visualizar a nuvem e praticar mover-se dentro dela. Na verdade, não mencionaremos esses círculos com números novamente neste livro.

Trabalhe na Prática da Nuvem 1 até que você chegue ao ponto em que mover-se de uma nota para a outra torna-se essencialmente algo sem esforço. Você será capaz de literalmente pegar o violão, colocar sua mão esquerda em qualquer local do braço do violão e começar a tocar através da nuvem em qualquer direção.

Depois que você tiver adquirido esse nível de confiança ao mover-se em qualquer lugar da nuvem, você pode então levar sua prática para o próximo nível. O próximo passo é separar cada uma dessas notas em tons ao invés de semitons. Como exemplo, se você aleatoriamente escolhe o círculo 22 como ponto inicial, então a próxima nota mais grave seria o círculo 20, depois o círculo 18, depois 16, etc. Assim como é com os semitons, o objetivo não é apenas marchar pelas notas de uma forma chata e sistemática. Aproveite esse tempo para se divertir. Brinque e seja rítmico, dançando pela nuvem usando pequenos saltos de tom em tom. Você descobrirá que algumas partes são mais difíceis que outras para visualizar esse salto de um tom. Quando você tiver dificuldades, não se estresse. Apenas permaneça lá e curta praticar seu salto como se você estivesse treinando artes marciais em um dojô.

Uma vez que você tenha dominado semitons e tons, você alcançou um importante platô. Esses são os dois únicos intervalos que você precisa para tocar todo o material que você vai ver no Exercício 2: Melodia. Então, esse também é o momento em que sua prática precisa seguir dois caminhos paralelos. Você deve prosseguir e começar o Exercício 2 logo que estiver pronto, mas você também deve continuar desenvolvendo suas habilidades no Exercício 1.

Eu vou explicar o Exercício 2 quando chegarmos lá. Mas agora quero apenas que você continue treinando o Exercício 1, para mostrá-lo como você pode continuar a desenvolver sua maestria do terreno musical do seu violão. Este novo exercício que vou mostrar a você vai se tornar a maneira primária com que vamos visualizar qualquer movimento em um violão.

Mobilidade

O exercício Mobilidade é um conceito simples, mas explicá-lo em um livro requer muitas palavras. Uma vez que você compreende os movimentos do exercício, você vai achá-lo divertido de praticar e incrivelmente libertador. É apenas a explicação inicial que requer um certo esforço. Mas cada movimento é explicado e ilustrado neste capítulo e você encontrará demonstrações em vídeo do exercício em ImproviseForReal.com.

Mobilidade: Semitons

A ideia por trás de Mobilidade surge ao se fazer algumas observações importantes sobre os relacionamentos entre as notas na Nuvem. Ao resumirmos nossa experiência da Nuvem em algumas observações-chave, podemos carregar esses princípios conosco aonde quer que vamos, e dessa forma nos movermos livremente por todo o violão sem mesmo nos preocupar em visualizar a nuvem completa de uma vez. Vamos olhar de novo o desenho da Nuvem com números representando cada nota:

```
corda 1 = E  —25—26—27—28—29—
corda 2 = B  —20—21—22—23—24—
corda 3 = G  —16—17—18—19——
corda 4 = D  —11—12—13—14—15—
corda 5 = A  —6—7—8—9—10—
corda 6 = E  —1—2—3—4—5—
mão esquerda: indicador  médio  anular  mínimo  mínimo (estendido)
```

A primeira observação que precisamos fazer sobre o desenho acima é sobre como *se parece* um intervalo de semitom entre uma corda e a corda que vem logo abaixo. Considere como o intervalo de semitom se parece entre a corda mais grave (corda 6) e a corda seguinte mais aguda (corda 5):

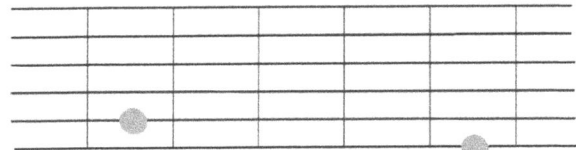

Os dois círculos apresentados são na verdade os círculos com a numeração de 5 e 6 mostrados no desenho da nuvem acima. Mas eles não têm mais os números porque eu não quero mais que você visualize a nuvem inteira. Eu só quero que você perceba o relacionamento entre essas duas notas. Repare que elas estão separadas por aquela distância desconfortável que corresponde ao dedo mínimo se esticando no exercício da Nuvem. Em Mobilidade, nós na verdade não mantemos essa desconfortável esticada. Ao invés disso, nós simplesmente movemos nossa mão na medida exata de uma casa e *relaxamos na nova posição*. Se você não entendeu exatamente a ideia, apenas pegue seu violão e prossiga a leitura. Quando você mesmo fizer isso, vai entender o que quero dizer.

Pegou seu violão? Excelente. Agora toque qualquer nota na corda E grave com seu dedo mínimo. (Escolha uma nota que permita espaço para você efetuar o movimento mostrado no desenho acima.) Alinhe sua mão esquerda, colocando devidamente um dedo em cada casa. Não é para ter nenhuma esticada de dedo envolvida neste ponto. Você deve simplesmente ter todos os seus quatro dedos sobre a corda E enquanto você toca a nota abaixo do seu dedo mínimo.

Agora, se você quisesse *mover* um semitom para uma nota *mais grave*, como fazer isso seria óbvio. Você só tocaria a nota abaixo do seu dedo anular na mesma corda, obtendo o E. Mas se você quisesse *mover-se* um semitom para uma nota *mais aguda*, você teria duas opções. Ambas opções envolvem uma mudança de "posição". No violão, uma posição é simplesmente a casa onde seu primeiro dedo está alinhado. Se você move toda a sua mão uma casa mais perto do corpo do violão, nós dizemos que você subiu uma posição. Uma maneira de subir um semitom seria apenas fazer isso, mover toda sua mão uma posição mais perto do corpo do violão, e tocar a nota que surge abaixo do seu dedo mínimo.

Mas a outra maneira de fazer isso seria fazer o "salto de Mobilidade" para a próxima corda. Você na verdade *desceria* uma posição (ou seja, afastando-se do corpo do violão uma posição) e tocaria a nota que surge abaixo do seu dedo indicador na corda que segue logo abaixo. Em suma, o movimento se parece com esticar sua mão, tocando a nova nota e depois relaxando na nova posição.

Se você não está me acompanhando, existe uma maneira simples para você descobrir esse mesmo movimento por si mesmo. Apenas volte para o desenho da nuvem inteira, aquele que tem os pequenos números dentro dos círculos. Toque o círculo de número 5 com seu dedo mínimo e depois o círculo de número 6 com seu dedo indicador. Fique indo e voltando entre essas duas notas enquanto diz a si mesmo umas cem vezes: "É assim que é um semitom entre as duas cordas mais graves do meu violão". Isso é tudo que estou tentando lhe mostrar.

Agora vamos dar uma olhada nas duas cordas seguintes:

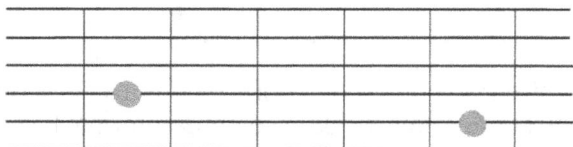

Aqui nós temos exatamente a mesma situação. Então novamente podemos concluir que é assim que se parece um semitom entre as cordas 5 e 4. Pratique esse movimento diversas vezes para começar a captar essa ideia na sua memória muscular. Enquanto você alterna entre as notas, lembre-se de pausar após cada nota para relaxar na nova posição. Isso significa que logo após tocar a nova nota, tome um momento para relaxar e alinhar sua mão novamente na nova posição de forma que você tenha exatamente um dedo por casa. Não deixe sua mão "pairar" sobre o braço do violão em uma postura esticada tentando cobrir todas as cinco casas de uma vez.

O movimento de semitom é também o mesmo para as próximas duas cordas:

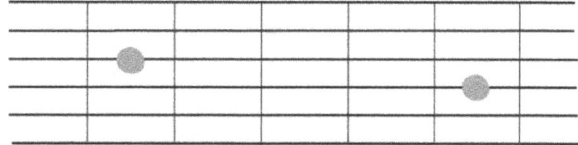

Novamente, pratique algumas vezes enquanto diz para si mesmo "É assim que se parece o semitom entre essas duas cordas também". Mas agora, dê uma olhada no que acontece na região crítica entre a segunda e a terceira corda do seu violão:

Repare que o movimento de semitom entre essas duas cordas é diferente. Aqui, o semitom é o que a sua mão naturalmente lhe dá, sem nenhuma necessidade de mudar de posição. (Se você não vê isso claramente, apenas volte para o desenho da nuvem com os números nos círculos. O que estamos falando agora é do movimento entre os círculos com numeração 19 e 20 no desenho da nuvem.) Pratique esse movimento alternando diversas vezes entre essas duas notas enquanto pensa consigo mesmo "É assim que o semitom se parece nesta zona peculiar e especial do meu violão, entre a segunda e terceira corda. Em todos os outros lugares eu preciso esticar para mudar de posição, mas aqui o semitom é o que minha mão naturalmente me dá".

Finalmente, vamos dar uma olhada no último par de cordas:

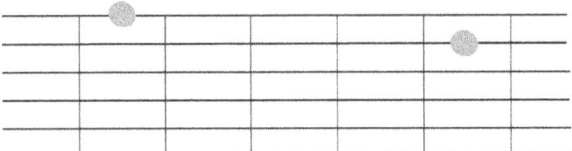

Aqui, nós retornamos à situação normal. Pratique esse movimento diversas vezes dizendo para si mesmo: "As duas cordas mais agudas são cordas normais de novo. O semitom aqui requer que eu estique e mude de posição." Quando você tiver isso claro, volte e pratique o movimento de semitom entre todas as cordas novamente. Lembre-se de praticar descendo, bem como subindo também. Em outras palavras, escolha uma nota aleatória para tocar com seu dedo *indicador*, e pense em como você pularia para a próxima corda mais grave *descendo* um semitom. Certifique-se de que você não tem nenhuma dúvida na sua mente sobre como se mover em qualquer direção de uma corda para a próxima com o intervalo de um semitom.

Eu sei que isso provavelmente parece a observação mais trivial da história do mundo, mas é precisamente isso que vai lhe permitir tornar-se mestre em todo o seu violão antes que você perceba. Assim, apenas seja paciente e aprenda esse conceito profundamente! A seguir está um jogo simples que você pode usar para praticar Mobilidade em semitons.

Prática de Mobilidade 1 (semitons)

Passo 1: Escolha uma nota, qualquer nota. (Isso significa qualquer dedo, qualquer corda, qualquer casa.)

Passo 2: Desça um semitom usando *um* dos dois possíveis movimentos:

> Mesma corda - Apenas desça uma casa na mesma corda. Se você já tem um dedo na casa você pode usá-lo. Mas você também pode aproveitar este momento para mudar a posição da sua mão esquerda se você quiser.
>
> Corda diferente - Se você, ao invés disso, quer tocar a nova nota na próxima corda mais grave, apenas execute um salto de Mobilidade para conectar as duas cordas. Mas lembre-se que os únicos saltos de Mobilidade que conhecemos se baseiam em conectar nosso dedo indicador e nosso dedo mínimo. Então, independentemente

de qual dedo você usou para tocar a primeira nota, agora você tem que mover fisicamente sua mão e mudar de posição para colocar seu dedo indicador na última nota que você tocou. (Você não precisa tocar a primeira nota de novo com seu dedo indicador. Apenas posicione seu dedo indicador lá como um truque de visualização momentâneo.) Agora que seu dedo indicador está na última nota que você tocou, você pode usar os saltos de Mobilidade que você aprendeu anteriormente para visualizar onde colocar seu dedo mínimo na próxima corda mais grave de forma a descer exatamente um semitom.

Passo 3: Continue descendo em semitons enquanto quiser.

Lembre-se que você é livre para descer em uma mesma corda enquanto quiser (até acabarem-se as cordas!) ou fazer o salto de Mobilidade para a próxima corda mais grave a qualquer momento.

Passo 4: Na hora que decidir, mude de direção e comece subindo usando *um destes* métodos:

Mesma corda - Apenas suba uma casa na mesma corda. Você pode usar o dedo que já está lá ou mudar de posição se você quiser.

Corda diferente - Independentemente de qual dedo você utilizou na primeira nota, agora você precisa mover fisicamente sua mão e mudar de posição para colocar seu dedo mínimo naquela nota. (Novamente, isso é um truque de visualização momentâneo porque nossos saltos de Mobilidade só funcionam entre os dedos indicador e mínimo.) Agora com seu dedo mínimo na última nota que você tocou, você pode utilizar os saltos de Mobilidade que você aprendeu mais cedo para visualizar onde colocar o seu dedo indicador na próxima corda mais aguda de forma a subir exatamente um semitom.

Passo 5: Continue subindo em semitons enquanto quiser.

Passo 6: Continue tocando enquanto você quiser, mudando de direção quando sentir vontade.

Lamento que sejam necessárias tantas palavras para explicar este exercício. No início, só de passar pela minha explicação para formar sua própria ideia do exercício pode ser algo bem cansativo. Mas tudo o que estou tentando encorajá-lo a fazer é se mover pelo braço do seu violão livremente em *ambas* as dimensões:

- Subir e descer as casas de uma mesma corda
- Fazer saltos de Mobilidade de uma corda para a próxima

Você vai ter que praticar um pouco para desenvolver confiança e fluidez. Mas logo sua mão será capaz de flutuar por todo o braço do seu violão em um contínuo movimento de semitom. Seja livre e divirta-se! Agora não é o momento de ser conservador. Seja aquele que quer aparecer, como o garotinho que dirige sua bicicleta por toda a vizinhança sem usar as mãos. Se sua mão está bem na parte de baixo do braço do violão (na primeira posição, por exemplo), não pense que precisa ficar ali. Você pode voar subindo toda aquela corda mudando de posições até atingir as casas mais altas do seu violão, e só então faça um salto de Mobilidade para a próxima corda. Nós não estamos procurando pelo modo mais eficiente e "lógico" de subir ou descer semitons. O que queremos é completa liberdade de movimento. Nossa ideia é flutuar sem esforço por todo o braço do violão, misturando livremente as duas dimensões de movimento.

Mobilidade: tons

Antes de passarmos para tons, eu sugiro que você tome pelo menos uns dias para praticar movendo-se puramente em semitons. É importante que você mantenha seu foco em semitons até que esse movimento se torne fluido e sem esforço por todo o seu violão. É aí que você estará pronto para passar para os tons, que é o outro movimento essencial que precisamos dominar. Uma vez que dominamos tons, podemos relaxar por um momento porque esses são os dois únicos intervalos que precisamos para o Exercício 2: Melodia.

Para entender o movimento de tom, tome um minuto para voltar para o desenho da nuvem com círculos numerados. Você pode visualizar o movimento de tom entre a corda grave E e a corda seguinte logo abaixo, olhando os círculos numerados 4 e 6 no desenho da nuvem. Perceba que não há esticada alguma envolvida. O movimento se parece com isto:

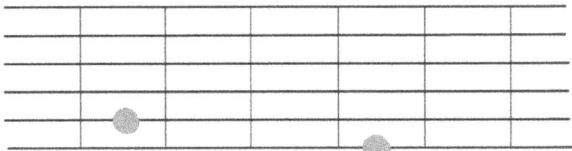

Para tentar você mesmo, toque qualquer nota que você quiser na corda E grave com seu dedo mínimo. Alinhe sua mão esquerda adequadamente, de forma que você tenha exatamente um dedo por casa, e depois alterne entre essa nota e a nota que está diretamente embaixo do seu dedo indicador na corda seguinte, logo abaixo. Enquanto faz isso, diga a si mesmo: "É assim que o tom se parece entre as duas cordas mais graves do meu violão". É um movimento mais simples que o de semitom, porque você não precisa mudar de posição. Ambas as notas estão diretamente embaixo dos seus dedos.

Nós temos a mesma situação com as próximas duas cordas...

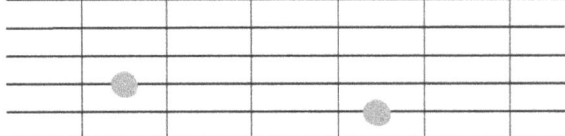

E com as duas cordas mais agudas...

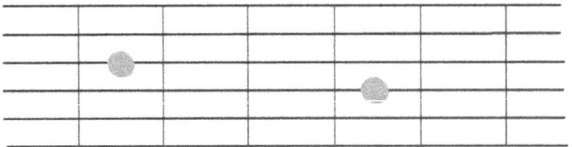

E assim como antes, a situação muda na fronteira entre as cordas 2 e 3:

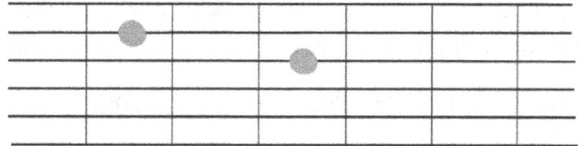

Aqui o intervalo de tom nem mesmo exige todo o comprimento da sua mão. Não se prenda à questão de quais dedos usar nessas duas notas. Você pode tocar a nota mais grave (na corda 3) com seu dedo mínimo e a nota mais aguda (na corda 2) com seu dedo médio. Ou você pode tocar a nota mais grave com seu dedo anelar e a nota mais aguda com seu dedo indicador. A ideia é simplesmente visualizar o deslocamento no braço do seu violão de uma nota para a outra. Pratique alternando entre essas duas notas enquanto pensa consigo mesmo: "É assim que o tom se parece nessa zona curiosa entre a segunda e a terceira corda."

Finalmente, entre as duas cordas mais agudas do seu violão, a situação volta ao normal:

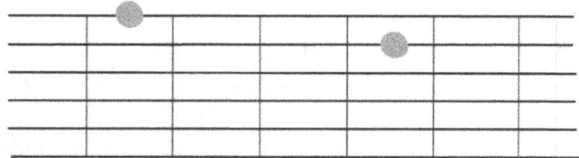

Tome um minuto para praticar esses movimentos de tom por todas as cordas do seu violão. Uma vez que você tenha isso claro em sua mente, dê uma olhada no próximo exercício, que usaremos para praticar o movimento de tom por todo o violão. (É exatamente o mesmo exercício que o de semitom, mas aqui segue a explicação detalhada de todo modo.)

Prática de Mobilidade 2 (tons)

Passo 1: Escolha uma nota, qualquer nota.

Passo 2: Desça um tom usando um dos dois movimentos possíveis:

> Mesma Corda - Simplesmente toque a nota duas casas abaixo na mesma corda. Se você já está com o dedo naquela casa, então pode utilizá-lo. Mas se preferir, você pode mover sua mão e mudar de posição.
>
> Corda Diferente - Independentemente de qual dedo você utilizou na primeira nota, agora fisicamente mova sua mão e mude de posição para colocar seu dedo indicador naquela nota. (Isso é o nosso truque de visualização momentânea.) Agora você pode utilizar os saltos de Mobilidade que você aprendeu anteriormente para visualizar onde tocar na próxima corda mais grave, de forma a descer exatamente um tom.

Passo 3: Continue descendo em tons enquanto quiser.

> Novamente, você pode descer em uma mesma corda enquanto quiser ou fazer um salto de Mobilidade a qualquer momento para a próxima corda mais grave.

Passo 4: Quando você decidir, mude de direção e suba usando um destes métodos:

> Mesma Corda - Apenas suba duas casas na mesma corda. Você pode usar um dedo que já esteja lá ou mudar de posição se quiser.

> Corda Diferente – Independentemente de qual dedo você utilizou para tocar a última nota, agora fisicamente mova sua mão para colocar seu dedo mínimo lá. Agora você pode usar os saltos de Mobilidade que aprendeu anteriormente para visualizar onde tocar na próxima corda mais aguda de forma a subir exatamente um tom.

Passo 5: Continue subindo em tons enquanto você quiser.

Passo 6: Continue tocando enquanto quiser, mudando de direção sempre que tiver vontade.

Em Mobilidade, assim como na Nuvem, também vamos, em determinado momento, praticar intervalos maiores como terças menores, terças maiores, quartas, etc. E mais tarde neste livro, quando entrarmos em desenhos harmônicos específicos como acordes maiores e menores, vamos incorporar esses formatos no jogo também. Mas com semitons e tons você já tem tudo o que precisa para improvisar por todo o violão em qualquer tom. Então, não tenha pressa alguma de seguir em frente. Leve o tempo necessário para realmente compreender os saltos de Mobilidade e se convencer de que eles são reais. Volte e pratique a Nuvem, e perceba como os saltos de Mobilidade estão contidos bem lá na Nuvem. Faça ambos exercícios todos os dias com o intervalo que você estiver a fim de praticar. Por agora, nem sequer se preocupe em como você irá utilizar essas habilidades que está desenvolvendo. Apenas pense no Terreno como uma curta meditação diária que você pode utilizar para começar sua rotina de prática. Por *alguns* minutos cada dia, apenas tente relaxar e dar sua total atenção ao simples ato de mover-se pelo terreno do seu violão.

Nota: O suplemento a seguir é somente para quem toca baixo elétrico e contrabaixo.

Exercício 1: Terreno (para baixo elétrico e contrabaixo)

Objetivo: Continuamente aperfeiçoar sua habilidade em...

Claramente visualizar toda sua extensão musical e mover-se sem esforço através dela.

Já que a música verdadeiramente improvisada é criada na imaginação, a habilidade técnica mais importante ao improvisador é a habilidade de instantaneamente tocar qualquer som que ele imagina. É importante entender que essa capacidade é totalmente mental. Ela não tem nada a ver com tocar rápido. Voar por escalas com o metrônomo estalando a 200 batidas por minuto pode impressionar os vizinhos, mas não o ajuda a improvisar melhor.

O objetivo do improvisador não é velocidade de execução, mas clareza de visão. Imagine ser capaz de ver em sua mente todo o mapa de uma grande cidade de uma só vez. É assim que idealmente gostaríamos de nos sentir com relação a toda nossa extensão musical. O objetivo é alcançar um profundo senso de *orientação* que nos acompanha não importa onde a gente possa estar em nosso instrumento. Se você está na nota Ab, por exemplo, e sua ideia melódica requer que você suba uma terça menor, ou desça uma quarta justa, você não quer que seu fluxo criativo seja interrompido por ter que quebrar a cabeça neste momento calculando intervalos. A ideia é ser capaz de ver todo o terreno musical imediatamente para que você possa facilmente imaginar qualquer tipo de movimento através dele. Dessa forma você pode se manter focado no prazer e na diversão de criar música.

A chave para o Exercício 1 é apenas relaxar e se divertir. A única coisa que você pode achar difícil sobre o exercício é superar sentimentos de culpa que fazem com que você queira avançar para algo mais "sério". A maioria dos improvisadores iniciantes estão com uma pressa tão grande de fazer música que eles nunca levam algum tempo para apenas curtir movimentar-se pelo seu instrumento. Porém, não há nada mais importante para você do que dominar o terreno musical propriamente dito que é a base de tudo que você irá tocar no futuro.

No Exercício 1, as notas no seu instrumento não possuem significado musical nenhum. Apenas esqueça música por agora. Não se distraia com quaisquer pensamentos sobre melodia, harmonia, tonalidade, escalas, etc. Tente apenas relaxar e se divertir movimentando-se pelo seu instrumento como se você fosse uma criança brincando pelo campo. O único objetivo é ganhar confiança movimentando-se pela sua extensão musical.

Baixistas praticam o Exercício 1 de um jeito especial para tirar proveito de uma propriedade maravilhosa que o baixo tem (e o contrabaixo também, mas para simplificar, falaremos apenas baixo). Essa propriedade de que estamos falando é que esse instrumento é muito visual. Com "visual", quero dizer que todos os intervalos musicais, melodias, acordes, etc. correspondem a formatos físicos específicos no braço desse instrumento. Isso dá ao baixista uma tremenda vantagem na aprendizagem de compreender e realmente internalizar a harmonia. O seu instrumento literalmente tem uma vida dupla. Além de ser seu modo de expressão pessoal e criação musical, ele também serve como seu espaço de trabalho pessoal onde você pode visualmente construir formatos musicais e contemplar seus sons.

Você vai aprender o Exercício 1 em duas fases. O primeiro objetivo é aprender a visualizar as notas de seu instrumento como uma longa cadeia ininterrupta de semitons. Isso é uma parte importante de libertar-se dos desenhos de escala, das armaduras de clave e da teoria. A ideia é ver todas as notas como iguais. Sua extensão inteira deve ser percebida como uma longa e conectada escadaria em que você pode se mover para cima ou para baixo como quiser. Alcançamos isso no baixo ao praticar a técnica que eu chamo de "Nuvem", que é simplesmente uma forma de visualizar todas as notas que o cerca em todos os momentos. Você só vai praticar essa técnica preliminar por pouco tempo, até avançar para "Mobilidade", que é a verdadeira técnica que usaremos como abordagem permanente para movimentação no baixo. Mas este período inicial de prática da Nuvem é um tremendo exercício de visualização e uma importante preparação mental para a Mobilidade, então por favor não pule esta etapa crítica!

Nuvem

Para começar, por favor tome alguns minutos para olhar o seguinte desenho de um braço de baixo. Certifique-se de que compreende a orientação dele. O desenho representa o que você veria se estivesse olhando para baixo, na região da sua mão esquerda enquanto toca o baixo elétrico. (Aqueles que tocam contrabaixo por favor acompanhem como se vocês tocassem baixo elétrico. Os desenhos a seguir são para o baixo elétrico com trastes, mas todos os conceitos são aplicáveis da mesma forma ao contrabaixo.)

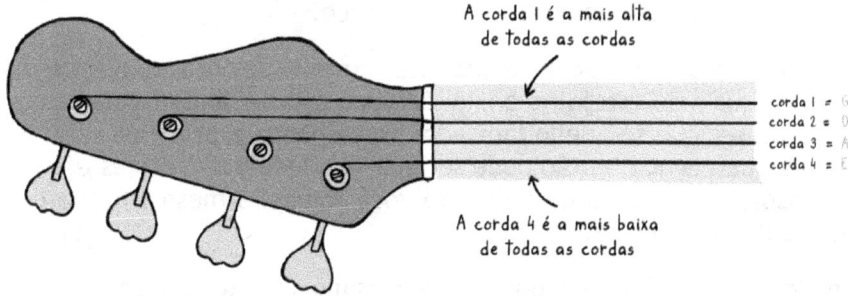

As cordas soltas são afinadas de tal forma que o intervalo entre duas cordas adjacentes é sempre uma quarta justa. Essa observação terá muito mais significância para você nas próximas semanas. Mas por agora, a única coisa em que estamos interessados é no conjunto completo de notas disponíveis para você em qualquer dado momento. Esse conjunto de notas (ou o que chamo de "A Nuvem") toma a seguinte forma no baixo:

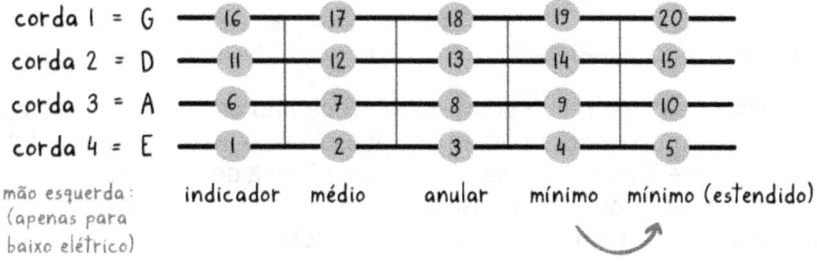

Não se intimide com todos esses números dentro dos círculos. Eu apenas os coloquei lá para mostrá-lo a ordem das notas da mais grave à mais aguda. Imagine-se tocando essas notas uma de cada vez, começando no círculo 1 e terminando no círculo 20. É assim que visualizamos a cadeia ininterrupta de semitons no baixo.

A indicação a respeito dos dedos é para quem toca baixo elétrico, somente. Não importa onde você está no braço do baixo, se você toca baixo elétrico você DEVE sempre usar a exata digitação indicada acima. Note que o dedo mínimo tem o "trabalho duplo" de cobrir ambas as notas de duas diferentes casas. Siga essa regra meticulosamente por todo o tempo que você praticar a versão Nuvem do Exercício 1. Quando você avançar para Mobilidade você poderá voltar a tocar notas com a digitação que você quiser. Mas para Nuvem, você precisa usar essa exata digitação mesmo quando parece desconfortável ou ilógico. Nós utilizamos essa digitação de certa forma inusitada porque ela nos ajuda a mentalmente visualizar e lembrar onde as notas estão. Lembre-se, no futuro você não irá utilizar essa digitação, então não esquente se você se sentir lento ou desengonçado ao fazer dessa forma. Apenas faça mesmo assim. É somente um truque para ajudar a sua memória, e você descobrirá que isso realmente o ajuda a enxergar com mais clareza o que você está fazendo.

Aqueles que tocam contrabaixo deverão tomar suas próprias decisões sobre digitação, usando o conceito (1, 2, 4) ou qualquer outra técnica. Mas ainda assim você deve mentalmente visualizar o desenho da nuvem acima da mesma forma que os que tocam baixo elétrico fazem. A questão é que aqueles que tocam contrabaixo precisam usar sua imaginação um pouco mais para visualizar a nuvem, porque sua mão esquerda vai se mover muito mais do que a mão de quem toca baixo elétrico.

O que é importante no desenho acima é que esta "nuvem" de notas tem a mesma aparência não importa onde sua mão esteja no baixo. Se você está tocando na parte mais baixa do baixo, então pode ser que seu dedo indicador corresponda à primeira casa. Se você está tocando na parte mais aguda, então pode ser que seu dedo indicador esteja na nona casa. Mas nos dois casos, as notas disponíveis para você tomam a mesma forma exata, aquela representada no desenho acima.

Como você pode ver, não há grande mistério com os movimentos de semitom em uma corda em particular. Se você quiser mover-se um semitom acima você apenas se move uma casa acima. A história só se torna interessante nas fronteiras entre uma corda e a outra. Preste especial atenção para essas fronteiras enquanto você se move pela nuvem. Vamos dar uma olhada nesta versão inicial do Exercício 1 para baixistas.

Prática da Nuvem 1

Passo 1: Escolha uma nota, qualquer nota.

> Começamos cada exercício desse jeito. Você não deve escolher sempre a mesma nota. Mas por outro lado, também não pense muito nisso. Apenas escolha uma nota completamente aleatória. Essa é uma ótima forma de praticar uma das habilidades mais essenciais do improvisador, que é a habilidade de orientar-se instantaneamente com apenas uma única nota. Você nunca sabe onde vai estar

quando quiser visualizar uma determinada forma musical no seu instrumento. Então é importante que cada exercício comece com um momento de completa desorientação. Apenas posicione sua mão esquerda em qualquer lugar no braço do baixo e toque qualquer nota que quiser usando o dedo apropriado.

Passo 2: Aprecie essa nota pelo tempo que quiser.

Ao tocar a nota, certifique-se de que cada um dos outros dedos estão alinhados em suas respectivas casas. Tenha cuidado para não distorcer a postura da sua mão. Feche seus olhos. Você deve, ainda, ser capaz de visualizar sua mão com cada dedo alinhado a uma casa específica. Mantendo seus olhos fechados, você é capaz de visualizar também todo o restante das notas do desenho da nuvem mostrado acima?

Passo 3: Mova para a nota exatamente um semitom abaixo.

Como exemplo, se você começou no círculo número 11 (casa tocada com seu dedo indicador no baixo elétrico), então a nova nota seria a do círculo número 10 (tocada com seu dedo mínimo no baixo elétrico). Aqueles que tocam baixo elétrico devem se certificar de que sua mão ainda está perfeitamente alinhada com um dedo por casa, exceto pelo dedo mínimo que às vezes se estica para realizar seu "trabalho duplo". Mantenha seus olhos fechados neste e em todos os passos restantes.

Passo 4: Continue descendo em semitons até onde tiver vontade.

Passo 5: Quando você decidir, mude de direção e comece a subir.

Passo 6: Continue tocando pelo tempo que quiser, mudando de direção quando você estiver com vontade.

Usando apenas semitons, você deve ser capaz de se mover livremente dentro da nuvem com seus olhos fechados, visualizando exatamente onde você está no desenho da nuvem o tempo inteiro. Para aqueles que tocam baixo elétrico, se você tiver o cuidado de manter sua mão esquerda apropriadamente alinhada com um dedo por casa (exceto o dedo mínimo que às vezes precisa esticar), então você deverá ser capaz de se mover onde quiser sem nunca ficar desorientado. Quem toca contrabaixo vai ter sempre mais trabalho para imaginar o mapa da nuvem todas as vezes. Mas nos dois casos, a chave é fazer o exercício lentamente e visualizar o desenho da nuvem na sua mente em cada passo do caminho.

Essa é apenas uma das muitas maneiras de se praticar a "Nuvem", mas é a maneira mais importante, e é o fundamento de tudo que está por vir. Então, não se apresse para a próxima atividade. Permaneça nesse exercício até que consiga fazê-lo com naturalidade. Mesmo depois que você compreender o exercício, continue praticando pelo menos uma vez por dia na primeira semana. Você pode "captar" bem a ideia intelectualmente desde o começo. Mas sua mente subconsciente precisa de tempo para se reprogramar para imaginar essa nuvem de notas como seu "universo musical". Então tome alguns minutos todos os dias para praticar esse simples e relaxante exercício.

Para torná-lo mais divertido você pode tocar livremente com ritmo, frases e síncopes. Em outras palavras, não marche pelas notas como se você estivesse em um treinamento militar. Brinque e mude bastante de direção. Ao invés de tocar todas as notas em uma sequência chata como esta:

...tente dançar por toda a nuvem como deste jeito:

Uma coisa que você deve entender é que os números dentro dos círculos não têm nenhum propósito além de mostrá-lo como esse exercício funciona. Na verdade, com meus próprios alunos particulares, eu nem mesmo uso esses números porque posso simplesmente mostrar o exercício diretamente no baixo. Então, enquanto estiver praticando o Exercício 1, por favor não faça nenhum esforço em lembrar os pequenos números dentro dos círculos. Seu único objetivo é visualizar a nuvem e praticar mover-se dentro dela. Na verdade, não mencionaremos esses círculos com números novamente neste livro.

Trabalhe na Prática da Nuvem 1 até que você chegue ao ponto em que mover-se de uma nota para a outra torna-se essencialmente algo sem esforço. Você será capaz de literalmente pegar o baixo, colocar sua mão esquerda em qualquer local do braço do baixo e imediatamente começar a mover-se em semitons em qualquer direção através de toda a nuvem.

Depois que você tiver ganhado esse nível de confiança ao mover-se em qualquer lugar da nuvem, você pode então levar sua prática para o próximo nível. O próximo passo é separar cada uma dessas notas em tons ao invés de semitons. Como exemplo, se você aleatoriamente escolhe o círculo 17 como ponto inicial, então a próxima nota abaixo seria o círculo 15, depois o círculo 13, depois 11, etc. Assim como é com os semitons, o objetivo não é apenas marchar pelas notas de uma forma chata e sistemática. Aproveite esse tempo para se divertir. Brinque e seja rítmico, dançando pela nuvem usando pequenos saltos de tom. Você descobrirá que algumas partes são mais difíceis que outras para visualizar esse salto de tom. Quando você tiver dificuldades, não se estresse. Apenas permaneça lá e curta praticar seu salto como se você estivesse treinando artes marciais em um dojô.

Uma vez que você tenha dominado semitons e tons, você alcançou um importante platô. Esses são os dois únicos intervalos que você precisa para tocar todo o material que você vai ver no Exercício 2: Melodia. Então, esse também é o momento em que sua prática precisa seguir dois caminhos paralelos. Você deve prosseguir e começar a aproveitar o Exercício 2 logo que estiver pronto, mas você também deve continuar desenvolvendo suas habilidades no Exercício 1.

Eu vou explicar o Exercício 2 quando chegarmos lá. Mas agora, quero apenas que você continue treinando o Exercício 1, para mostrá-lo como você pode continuar a desenvolver sua maestria do terreno musical do seu baixo. Este novo exercício que vou mostrá-lo irá se tornar a maneira primária com que vamos visualizar qualquer movimento no baixo.

Mobilidade

O exercício Mobilidade é um conceito simples, mas explicá-lo em um livro requer muitas palavras. Uma vez que você tenha compreendido os movimentos no exercício, você vai achá-lo divertido de praticar e incrivelmente libertador. É apenas a explicação inicial que requer um certo esforço. Mas cada movimento é explicado e ilustrado neste capítulo e você encontrará demonstrações em vídeo do exercício em ImproviseForReal.com.

Mobilidade: Semitons

*Uma nota especial para quem toca contrabaixo:

> A descrição a seguir do exercício de Mobilidade inclui muitos comentários sobre posição de dedos que são apenas para quem toca baixo elétrico. Isso porque no baixo elétrico os saltos de Mobilidade correspondem a movimentos de dedo precisos, e eu quero que esses movimentos estejam claros. Você obviamente não irá usar as mesmas digitações, mas por favor siga essa explicação de qualquer modo e tente imaginar como você faria o exercício de Mobilidade no baixo elétrico. Isso ajudará você a visualizar os saltos de Mobilidade no seu contrabaixo também, porque os movimentos em si são idênticos. A única coisa que muda é a digitação, já que você terá que tomar suas próprias decisões sobre qual dedo usar em qual nota. Devido à liberdade da mão esquerda que o contrabaixo requer, você terá que se concentrar um pouco mais no início de forma a visualizar os saltos de Mobilidade. Mas com um pouco de prática, você poderá fazer o exercício tão facilmente como quem toca baixo elétrico. O primeiro passo é simplesmente captar claramente os movimentos, e para fazer isso eu peço a você para imaginar por um momento que você toca baixo elétrico, e seguir os exemplos abaixo.

A ideia por trás de Mobilidade surge ao se fazer algumas observações importantes sobre os relacionamentos entre as notas na Nuvem. Ao resumirmos nossa experiência da Nuvem em algumas observações-chave, podemos carregar esses princípios conosco aonde quer que vamos, e dessa forma nos movermos livremente por todo o baixo sem mesmo nos preocupar em visualizar a nuvem completa de uma vez. Sempre que quisermos mudar de corda, simplesmente fazemos o "salto de mobilidade" para o novo local e continuamos tocando. Vamos olhar de novo o desenho da Nuvem com números representando cada nota:

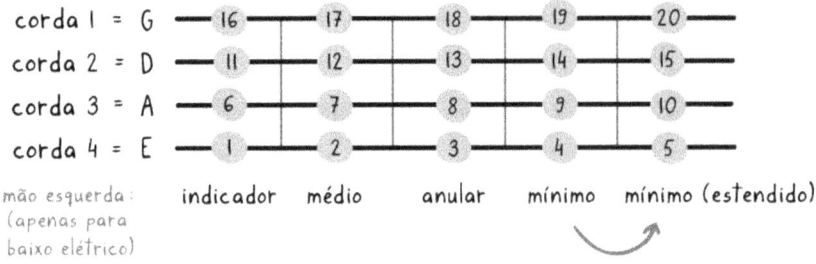

A primeira observação que precisamos fazer sobre o desenho acima é sobre como *se parece* um intervalo de semitom entre uma corda e a próxima. Considere como o intervalo de semitom se parece entre a corda mais grave (corda 4) e a corda seguinte mais aguda (corda 3):

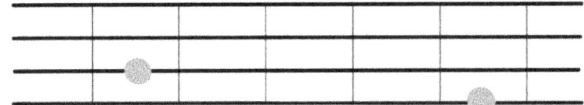

Os dois círculos apresentados são na verdade os círculos com a numeração de 5 e 6 mostrados no desenho da nuvem acima. Mas eles não têm mais os números porque eu não quero mais que você visualize a nuvem inteira. Eu só quero que você perceba o relacionamento entre essas duas notas. Repare que elas estão separadas por aquela distância desconfortável que corresponde ao dedo mínimo se esticando no exercício da Nuvem. Em Mobilidade, nós na verdade não mantemos essa desconfortável esticada. Ao invés disso, simplesmente movemos nossa mão na medida exata de uma casa e *relaxamos na nova posição*. Se você não entendeu exatamente a ideia, apenas pegue seu baixo e prossiga a leitura. Quando você mesmo fizer isso, vai entender o que quero dizer.

Pegou seu baixo? Excelente. Agora toque qualquer nota na corda E grave com seu dedo mínimo. (Escolha uma nota que seja aguda o suficiente para você poder executar o movimento mostrado no desenho acima.) Alinhe sua mão esquerda adequadamente, colocando um dedo em cada casa. Não é para ter qualquer esticada de dedo envolvida neste ponto. Você deve simplesmente ter todos os seus quatro dedos sobre a corda grave E enquanto você toca a nota embaixo do seu dedo mínimo.

Agora, se você quisesse *mover* um semitom para uma nota *mais grave*, como fazer isso seria óbvio. Você só tocaria a nota embaixo do seu dedo anular na mesma corda grave E. Mas se você quisesse *mover-se* um semitom para uma nota *mais aguda*, você teria duas opções. Ambas opções envolvem uma mudança de "posição". No baixo, uma posição é simplesmente a casa onde seu primeiro dedo está alinhado. Se você move toda a sua mão uma casa mais perto do corpo do baixo, nós dizemos que você subiu uma posição. Uma maneira de subir um semitom seria apenas fazer isso, mover toda sua mão uma posição mais perto do corpo do baixo, e tocar a nota que surge embaixo do seu dedo mínimo.

Mas a outra maneira de fazer isso seria fazer o "salto de Mobilidade" para a próxima corda *mais aguda*. Você na verdade *desceria* uma posição (ou seja, afastando-se do corpo do baixo em uma posição) e tocaria a nota que surge embaixo do seu dedo indicador na próxima corda mais aguda. Em suma, o movimento se parece com esticar sua mão, tocando a nova nota e depois relaxando na nova posição.

Se você não está me acompanhando, existe uma maneira simples de você descobrir esse mesmo movimento por conta própria. Apenas volte para o desenho da nuvem inteira, aquele com os pequenos números dentro dos círculos. Toque o círculo de número 5 com seu dedo mínimo e depois o círculo de número 6 com seu dedo indicador. Fique indo e voltando entre essas duas notas enquanto diz a si mesmo umas cem vezes: "É assim que se parece um semitom entre duas cordas do meu baixo". Isso é tudo que estou tentando lhe mostrar.

Agora vamos dar uma olhada nas duas próximas cordas:

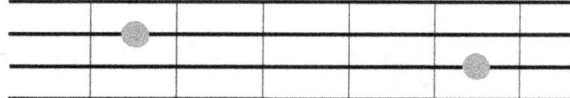

Aqui nós temos exatamente a mesma situação. Mas pratique esse movimento diversas vezes mesmo assim, apenas para absorver isso em sua memória muscular. Também pense consigo mesmo que é assim que se parece o semitom entre essas duas cordas. Enquanto você alterna entre as notas, lembre-se de pausar após cada nota para relaxar na nova posição. Isso significa que logo após tocar a nova nota, tome um momento para relaxar e alinhar sua mão novamente na nova posição de forma que você tenha exatamente um dedo por casa. Não deixe sua mão "pairar" sobre o braço do baixo em uma postura esticada tentando cobrir todas as cinco casas de uma vez.

O movimento de semitom é também o mesmo para as duas cordas mais agudas:

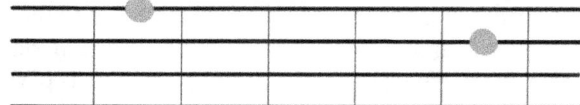

Novamente, pratique algumas vezes enquanto diz para si mesmo "É assim que se parece o semitom entre essas duas cordas também".

Eu sei que isso provavelmente parece a observação mais trivial da história do mundo, mas é precisamente isso que vai lhe permitir tornar-se mestre em todo o seu baixo antes que você perceba. Assim, apenas seja paciente e aprenda esse conceito profundamente! A seguir está um jogo simples que você pode usar para praticar Mobilidade em semitons.

Prática de Mobilidade 1 (semitons)

Passo 1: Escolha uma nota, qualquer nota (isso significa qualquer dedo, qualquer corda, qualquer casa).

Passo 2: Desça um semitom usando *um* dos dois possíveis movimentos:

Mesma corda - Apenas desça uma casa na mesma corda. Se você já tem um dedo na casa, você pode usá-lo. Mas você também pode aproveitar este momento para mudar a posição da sua mão esquerda, se quiser.

Corda diferente – Se, ao invés disso, você quiser tocar a nova nota na próxima corda mais grave, apenas execute um salto de Mobilidade para conectar as duas cordas. Mas lembre-se que os únicos saltos de Mobilidade que conhecemos se baseiam em conectar nosso dedo indicador e nosso dedo mínimo. Então, independentemente de qual dedo você usou para tocar a primeira nota, agora você precisa mover fisicamente sua mão e mudar de posição para colocar seu dedo indicador na última nota que você tocou. (Você não precisa tocar a primeira nota de novo com seu dedo indicador. Apenas posicione seu dedo indicador lá como um truque de visualização momentâneo.) Agora que seu dedo indicador está na última nota que você tocou, você pode usar os saltos de Mobilidade que aprendeu anteriormente para visualizar onde colocar seu dedo mínimo na próxima corda mais grave de forma a descer exatamente um semitom.

Passo 3: Continue descendo em semitons enquanto quiser.

Lembre-se que você é livre para descer em uma mesma corda enquanto quiser (até acabarem-se as cordas!) ou fazer o salto de Mobilidade para a próxima corda mais grave a qualquer momento.

Passo 4: Na hora que decidir, mude de direção e comece subindo usando *um destes* métodos:

Mesma corda - Apenas suba uma casa na mesma corda. Você pode usar o dedo que já está lá ou mudar de posição se você quiser.

Corda diferente - Independentemente de qual dedo você utilizou na primeira nota, agora você precisa mover fisicamente sua mão e mudar de posição para colocar seu dedo mínimo naquela nota. (Novamente, isso é um truque de visualização momentâneo, porque nossos saltos de Mobilidade só funcionam entre os dedos indicador e mínimo.) Agora, com seu dedo mínimo na última nota que você tocou, você pode utilizar os saltos de Mobilidade que aprendeu mais cedo para visualizar onde colocar o seu dedo indicador na próxima corda mais aguda de forma a subir exatamente um semitom.

Passo 5: Continue subindo em semitons enquanto quiser.

Passo 6: Continue tocando enquanto você quiser, mudando de direção quando sentir vontade.

Lamento que sejam necessárias tantas palavras para explicar este exercício. No início, só de passar pela minha explicação para formar sua própria ideia do exercício, pode ser algo bem cansativo. Mas tudo que estou tentando encorajar você a fazer é se mover pelo braço do seu baixo livremente em *ambas* as dimensões:

- Subir e descer as casas de uma mesma corda
- Fazer saltos de Mobilidade de uma corda para a próxima

Você vai ter que praticar um pouco de forma a desenvolver confiança e fluidez. Mas logo sua mão será capaz de flutuar por todo o braço do seu violão em um contínuo movimento de semitom. Seja livre e divirta-se! Agora não é o momento de ser conservador. Seja aquele que quer aparecer, como o pequeno garoto que dirige sua bicicleta por toda a vizinhança sem usar as mãos. Se sua mão está bem na parte de baixo do braço do baixo (na primeira posição, por exemplo), não pense que precisa ficar ali. Você pode voar subindo toda aquela corda mudando de posições até atingir as casas mais altas do seu baixo, e só então faça um salto de Mobilidade para a próxima corda. Nós não estamos procurando pelo modo mais eficiente e "lógico" de subir ou descer semitons. O que queremos é completa liberdade de movimento. Nossa ideia é flutuar sem esforço por todo o braço do baixo, misturando livremente as duas dimensões de movimento.

Mobilidade: tons

Quando você conseguir se mover sem esforço por todo o seu baixo em semitons, você está pronto para seguir para tons, que é o outro movimento essencial que você precisa dominar. Quando dominarmos tons, poderemos relaxar por um momento porque esses são os dois únicos intervalos que precisamos para o Exercício 2: Melodia.

Para entender o movimento de tom, tome um minuto para voltar para o desenho da nuvem com círculos numerados. Você pode visualizar o movimento de tom entre a corda grave E e a próxima corda mais aguda, olhando os círculos numerados 4 e 6 no desenho da nuvem. Repare que não há nenhuma esticada envolvida. O movimento se parece com isto:

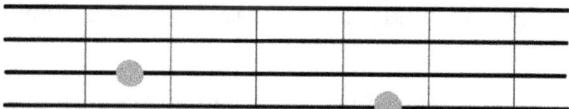

Para tentar você mesmo, toque qualquer nota que você quiser na corda E grave com seu dedo mínimo. Alinhe sua mão esquerda adequadamente, de forma que você tenha exatamente um dedo por casa, e depois alterne entre essa nota e a nota que está diretamente embaixo do seu dedo indicador na próxima corda mais aguda. Enquanto faz isso, diga a si mesmo: "É assim que o tom se parece entre as duas cordas mais graves do meu baixo". É um movimento mais simples que o de semitom porque você não precisa mudar de posição. Ambas as notas estão diretamente embaixo dos seus dedos.

A situação é a mesma nas próximas duas cordas...

E para as duas cordas mais agudas...

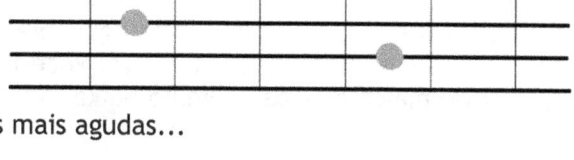

Tome um minuto para praticar esses movimentos de tom por todas as cordas do seu baixo. Depois, dê uma olhada no próximo exercício, que usaremos para praticar o movimento de tom por todo o baixo. (É exatamente o mesmo exercício que o de semitom, mas aqui segue a explicação detalhada de todo modo.)

Prática de Mobilidade 2 (tons)

Passo 1: Escolha uma nota, qualquer nota.

Passo 2: Desça um tom usando um dos dois possíveis movimentos:

> Mesma corda - Apenas toque a nota duas casas abaixo na mesma corda. Se você já tem um dedo na casa você pode usá-lo, ou você pode mudar de posição se quiser.
>
> Corda diferente - Independentemente de qual dedo você usou para tocar a primeira nota, agora fisicamente mova sua mão e mude de posição para colocar seu dedo indicador naquela nota. (Esse é o nosso truque de visualização momentânea.) Agora você pode usar o salto de Mobilidade de tom para tocar a nota que está embaixo do seu dedo mínimo na corda seguinte logo acima.

Passo 3: Continue descendo em tons enquanto quiser.

> Novamente, você pode descer em uma mesma corda enquanto quiser ou fazer um salto de mobilidade a qualquer momento para a corda seguinte logo acima.

Passo 4: Na hora que decidir, mude de direção e comece subindo usando um destes métodos:

> Mesma corda - Apenas suba duas casas na mesma corda. Você pode usar o dedo que já está lá ou mudar de posição se você quiser.
>
> Corda diferente - Independentemente de qual dedo você utilizou na primeira nota, agora fisicamente mova sua mão para colocar seu dedo mínimo lá. Agora você pode utilizar o salto de Mobilidade de tom e tocar a nota que está embaixo do seu dedo indicador na corda seguinte logo abaixo.

Passo 5: Continue subindo em tons enquanto quiser.

Passo 6: Continue tocando enquanto você quiser, mudando de direção quando sentir vontade.

Em Mobilidade, assim como na Nuvem, você deve prosseguir praticando em intervalos maiores como terças menores, terças maiores, quartas, etc. Você já é capaz de imaginar como esses saltos de Mobilidade maiores se parecem no baixo? Aqui estão alguns para se considerar:

salto de mobilidade em terça menor (3 semitons)

salto de mobilidade em terça maior (4 semitons)

salto de mobilidade em quarta justa (5 semitons)

salto de mobilidade em quarta aumentada (6 semitons)

salto de mobilidade em quinta justa (7 semitons)

Mais à frente no livro, quando chegarmos a desenhos harmônicos específicos como acordes maiores e menores, nós iremos incorporar esses desenhos no jogo também. No entanto, com os semitons e tons você já tem tudo o que precisa para improvisar por todo o seu baixo em qualquer tom. Portanto, não fique com pressa de prosseguir. Tome o tempo que for necessário para compreender de fato os saltos de Mobilidade e se convencer de que eles são reais. Volte e pratique Nuvem, e perceba como os saltos de mobilidade estão contidos lá na Nuvem. Faça ambos exercícios todos os dias com qualquer intervalo que você sentir vontade de praticar. Por agora, nem sequer se preocupe em como você usará essas habilidades que você está desenvolvendo. Apenas pense no Terreno como uma curta meditação diária que você pode usar para começar sua rotina diária. Por alguns minutos todos os dias, apenas tente relaxar e dar toda a sua atenção ao simples ato de se mover pelo terreno musical do seu baixo.

O arquiteto e o pedreiro

Antes de começarmos a falar sobre harmonia, eu quero contar a você uma história que acredito que vai ajudá-lo a entender a mudança de mentalidade que precisamos fazer no nosso pensamento musical. A história é sobre um arquiteto e um pedreiro.

Cada manhã o pedreiro vai para o trabalho e começa seu dia revisando os planos que lhe foram dados. Esses planos dizem a ele exatamente quais estruturas ele precisa construir e onde ele deve construí-las. Ele nunca sabe exatamente como se parecerá a construção final, mas isso não tem importância, porque o seu trabalho é apenas implementar o que quer que esteja escrito nos planos.

Esses planos de construção foram projetados por um arquiteto. Eles são baseados numa longa lista de exigências dos clientes combinada ao conhecimento do arquiteto em estética, funcionalidade, considerações de segurança, leis de zoneamento, o custo de diferentes materiais de construção, etc. O arquiteto pode trabalhar por um ano ou mais no projeto de apenas uma construção. Depois, todo um time de pessoas trabalha por muitos outros meses para transformar esse desenho geral em um plano de projeto com tarefas específicas para trabalhadores de construção como o nosso pedreiro.

O pedreiro é muito bom em seu trabalho, mas em seu coração ele sonha em ser arquiteto um dia. Ele se imagina projetando construções inteiras e passando ordens para os pedreiros e outros contratados. Às vezes, em seu tempo livre, ele se senta e contempla seus planos de pedreiro tentando compreender a lógica. Mas não importa o quanto ele estude suas instruções, ele não consegue entender o pensamento do arquiteto. O trabalho do arquiteto parece mágica e o nosso pobre pedreiro conclui erroneamente que ele não é capaz de ser um arquiteto.

O problema é que o arquiteto trabalha com diferentes ferramentas e diferentes linguagens, e ele segue uma metodologia completamente diferente daquela do pedreiro. Não é que o nosso pedreiro seja incapaz de se tornar um arquiteto. Ele apenas precisa ir para a escola de arquitetura e começar a pensar sobre as coisas que os arquitetos pensam. Ele nunca vai entender arquitetura estudando suas instruções de pedreiro, porque a informação simplesmente não está lá.

Isso é exatamente o que acontece com músicos que tentam entender harmonia ao estudar suas "instruções" (partituras de música clássica, partituras de jazz, etc.). Nosso sistema de armaduras de clave, símbolos de acorde, notas e descansos, etc., é uma forma muito eficiente de dizer a um intérprete exatamente como ele deve tocar. Mas como linguagem para compreender harmonia, nosso sistema de notação é um completo desastre. Não é que criar música seja difícil. É que simplesmente você nunca a entenderá se estiver preso à linguagem do intérprete. Assim como as instruções do pedreiro, a informação sobre o design simplesmente não está lá.

Se você deseja criar música por si mesmo, você precisa abandonar a linguagem musical dos intérpretes e adotar uma linguagem musical adequada para compositores. Em outras palavras, você precisa começar do zero e ter um olhar renovado sobre harmonia através dos olhos de uma criança. O que você irá descobrir é que se você puder simplesmente deixar de lado todas aquelas perguntas de "pedreiro", harmonia fica na verdade muito simples. De fato, fica ridiculamente simples.

Sete pequenas notas

Toda a música que você já escutou na sua vida é baseada em apenas sete notas.

(Por favor, tome um momento para refletir sobre isso. É uma afirmação ousada.)

Nós literalmente passamos séculos aplicando nossa criatividade musical em uma simples constelação de sete notas. Elas formam a música de todo compositor clássico que você pode pensar, assim como toda a música pop contemporânea, rock, funk, blues, jazz, soul, bossa nova e todo o resto. Do mais rouco heavy metal até as sublimes meditações do Miles Davis, você está escutando as mesmas sete notas de novo e de novo.

As sete notas são chamadas simplesmente de "escala maior", e dessa escala vem todo o som musical que você já ouviu. Pode parecer surpreendente que tanta música possa ser feita de um conjunto tão pequeno de materiais. Mas o que é ainda mais incrível é que você já reconhece essas sete notas na música ao seu redor. Você as memorizou antes mesmo de ser capaz de falar. Você não está acostumado a dar nome a elas porque ninguém nunca chamou sua atenção para esses sons. Mas sua mente subconsciente já está altamente treinada em usá-los.

É por isso que, por exemplo, você é capaz de reconhecer a melodia de "Parabéns pra você", não importando em que tom ela esteja. O que você realmente está reconhecendo é uma sequência específica de notas da escala maior. Em outras palavras, o próprio fato de você ser capaz de reconhecer a melodia significa que em um nível subconsciente você *já sabe quais são as notas*. E "Parabéns pra você" não é a única melodia que conseguimos reconhecer dessa forma. Esse é apenas um exemplo entre milhares. Literalmente, toda vez que você assovia uma canção, canta uma música ou reconhece uma melodia familiar, você está demonstrando seu conhecimento e comando dessas sete notas que formam nosso sistema musical. Elas são como uma segunda língua para você, e você as conhece tão bem que as usa com maestria mesmo sem perceber que está fazendo isso.

Vou lhe mostrar um exemplo. Tome um momento para relembrar uma melodia familiar da sua infância. Poderia ser um cântico de Natal ou uma música pop, ou um jingle de TV, o que for. Cante alto as primeiras frases e faça questão de cantar bem, de forma que a melodia seja reconhecível.

--- De verdade, por favor *faça* esse exercício ao invés de apenas pensar nele. Toma apenas um segundo. Tente cantar cada nota claramente e realmente *sentir* cada nota enquanto você canta. Quando tiver acabado, continue a leitura. Cante a melodia agora. ---

Ótimo, agora aqui é o ponto. Muito provavelmente você cantou a melodia em um tom totalmente diferente do tom original em que você a escutou. Mas começando de qualquer nota, você é capaz de perfeitamente alocar todos aqueles semitons e tons nos locais certos de forma que a melodia é corretamente reproduzida no *novo tom* que você está imaginando agora. Essa transposição de um tom para outro provavelmente tomaria 10 minutos para você fazer com um lápis, papel e teoria musical. Mas com sua mente subconsciente musical (a qual podemos simplesmente chamar de "o ouvido"), sua transposição não precisa de qualquer esforço. Esse simples exercício demonstra que você já é um mestre absoluto da harmonia tonal. Ele talvez lhe dê também o primeiro vislumbre de *onde* mora o seu gênio musical.

A maioria das pessoas não considera que cantar uma simples canção seja um feito impressionante. Mas requer realmente um passo pequeno a partir daí para ser capaz de *tocar* essas notas em qualquer instrumento. De fato, uma das primeiras habilidades que você irá adquirir como resultado de praticar o método IFR é a habilidade de tocar qualquer melodia que você imaginar no seu instrumento, no tom que você quiser. De uma só vez você irá herdar um repertório instantâneo que consiste de todas as canções que você já ouviu.

Ao refletir sobre essa revelação de que toda a nossa música se baseia em apenas sete notas, você pode pensar em perguntar porque nenhum dos seus professores de música disse isso a você. A resposta é que eles provavelmente *não sabiam*. Se alguma vez você já foi exposto a algo chamado "teoria musical", você viu um maravilhoso exemplo de como pessoas bem intencionadas podem inventar uma explicação que é vastamente mais confusa do que o material que eles estavam tentando explicar em primeiro lugar.

O poder da experiência direta

Mas *por que* teoria musical é tão densa e complicada? Por que existe essa contradição entre a beleza elegante da música e o desajeitado trabalho árduo da teoria musical? Neste capítulo vou tentar ajudá-lo a solucionar essa contradição.

Imagine por um momento se eu quisesse saber tudo sobre a cidade natal em que você cresceu. Você pode não perceber o quão expert você é no que diz respeito à sua cidade natal. No entanto, nós dois estaríamos sujeitos a ter uma longa noite se você tivesse que explicar *tudo* para mim. Para começar, há a casa da sua família (não esqueça de todos os diferentes cômodos), as casas dos seus amigos, sua escola com todas as salas de aula, seus lugares favoritos de brincar na rua, todas as ruas e esquinas, todos os restaurantes, os mercados, o banco, a agência de correios e muitos outros lugares que apenas você saberia. Aposto que há literalmente centenas de lugares que você pode lembrar com clareza se você pensar o bastante.

Mas isso é apenas o começo. Mesmo se reduzirmos para apenas um desses lugares, você descobre que ainda assim existem incontáveis detalhes para explicar: chão, teto, paredes, portas e janelas, lustres, mobília e talvez dúzias de pequenos objetos.

E nem sequer para por aí. Mesmo se você focar em apenas *um* dos objetos no cômodo, você ainda descobrirá que palavras não são nem mesmo adequadas para descrever completamente essa única coisa!

Que poder das palavras, hein...

Mas agora imagine se você pudesse simplesmente *me levar lá*. Você poderia me levar para todos aqueles lugares que você queria compartilhar comigo. Logo nos primeiros minutos, as imagens, sons e cheiros já preencheriam minha mente com mais detalhes do que você jamais poderia me dar em palavras.

A sua cidade natal é uma boa metáfora para harmonia. Não há nada de particularmente difícil sobre harmonia, mas simplesmente não é o tipo de coisa que pode ser facilmente reduzido a palavras e teorias. Esse belo mundo de sons precisa ser experienciado em primeira mão. Se você simplesmente for lá e experienciar por si mesmo esse mundo, você vai descobrir que realmente não precisa de uma quantidade enorme de teoria para lembrar onde estão as coisas. Mas se você permanecer do lado de fora desse mundo e tentar aprender com explicações de segunda mão; se você tentar reduzir esse rico mundo de sons e sensações a um monte de fórmulas e definições, é aí que você se encontra diante de uma tarefa impossível.

É por isso que teoria musical parece tão difícil e confusa. Simplesmente não é possível compreender realmente a música a não ser que você a experiencie por si mesmo. Você precisa criar os sons por conta própria e escutá-los de novo e de novo. Você precisa brincar com eles livremente, combinando-os de formas diferentes. Em outras palavras, você precisa *improvisar*. A maioria das pessoas acredita de forma errônea que é preciso compreender harmonia antes de poder improvisar. Mas na verdade, é o contrário. É preciso improvisar de forma a compreender harmonia.

Então na verdade, aprender a improvisar não é o "objetivo" do método IFR. Improvisação é o método. É como nós investigamos novos conceitos e descobrimos seu significado por conta própria. Meu trabalho é organizar suas experiências para que você gradualmente venha a compreender todo o nosso sistema musical. Seu trabalho é simplesmente brincar e se divertir com quaisquer sons que estejamos estudando no momento. Se ambos fizermos nosso trabalho corretamente, então sua prática será sempre agradável, interessante e divertida. Mas você também estará desenvolvendo uma profunda maestria de harmonia que não pode ser explicada em palavras.

Uma compreensão genuína de música está disponível para qualquer pessoa, mas o único modo de consegui-la é através da experiência pessoal direta. Infelizmente, aulas de música são um dos piores lugares para obter essa experiência. A maioria dos professores de música sentem-se intensamente desconfortáveis em deixar os estudantes experienciarem notas e acordes por conta própria. Eles acreditam que, para justificar o preço da aula, eles precisam "explicar" alguma coisa. Esse é o erro trágico de todo o nosso sistema de educação musical. Um artista não se sustém com explicações de segunda mão. Um artista precisa ter sua experiência pessoal direta com os materiais de sua arte.

Compreensão começa no escutar

Todo compositor utiliza sons por uma única razão. Cada som faz o público *sentir* uma sensação específica, e o compositor quer guiar o público através dessas sensações de uma determinada maneira. Por exemplo, se uma música está escrita em uma tonalidade menor com muitas notas tristes e sombrias, o público é capaz de sentir isso. O público pode *sentir* a diferença entre maior e menor.

Similarmente, o público percebe perfeitamente as sensações de tensão e de repouso na música que eles ouvem. A maneira que a harmonia ocidental funciona é que, em cada momento durante uma música, o ouvinte sente certa atração em direção a uma nota em particular. Essa nota é chamada de *centro tonal*. Mas não importa como ela é chamada. Apenas pense nessa nota como sendo um centro gravitacional que exerce uma força de atração sobre você. Em essência, sua mente subconsciente está sempre querendo aliviar sua tensão através do retorno a esse centro tonal. Todo som que você ouve e que não é esse centro tonal produz uma espécie de tensão na sua mente. Alguns desses sons são mais tensos que outros, mas cada um produz uma sensação muito específica na sua mente e no seu corpo.

Além dessas sensações, a qualquer instante durante uma performance musical, o público também percebe de forma subconsciente exatamente sete notas que formam a *tonalidade* da música naquele dado momento. Essa é talvez a mais "escondida" das suas habilidades subconscientes, porque você tem que escavar um pouco na sua mente para descobrir que você está de fato imaginando exatamente sete notas.

Mas o que tudo isso representa é que o primeiro exemplo a seguir, e que você deve buscar em sua carreira musical, pode surpreender: é *o público*. O público já percebe essencialmente tudo o que é para se saber sobre qualquer música. E se você pensar, faz todo o sentido. Na verdade, não poderia ser de nenhuma outra forma. Porque compositores colocariam sons em suas composições se o público não fosse capaz de notá-los?

O erro que cometemos como músicos é o pensamento de que "compreender música" é um projeto que deve nos levar para uma direção diferente daquela da experiência do público. Nossos professores nos convencem a abandonar nosso papel de ouvintes e a focar nossa atenção em teorias e fórmulas. Mas o caminho para compreender música começa com justamente a mesma experiência que os ouvintes casuais no público já estão apreciando. Nós músicos não precisamos chegar e nos juntar a um estranho culto de forma a aprender os segredos da música. Se quisermos aprender música mais profundamente que as pessoas sentadas à nossa volta no público, apenas temos que escutar mais de perto. A nossa experiência não é diferente da deles. É apenas mais profunda. Nossa estrada para a compreensão da música começa em se reconhecer e utilizar as mesmas sensações que todos os outros do público já estão sentindo. Ao se tornar consciente desses processos naturais que *já* ocorrem em sua mente e corpo quando você escuta música, você descobrirá o segredo daqueles gênios musicais que sabem imediatamente como tocar qualquer música que escutam.

Você pode começar esse processo agora mesmo. Aqui está um simples exercício que você pode fazer toda vez que escutar música. Tente primeiro com músicas bem simples como canções natalinas, canções folclóricas, música country, canções infantis, etc. O exercício consiste em tentar conscientemente sentir a *tonalidade* da música e seu *centro tonal*:

1. Escute a música com toda a sua atenção por pelo menos um minuto inteiro. Não pense em nenhuma outra coisa. Apenas relaxe, aprecie a canção e *realmente ouça*.

2. Interrompa a música se puder ou mova-se para longe dela fisicamente de forma que você não mais consiga ouvi-la tão alto. (Faça isso rápido para não perder a sensação da música na sua mente.)

3. Cante uma nota que você consiga lembrar claramente da música. Pode ser a última nota que você ouviu ou pode ser o som de qualquer palavra ou frase. Mas procure lembrar da sensação de uma nota em particular e cante-a para si mesmo.

4. Agora tente imaginar a nota que está uma casa abaixo dessa. Mas não *pense* demais! Se pensar demais, você será capaz de imaginar uma outra escala que não tem nada a ver com a música que você acabou de escutar. Apenas relaxe e desça para aquela que parece ser a próxima nota abaixo, a qual você escuta em sua mente.

5. Continue descendo até que você alcance a nota que você sente ter mais cara de "final". Essa é a nota que lhe dá uma sensação de relaxamento permanente. Por exemplo, quando a música acaba, essa nota poderia ser a nota final.

Se você conseguir chegar ao passo 4, e for capaz de claramente imaginar toda uma série de notas após escutar uma música, então o que você conseguiu tornar claro para você é a tonalidade da música. Em essência, você clareou as sete notas com as quais toda a canção é feita. À medida que você desce sua extensão musical você pode acabar cantando muito mais que sete notas. Mas o que você está realmente fazendo é simplesmente *repetindo* as sete notas da tonalidade em diferentes oitavas. Você pode não perceber que são exatamente sete notas, mas isso não importa agora. O que é mais fascinante neste exercício é simplesmente descobrir que as notas que formam todo o ambiente harmônico de uma música são *automaticamente* separadas, organizadas e armazenadas em sua mente subconsciente toda vez que você escuta música.

Isso significa que, apesar do emaranhado confuso de sons e sensações inundando seus ouvidos quando você escuta música, em algum lugar da sua mente existe um conjunto de sete caixinhas organizadas onde você encontra precisamente sete notas a partir das quais toda a canção é feita. Isso é uma proeza organizacional que você nunca poderia alcançar conscientemente. Seria impossível conscientemente reconhecer e separar as notas que formam todos aqueles acordes e melodias. Mas mesmo iniciantes (incluindo crianças pequenas) são capazes de cantar com perfeição as sete notas que formam a tonalidade de qualquer canção, simplesmente relaxando e permitindo-se imaginar quaisquer notas que "venham à mente". Tome proveito desse processo interno que está disponível para você. Olhe para dentro de você para clarear as notas que formam a tonalidade de toda canção que ouvir. Você não precisa dar nome agora para as notas ou entendê-las de forma alguma. Apenas as escute em sua mente e cante-as para si mesmo.

O passo 5 do exercício o desafia a decidir qual das sete notas é o centro tonal. Ele pode ou não estar claro para você. Se você não sente nenhuma nota como sendo o centro tonal, então apenas coloque para tocar a música de novo. Enquanto ouve a música, faça a si mesmo a seguinte pergunta: "Qual dessas notas ou acordes soa como o descanso da harmonia da canção, o lugar onde tudo repousa?". Se você não sente essa sensação, apenas continue escutando. Quase toda canção termina retornando ao centro tonal. Então você pode ensinar a si mesmo qual é a sensação do centro tonal, bastando esperar até o final de cada canção e reparando nesse momento. A sensação que você tem no seu corpo quando você escuta o último acorde da música é a sensação que o centro tonal traz.

Agora, nem sempre você vai ser bem sucedido em executar esse exercício com qualquer música. Nas suas primeiras tentativas você talvez não consiga passar do passo 3 (imaginar claramente uma nota da canção). Mas se é só até aí que você consegue chegar a princípio, então apenas continue fazendo o exercício até o passo 3. O importante é estar ativamente em busca dessas sensações em você mesmo. Lembre-se de que não é uma questão de *adivinhar* como a música funciona. É questão de *perceber* o que a música já está fazendo no interior de seu corpo.

Se você não consegue fazer esse exercício de jeito nenhum, não entre em pânico. Simplesmente deixe-o de lado por agora se você não sabe exatamente como fazê-lo. Quando você começar a praticar o Exercício 2: Melodia, tudo isso vai ficar bem mais claro. Por agora apenas saiba que toda vez que você escuta música duas coisas acontecem automaticamente:

1. Sua mente subconsciente imagina exatamente sete notas que formam a tonalidade da música.
2. Uma dessas notas atrai você de forma especial, sendo o centro tonal.

Quebrando o feitiço

A maior dificuldade que ambos iniciantes e músicos avançados compartilham em compreender harmonia é o sistema de nomenclaturas absurdo que é usado. O sistema tradicional de dar nomes às notas é tão confuso e contraditório que a maioria dos iniciantes simplesmente não consegue acreditar. Eles pensam que a música deve ser muito complicada já que a linguagem que usamos para falar sobre ela é tão complicada. Mas existe um truque sujo escondido em cada lição de música, e isso está relacionado aos próprios nomes que usamos para as notas. Eles são tão desorientadores que é quase impossível enxergar mesmo os relacionamentos mais simples entre as notas. Isso é uma razão pela qual pessoas estudam música a vida inteira e nunca percebem que estão sempre tocando os mesmos sete sons. É como se a nossa sociedade inteira estivesse sob um feitiço que nos impede de enxergar o que está logo diante de nossos olhos.

Para começar, você deve entender que música é *relativa*. As frequências absolutas das notas em qualquer música *não importam*. O que faz uma canção ter sua sonoridade é o relacionamento entre as notas. Você poderia transpor a música inteira um semitom acima ou abaixo e ninguém sequer perceberia, mesmo com o nome de cada uma das notas mudando nesse processo. De fato, qualquer música pode ser perfeitamente reproduzida no tom que você quiser, seja um simples blues ou o Réquiem de Mozart completo.

Por essa razão, a linguagem que usamos para pensar e falar sobre música também deve ser relativa. Se você espera compreender música, então deve olhar além dos nomes absolutos das notas como F# e Bb e adotar uma linguagem que corresponde ao jeito que a música realmente funciona. Em cada tom, as sete notas da escala maior soam igual. Então, o primeiro passo para entender música é dar a essas notas *nomes permanentes* que não mudam constantemente de acordo com o tom que você está. Você poderia dar a essas sete notas os nomes que preferir, no entanto eu uso os números de 1 a 7 porque é a maneira mais simples que conheço de falar sobre sete coisas e facilmente lembrar sua ordem:

1 2 3 4 5 6 7

Logo você vai aprender a visualizar essas sete notas em qualquer lugar do seu instrumento. Mas primeiro precisamos dar uma olhada no conjunto completo de notas do nosso sistema musical. É aí que nos deparamos com o infeliz sistema de nomes que herdamos. Mas não se desespere. Eles são apenas nomes. Se você conseguir aprender a olhar além dos nomes, não terá problema algum.

No total há doze notas disponíveis em nosso sistema musical. Elas têm os seguintes nomes:

A A# B C C# D D# E F F# G G#

Note que não há nota sustenida entre B e C, nem entre E e F. Isso é um detalhe importante. Por outro lado, as notas sustenidas também podem ter o nome da próxima nota em bemol. Por exemplo, A# é o mesmo que Bb. Então, nós também podemos listar as notas da seguinte forma:

A B♭ B C D♭ D E♭ E F G♭ G A♭

Mas a verdade é que ambas as formas de dar nome às notas são totalmente desorientadoras. Em realidade, a nota A# não tem nada a ver com a nota A. Ela não é a "nota A elevada em um semitom" como é normalmente ensinado às crianças. Ela é de fato uma nota *diferente*. Não existe mais relação entre A e A# do que entre E e F. São apenas vizinhas, e nada mais.

O único valor a se considerar nesse sistema de nomenclatura é que ele nos ajuda a ver claramente a estrutura da escala maior, em pelo menos um tom. As notas que têm "nomes limpos" (nomes sem sustenido ou bemol) são precisamente as notas que pertencem à escala C maior:

C D E F G A B

Devido a isso, com o sistema de nomenclatura tradicional é muito fácil para nós enxergarmos quais notas pertencem ao tom de C. Isso seria fantástico se nós sempre tocássemos no tom de C. Mas o problema é que quase NUNCA tocamos no tom de C!

Você tem ideia de quão poucas obras clássicas estão escritas no tom de C? Também são raras as músicas de jazz que estão escritas em C. As únicas canções que conheci no tom de C são um monte de músicas country e alguns reggaes. E a maioria desses caras nem mesmo usam partitura musical!

A triste realidade é que todo o sistema tradicional de nomenclatura é desenhado para facilitar conversar sobre as notas em um tom que quase nunca tocamos. O tom de C é apenas um entre doze tons possíveis, e, no entanto, nós nomeamos todas as nossas notas relativamente a esse tom.

Esse é o motivo de, por exemplo, uma melodia completamente simples no tom de E aparecer com todo tipo de "notas sustenidas". Na verdade, não há nada de "sustenido" sobre as notas. As notas em si são apenas as sete notas da escala E maior, e elas soam tão simples e doces quanto as notas de qualquer escala maior. A única coisa complicada a respeito delas são seus *nomes*, porque estamos engessados com esse sistema de nomenclatura tolo que tenta descrever tudo relativamente ao tom de C.

A não ser que você tenha tocado e pensado em música por um certo tempo, você pode não perceber completamente o que estou tentando dizer. Mas ainda assim você é capaz de compreender o ponto importante que você precisa levar deste capítulo. De tempos em tempos precisaremos nos referir às notas com seus nomes absolutos (A, B♭, C#, D, etc.), mas eu quero que você entenda que eles são *apenas nomes*. Você precisa começar pensando em cada nota como uma entidade completamente separada, exatamente igual às suas vizinhas em valor e importância. B♭, F# e C são equivalentes. São apenas três notas diferentes entre as doze que existem.

O seu conceito das notas no seu instrumento precisa se tornar tão límpido e puro como o desenho a seguir:

• • • • • • • • • • • •

O trabalho que você está fazendo no Exercício 1 irá ajudá-lo a alcançar exatamente isso. Ele pode parecer uma espécie de jogo frívolo, mas o sentido dele é aprender a se relacionar com as notas no seu instrumento de uma forma nova que não é complicada por seus infelizes nomes. Esse é o primeiro passo para quebrar o feitiço que tem nos impedido de compreender música.

A chave mágica

Neste capítulo vou mostrar a você algo que é muito especial para mim. É algo muito simples, que está disponível há bastante tempo. Eu certamente não o inventei. Isso é mencionado (ao menos brevemente) em quase todo curso de harmonia que existe. Mas apesar do fato de muita gente parecer "saber" o que estou para lhe mostrar, ninguém parece ligar muito para isso ou usá-lo de forma consciente.

Na verdade, eu nunca conheci *nenhuma pessoa* que tivesse verdadeiramente apreendido todas as implicações disso até que eu as tivesse mostrado. Para mim, é como uma chave antiga, esquecida e enferrujada que possui a notável habilidade de abrir todas as portas do mundo. Eu amo essa chave. E apesar de isso não explicar muito, uma vez que você tenha aprendido a usá-la, você não precisará de qualquer explicação porque irá compreender tudo o que há para se conhecer sobre harmonia.

Por favor tome alguns momentos para olhar o seguinte desenho:

$$1 \cdot 2 \cdot 3\ 4 \cdot 5 \cdot 6 \cdot 7\ |\ 1$$

Não parece ser algo de mais, parece? Se você estudou alguma coisa de teoria musical, provavelmente já sabe exatamente o que é isso. Trata-se simplesmente de uma representação visual da escala maior em qualquer tom. Mas olhe bem, porque você está olhando para nada menos do que o mapa da sua imaginação musical. Todo som musical que você já ouviu em sua vida está localizado em algum lugar do desenho acima. Dos gritantes solos de guitarra de Eddie Van Halen até os quartetos de cordas de Shostakovich, está tudo lá no seu mapa. E se você se tornar tão viciado no método IFR como eu, você vai passar o resto da sua vida contemplando esse pequeno e simples desenho a partir de uma infinidade de pontos de vista.

Não se intimide com os números. Não há nada de frio ou matemático em nosso trabalho. As sete notas poderiam com a mesma facilidade ter nomes mais amigáveis como Jimmy, Fofo, Vovô, etc. Mas eu uso números porque é a maneira mais fácil de nomear sete coisas e lembrá-las em ordem. Apenas pense nelas como endereços ou sinalizações que indicam onde cada som "mora".

Cada item (seja número ou um pequeno ponto) no desenho acima representa uma única nota na cadeia ininterrupta de semitons que você está aprendendo a visualizar com o Exercício 1. Se você imaginar essa série de semitons em qualquer região como o desenho abaixo:

· · · · · · · · · · · ·

... então você também pode visualizar a escala maior em qualquer lugar desta região:

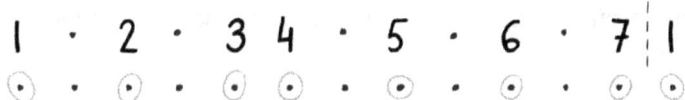

Note que a pequena "cortina" que separa a nota 7 da próxima nota 1 não é uma nota. É simplesmente um lembrete de que estamos entrando em uma nova oitava. Ela está lá para nos lembrar de que a próxima nota 1 é na verdade exatamente a mesma nota que a nota original 1 do início da escala, salvo que está uma oitava acima. A escala maior completa possui apenas sete notas. Mas eu geralmente incluo uma nota adicional 1 em meus desenhos para que você veja claramente o intervalo que há da nota 7 seguida da nota 1, que é um semitom.

Já que você tem praticado o Exercício 1 com semitons por algum tempo, eu posso confiar que você é capaz de escolher uma região do seu instrumento e se mover nela confortavelmente em semitons. Então, por favor, pegue seu instrumento e experimente a próxima atividade que irá permitir a você ouvir por si próprio as sete notas da escala maior.

(Atividade para tocar)

Escolha uma nota, qualquer nota. Mas não escolha uma nota óbvia como C. Seja corajoso e escolha uma nota incomum como o A natural ou o D bemol. Essa será a nota 1.

Suba *dois semitons*. Essa é a nota 2. Pratique alternando entre ambas as notas.

| · 2
◉ · ◉

Suba *mais dois semitons* acima da nota 2. Essa é a nota 3. Brinque por um momento com todas as três notas.

| · 2 · 3
◉ · ◉ · ◉

Agora suba apenas *um semitom* acima da nota 3. Essa é a nota 4. Brinque com todas essas quatro notas por um minuto.

| · 2 · 3 4
◉ · ◉ · ◉ ◉

Suba *mais dois semitons* acima da nota 4. Essa é a nota 5. Brinque com todas as cinco notas por um minuto.

1 · 2 · 3 4 · 5

Suba *mais dois semitons* acima da nota 5. Essa é a nota 6. Brinque com todas as seis notas por um minuto.

1 · 2 · 3 4 · 5 · 6

Suba *mais dois semitons* acima da nota 6. Essa é a nota 7. Brinque com todas as sete notas por um minuto.

1 · 2 · 3 4 · 5 · 6 · 7

Suba *um último semitom* acima da nota 7. Essa é a nota 1 de novo, na oitava seguinte. Improvise livremente com todas as oito notas por alguns minutos.

1 · 2 · 3 4 · 5 · 6 · 7 1

Se você quiser se convencer de que o desenho acima funciona em todos os tons, apenas retorne e escolha uma nova nota de partida como sendo sua nota 1. Contanto que você respeite os intervalos mostrados no desenho acima, você será capaz de reproduzir perfeitamente a escala maior em qualquer tom, simplesmente pela visualização de cada tom e semitom ao longo do caminho.

Antes de prosseguirmos, quero fazer algumas observações que vão parecer muito óbvias para você. Mas essas observações são tão importantes e tão úteis que você deveria repeti-las pra si mesmo como um mantra pessoal até sabê-las de cor:

"Existe um tom entre as notas 1 e 2".

"Existe um tom entre as notas 2 e 3".

"Existe apenas um semitom entre as notas 3 e 4".

"Existe um tom entre as notas 4 e 5".

"Existe um tom entre as notas 5 e 6".

"Existe um tom entre as notas 6 e 7".

"Existe apenas um semitom entre as notas 7 e 1".

Volte e olhe para o desenho da escala maior acima enquanto você repete essas frases para si. Uma vez capaz de visualizar o desenho inteiro da escala maior na sua mente, você não precisará mais do mantra, porque você literalmente verá em sua mente as distâncias entre as notas.

Eu tinha todas as pistas para começar a usar o desenho acima quando eu tinha cerca de 10 anos de idade. Mas levaria mais 20 anos até eu ter alguma ideia do que fazer com essa informação. Isso porque o desenho em si não é a descoberta. Veja, quando você encontra uma chave antiga, o objeto em si não é uma grande causa para deslumbre. Só até você começar a *usá-lo*, e descobrir seu poder inexplicável para abrir todo tipo de portas, que você começa a se dar conta de que encontrou algo muito especial, uma *chave mágica*.

O que é especial sobre essa chave é que ela contém literalmente tudo o que há para se saber sobre harmonia ocidental. (Quando você chegar aos Exercícios 4 e 5, verá que isso não é um exagero. Mesmo as "notas de fora", que aparecem constantemente na música clássica contemporânea e no jazz moderno, não passam de fragmentos deste mesmo desenho trocados de lugar.) O fato de que tanta música possa ser compreendida com tão pouca "teoria" não é nada menos que espantoso. Mas ainda mais espantoso é o fato de que ninguém nunca lhe diz isso, mesmo que isso seja um detalhe um tanto importante. Quero dizer, se toda a harmonia ocidental pode ser compreendida com um simples e pequeno desenho, como alguém dá um curso de harmonia e se esquece de mencionar isso? Como isso pode ser deixado de fora?

Talvez em algum nível acadêmico eles mencionem sim, brevemente, que toda a música ocidental é baseada na escala maior, mas apenas como um tipo de trivialidade histórica. É como dizer a alguém que nossa língua falada é baseada no latim antigo. Não há nada que uma pessoa possa *fazer* com essa informação. Mas a escala maior não é apenas um pedaço de trivialidade histórica. É a matéria-prima com a qual toda a música moderna é feita. É a fonte de todo som que reconhecemos como "musical", e sua estrutura é o tema arquitetônico central de cada canção que você já escutou. Você pode literalmente escutar rádio por horas sem nunca ouvir uma nota que não seja uma dessas sete. E esses acordes que você está escutando no fundo não são mais do que os sete acordes básicos que podem ser construídos com essas sete notas.

A disciplina surpreendente que temos ao aderir à escala maior em nossa composição é ainda mais incrível quando consideramos que não fazemos isso de propósito. Tome como exemplo a música bela e melódica de Bob Marley. Com muito raras exceções, cada uma de suas canções é perfeitamente contida nas sete notas e sete acordes da escala maior, mesmo que ele tenha composto canções em diferentes tons. Agora, você acha que Bob Marley permaneceu perfeitamente dentro da escala maior por respeito aos professores de música que ele teve na escola? Ele estava conscientemente pensando sobre a armadura de clave de cada canção? ("Hmm...essa canção é em tom de A maior, então é melhor eu lembrar de cantar C#, F# e G# em minhas melodias.")

É evidente que não. Ele simplesmente cantou as notas que ele *imaginou* e usou acordes em sua guitarra que *soavam corretas* para o ouvido dele. E ele não é o único compositor que fez isso. Por todo o mundo as pessoas estão compondo de ouvido, cantando melodias que elas imaginam enquanto buscam às escuras os acordes que soam corretos. Por tentativa e erro, elas eventualmente conseguem que tudo soe "satisfatório" para seus ouvidos. Elas nem mesmo percebem que o resultado final simplesmente posiciona todas as notas e todos os acordes nos lugares certos de forma que tudo se encaixa perfeitamente em alguma escala maior. Em outras palavras, o ouvido estava sentindo as sete notas da escala maior todo o tempo, e não ficaria satisfeito com a composição enquanto todas as outras notas não fossem eliminadas. Como um escultor lapidando um bloco de mármore, o resultado final é sempre a escala maior.

Isaac Newton e Michael Jordan

Sir Isaac Newton foi um dos maiores teóricos de todos os tempos. Suas proezas mentais foram tão importantes que ele é considerado um dos homens mais influentes da história. Newton esclareceu e organizou muitos aspectos do nosso mundo físico incluindo conceitos de gravidade, massa, inércia, atrito, força e impulso. Seu trabalho foi uma vitória histórica para toda a raça humana. Mas apesar de toda a sua clareza mental, Sir Isaac Newton provavelmente seria ruim em basquete.

Michael Jordan, por outro lado, foi um dos maiores jogadores de basquete de todos os tempos. Jornalistas de esporte ainda falam sobre suas habilidades físicas sobre-humanas. Mas o que era especial no Michael Jordan não estava em seu corpo. Muitos caras eram maiores, mais fortes, mais rápidos, etc. O que permitiu a Jordan superar os outros caras foi a sua *mente*. Especificamente, ele tinha um controle superior dos princípios da gravidade, massa, inércia, atrito, força e impulso. Mas diferentemente de Newton, ele estudou esses princípios da maneira mais pura e íntima possível, através da vivência deles pelo seu corpo físico. E apesar de o seu trabalho ter sido inteiramente *não-verbal*, Michael Jordan foi tão fascinado pela natureza como Sir Isaac Newton havia sido três séculos antes.

Todos nós sabemos instintivamente que se você quiser se tornar um grande jogador de basquete você não vai ao seu professor de física pedir ajuda. Você vai até o treinador de basquete que, provavelmente, repetiu física na escola. Mas isso não importa, porque ele possui um tipo diferente de conhecimento que é mais valioso para você. Ele sabe como guiá-lo através das *experiências* que você precisa de forma a se tornar um grande jogador de basquete.

A dificuldade que a maioria dos músicos iniciantes tem com improvisação é que eles não têm um "treinador de basquete" para guiá-los. Ao invés disso seus professores de música dão a eles teoria para memorizar. Isso é como enviar um jovem jogador de basquete buscar por respostas em um livro de física.

Teoria e maestria são duas coisas completamente diferentes. Na verdade, "teoria" nem mesmo está no caminho da maestria. É um caminho totalmente diferente, ele o leva a um lugar diferente. Teoria é essencial para intelectuais que querem compreender a natureza e dar nomes a ela. Mas isso é praticamente irrelevante ao artista.

Nós músicos precisamos seguir o exemplo dos atletas de nível mundial. Michael Jordan aprendeu sobre a lei da gravidade não sentado em uma mesa memorizando fórmulas matemáticas, mas gastando incontáveis horas no ginásio inteiramente só praticando arremessos livres. Cada vez que ele suspendia a bola, girava-a em suas mãos, testava seu peso e depois lançava-a para o ar; ele estava praticando um ritual de meditação que aprofundava sua relação já íntima com os elementos básicos desse jogo. Se você quer ser um grande improvisador, você precisa cultivar essa mesma relação íntima com cada som do nosso sistema musical.

Exercício 2: Melodia

Objetivo: Continuamente aperfeiçoar sua habilidade em...

Relacionar sons à escala maior e a escala maior ao seu instrumento.

Existe uma diferença importante entre o improvisador e o músico clássico. Enquanto o músico clássico primariamente interpreta música escrita por outros, o improvisador cria sua própria música na hora. O que eles têm em comum é que ambos os músicos estudam os aspectos físicos de tocar seus instrumentos de forma a produzir os sons mais belos e expressivos possíveis. Mas o músico improvisador deve também assumir um campo de estudo completamente diferente que é a arte do compositor.

Por essa razão a rotina de prática do improvisador se mostra muito diferente da rotina de prática de um músico clássico. Como improvisadores, nosso trabalho pode parecer como uma extravagante "jam session" em um minuto e uma meditação Zen logo depois. Um dia podemos estar no piano, cantarolando suavemente enquanto tocamos alguns acordes. Em outro dia podemos estar no parque brincando com algumas notas embaixo de um carvalho. Ou outro dia podemos aparentar não estar fazendo nada, apenas escutando rádio com os nossos olhos fechados.

Na superfície, nossa prática pode parecer não tão "séria" quanto os estudos técnicos de escala do músico clássico. Mas existe sentido em toda essa loucura. O improvisador *precisa* ter todas essas experiências diferentes com as notas do nosso sistema musical. Precisamos descobrir a beleza delas por conta própria antes de podermos compartilhar essa beleza com outras pessoas. Nós nos aproximamos de cada som com curiosidade, humildade e uma mente aberta. Praticar para nós não é apenas aperfeiçoar nossa habilidade de executar as notas. É descobrir o *significado* de cada nota, e as possibilidades melódicas que ela nos oferece.

Neste capítulo vou mostrá-lo uma ampla variedade de atividades musicais que irão ajudá-lo a entrar no belo mundo da harmonia e descobrir suas lições por si mesmo. Não existe uma lista de coisas que se espera que você aprenda, e não haverá exame final. Seu único objetivo é entrar no mundo dos sons e gastar quanto tempo você puder em explorá-lo e se divertir com ele. Quanto mais tempo você gastar dentro do mundo da harmonia, descobrindo sua beleza por conta própria, mais rápido vai evoluir. Você não precisa se preocupar se está descobrindo as coisas que você "supostamente" tem que descobrir.

Mas há dois conselhos que eu posso dar a você que irão ajudá-lo a tirar o máximo proveito da sua prática. O primeiro é prestar atenção especial em qualquer som que você considerar belo. Esses sons são as joias preciosas que um dia você irá compartilhar com sua audiência, e eles são a única coisa que importa. Quando você encontrar um desses belos sons, talvez um intervalo especial ou uma curta melodia, pare tudo. Não siga em frente. Continue ali e curta o som por todo o tempo que você puder. Esqueça quaisquer outros exercícios que você planejou para o dia. Eles não importam. A lição real está bem aqui no momento presente.

A razão desses momentos serem tão importantes é que esses sons que você considerar especialmente belos não serão os mesmos que eu vou achar belos. Então, o que realmente está acontecendo nesses momentos é que você está descobrindo a *sua música*. Esses sons possuem quase um poder hipnótico sobre você porque eles falam diretamente com alguma parte de si que você acessa apenas através da música. Não resista à beleza deles. Toque esses sons repetidamente até que você os sinta tão fortemente que continua a ouvi-los em sua mente mesmo depois de ter terminado a prática.

Meu outro conselho é simplesmente perceber onde cada um desses belos sons está localizado no seu mapa tonal. Com isso quero dizer reparar onde você está no seu mapa tonal sempre que você encontrar um som ou melodia que goste de forma especial. Se você perceber exatamente quais notas formam cada melodia que descobrir, então as próprias melodias irão ensiná-lo o significado de cada nota no nosso sistema musical. Neste ponto, você se torna não um mero caçador de belas notas, mas de fato um verdadeiro mestre musical que vê beleza e potencial em *cada* nota.

Então vamos começar com o Exercício 2: Melodia. Você descobrirá que ele é um processo de descoberta relaxante e prazeroso em que você finalmente começa a aprender como expressar todos aqueles belos sons de sua imaginação musical.

Sete Mundos

Para começar, precisamos enxergar como podemos usar as sete notas de nossa escala maior para criar sete diferentes mundos harmônicos que podemos explorar. Para compreender como isso é possível, lembre-se que a escala maior não possui começo nem fim. Ela é simplesmente um padrão que se estende infinitamente em ambas as direções no seu instrumento. Então ao invés de um desenho de uma escala maior isolada que eu mostrei a você anteriormente...

$$1 \cdot 2 \cdot 3\,4 \cdot 5 \cdot 6 \cdot 7\,1$$

... uma representação melhor dessa situação seria com este desenho:

$$(etc.) \leftarrow 6 \cdot 7\,1 \cdot 2 \cdot 3\,4 \cdot 5 \cdot 6 \cdot 7\,1 \cdot 2 \rightarrow (etc.)$$

Isto é exatamente a mesma escala, mas neste desenho estamos mostrando mais claramente que a escala se estende infinitamente em ambas as direções. Com esta imagem em mente, aqui está uma maneira de você escutar por si mesmo os sete mundos harmônicos contidos na escala maior:

1. Comece escolhendo de forma aleatória qualquer nota da escala maior para trabalhar. Por exemplo, vamos escolher a nota 2. Iremos usar essa nota como nosso *centro tonal* e ela servirá tanto como o piso quanto como o teto do espaço musical que iremos estudar:

2. Agora escolha qualquer nota no seu instrumento para ser a nota de início. Iremos construir a escala a partir dessa nota, então certifique-se de escolher uma nota que seja grave o suficiente de forma que você possa confortavelmente tocar uma oitava inteira acima dessa nota de início. Para nosso exemplo, vamos supor que você escolha a nota Bb.

3. Começando em Bb e respeitando os intervalos do desenho acima, nós chegamos até as seguintes notas:

$$2 \cdot 3\ 4 \cdot 5 \cdot 6 \cdot 7\ 1 \cdot 2$$
$$B\flat \cdot C\ D\flat \cdot E\flat \cdot F \cdot G\ A\flat \cdot B\flat$$

4. Toque essa escala resultante em ordem crescente...

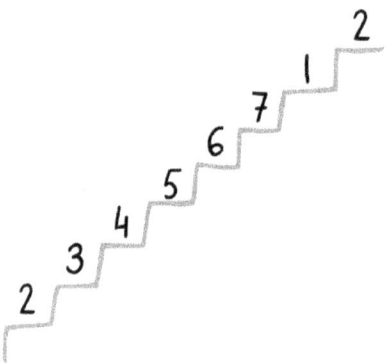

... e depois em ordem decrescente:

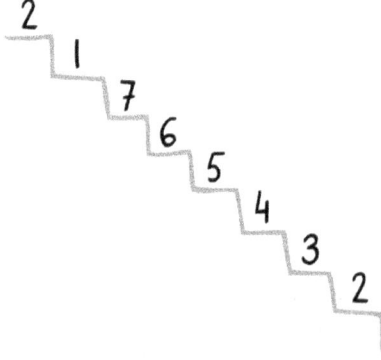

É simples assim. Apenas por usar uma nota em particular da escala maior como ambos o piso e o teto do espaço musical que você irá explorar, você pode criar a sensação de essa nota ser o centro tonal. Isso muda o jeito como todas as outras notas irão soar para seu ouvido. Agora vamos olhar para alguns dos modos que podemos explorar esses sete mundos.

Tocar o Mapa

Agora é hora de explorar musicalmente esse mundo harmônico. Passeie livremente pela região inteira apreciando cada som e melodia que você encontrar. Leve um tempo para sentir e realmente se conectar com cada nota. À medida que você tocar cada nota, poderá perceber que a nota não está trazendo a você a mesma sensação que ela traz quando você toca a escala em sua ordem original de 1 a 7. Isso porque agora seu ouvido está sentindo a nota 2 como o centro tonal, o que muda o significado de cada outra nota da escala.

Perceba que agora a nota 1 não soa mais como o "descanso". Agora ela é simplesmente mais uma nota da escala. Dessa vez a nota 2 é aquela que soa como o descanso e isso também muda o modo como cada nota será sentida por você. Então leve um tempo para conhecer cada uma dessas notas desse novo jeito. Enquanto você toca as notas, poderá ser de ajuda olhar para o desenho a seguir para visualizar a parte do mapa que é relevante para a sua aventura deste momento.

$$2 \cdot 3\,4 \cdot 5 \cdot 6 \cdot 7\,1 \cdot 2$$

Já que existem sete notas na escala maior, existem na verdade sete mundos musicais diferentes que você pode criar com esse exercício. Para cada nota diferente que você escolher como o seu centro tonal (que servirá como ambos o piso e o teto da sua jornada musical), um ambiente harmônico completamente diferente é criado. E em cada diferente ambiente harmônico, as sete notas da escala maior vão proporcionar a você diferentes sensações. É claro que elas são as mesmas sete notas de sempre, mas elas possuem o poder de produzir diferentes sensações dependendo do ambiente harmônico. Assim, existe todo um universo de sons e sensações para descobrir aqui. Você deve também praticar criar esses mundos harmônicos por todo o seu instrumento através da variação da nota de início (Bb em nosso exemplo) cada vez que você fizer o exercício.

Este é o momento perfeito para acrescentar Bases Musicais IFR Nível 1: Sete Mundos na sua rotina de prática. Essas bases musicais foram compostas para fornecer a você o acompanhamento musical ideal para a sua prática de Sete Mundos. Cada ambiente harmônico é disponibilizado em três diferentes estilos musicais para ajudá-lo a fazer a conexão entre sua prática criativa e a música que o cerca. E nós compomos cada base para realçar as sutis diferenças que tornam cada ambiente harmônico único. Assim, enquanto você estiver fazendo uma jam em cima dessas bases, você também estará aprendendo a reconhecer cada ambiente harmônico de ouvido.

Cantar o Mapa

Não existe um exercício mais poderoso para o seu crescimento musical como um todo do que cantar as notas da escala maior sem a ajuda do seu instrumento. Mesmo que você nunca tenha feito nenhum outro exercício neste método inteiro, a simples prática de cantar a escala maior todos os dias o levaria em dado momento a reconhecer as notas de cada canção que você escutasse. Mas é importante compreender *como* cantar os números, porque executar mecanicamente a escala não lhe ensinará nada.

Em primeiro lugar, eu quero esclarecer que no início você provavelmente precisará do seu instrumento para ajudá-lo a começar o exercício. Na maioria dos casos, você não terá ideia de como as notas devem soar, então você precisará usar seu instrumento como referência. Mas você deve usar seu instrumento apenas para ensinar para si o som de cada nota. Quando você for capaz de produzir as notas corretamente com sua voz, você deve parar de usar seu instrumento nesta parte do Exercício 2. É importante ser capaz de imaginar e produzir os sons todos por conta própria. E uma vez que você tenha aprendido os sons de cor, esse exercício se torna algo que você pode praticar em qualquer lugar e qualquer hora porque você não vai precisar de um instrumento para isso.

Aqui está uma versão simplificada do exercício que você pode começar:

1. Primeiro toque a escala maior em seu instrumento em qualquer tom, e preste bastante atenção em como cada nota soa.

2. Agora repouse seu instrumento e cante a mesma escala maior que você acabou de tocar. Você deve cantar cada número em voz alta. (Você literalmente cantará: "um, dois, três, quatro, cinco, seis, sete, um.")

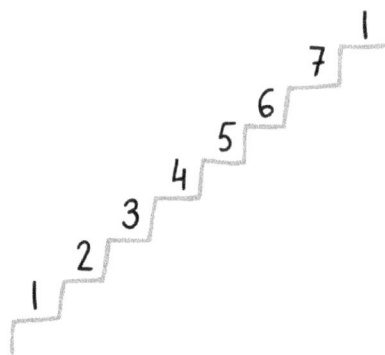

3. Agora volte descendo toda a escala cantando os números. (Você literalmente cantará: "um, sete, seis, cinco, quatro, três, dois, um".)

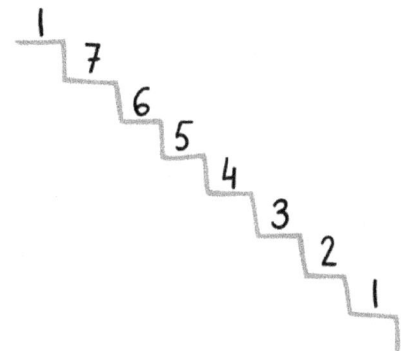

4. Agora o que pretendemos fazer é *passear livremente* pela escala inteira, cantando cada nota pelo seu número. Não se trata de apenas subir e descer a escala mecanicamente. A ideia é fazer música com esses sons e realmente *sentir* cada nota. É importante se engajar em um ritmo e ativar a parte do seu cérebro que escuta e aprecia música. Você pode imaginar um andamento e começar a mover seu corpo no ritmo. Já que eu adoro percussão, eu com frequência batuco um ritmo suave com minhas mãos para fazer a batida. Depois eu começo a cantar melodias sobre esse ritmo. No início você poderia escolher somente algumas notas e levar o tempo necessário para ser mestre nelas. Mas em certo momento você deverá ser capaz de incluir todas as sete notas da escala em suas improvisações.

Uma vez que esteja confiante no exercício acima, você pode ir adiante para a versão completa de Cantar o Mapa. Na versão completa, nós praticamos o mesmo exercício em todos os sete mundos harmônicos da escala maior. Para ver um exemplo, reflita novamente no desenho a seguir e lembre-se que a escala maior se estende infinitamente nas duas direções:

(etc.) 6 · 7 1 · 2 · 3 4 · 5 · 6 · 7 1 · 2 (etc.)

Com isso em mente, aqui está como o exercício completo funciona:

1. Escolha qualquer nota da escala maior (1 – 7) como sua nota de início. Ela será o nosso centro tonal e servirá como ambos o piso e o teto da extensão musical que iremos estudar. Como exemplo, vamos desta vez escolher a nota 5.

2. Se você ainda não está familiarizado com os sons que resultam dessa perspectiva específica da escala maior, então toque a escala resultante com seu instrumento para que você possa escutar como ela soa:

5 · 6 · 7 1 · 2 · 3 4 · 5

3. Uma vez que você tenha uma ideia muito clara de como cada nota soa, repouse seu instrumento e cante a mesma escala que você acabou de tocar, primeiro em ordem crescente...

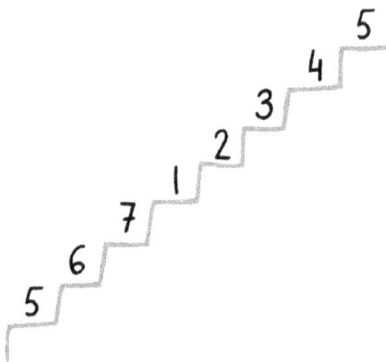

...e depois em ordem decrescente:

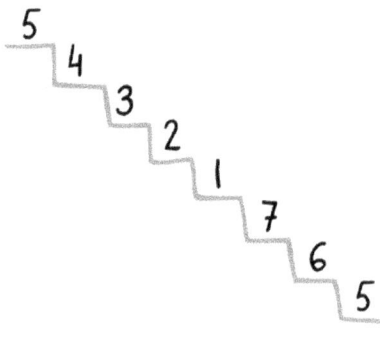

4. Agora vem a parte criativa, que é quando passeamos livremente por essa região da mesma forma que fizemos com a simples escala maior que começa na nota 1. Divirta-se. Não apenas cante a escala subindo e descendo. Pause em algumas notas e pule para outras. Leve um tempo para "dar uma volta" em cada cantinho desse mundo harmônico. Desfrute cada nota profundamente e aprecie seu som. Você pode fazer um desenho das notas organizadas nesta nova maneira para ajudar a visualizar o que você está cantando:

$$5 \cdot 6 \cdot 7\,1 \cdot 2 \cdot 3\,4 \cdot 5$$

Se você fizer esse exercício todo dia com um centro tonal diferente, em breve descobrirá que é capaz de imaginar e produzir os sons por conta própria sem mesmo utilizar seu instrumento como referência. É aí que você começa a adquirir uma verdadeira maestria pessoal dos sons. Mas não se apresse. Apenas concentre toda a sua atenção em apreciar quaisquer que sejam os sons que você está trabalhando hoje. Faça das suas jornadas algo musical. Sinta o ritmo em seu corpo e cante cada nota com sentimento. Nosso objetivo não é meramente executar as notas de forma precisa com sua voz. Nosso real propósito é descobrir a beleza delas e o significado que cada nota tem para nós pessoalmente. Então, apenas relaxe e se abra para as possibilidades melódicas delas. Cada centro tonal na escala maior produz um mundo harmônico diferente para você descobrir e apreciar. E a melhor parte é que você é capaz de explorar todos eles com nada mais do que sua voz e sua imaginação.

Este seria o momento perfeito para adicionar Cante os Números 1: O Mapa Tonal IFR e Cante os Números 2: Sete Mundos à sua prática. Cante os Números é o programa de treinamento de ouvido próprio do IFR, que é na verdade muito mais do que treino de ouvido. Cada lição de áudio também é uma lição em harmonia e composição, utilizando belas músicas e melodias que o ensinam como verdadeiramente fazer música em cada um dos ambientes harmônicos. O resultado é que você não só irá aprender a reconhecer esses sons de ouvido, mas também irá acrescentar essa belíssima coleção de sons ao seu vocabulário pessoal de improvisação.

Libertar sua Imaginação

Também é importante permitir que sua imaginação musical vagueie livremente de vez em quando. Lembre-se que tudo que estudamos em música é para o propósito de expressar nossa imaginação musical. Por isso, não temos interesse em nos deixar levar estudando música até o ponto em que deixamos nossa imaginação atrofiar no processo. É importante cultivar sua imaginação como um jardim e dar a ela bastante água e luz do sol. Fazemos isso de duas maneiras: *escutando livremente* e *cantando livremente*:

Escutar Livremente: Encontre tempo em sua vida para uma sincera e plena apreciação da música sem pensamento nenhum em sua mente. A música deve ser aquela que você ama e que o mantém interessado. Tente esquecer todos os outros barulhos e mergulhe completamente no mundo criado pela música. Sinta cada som e aprecie-o inteiramente. Neste exercício você está expressamente proibido de pensar em números tonais ou tentar analisar a música de alguma forma. Não se preocupe em identificar onde esses sons agradáveis estão localizados no mapa tonal. Nós já temos muitos exercícios que nos ajudam a desenvolver essa habilidade. Neste momento estamos fazendo algo diferente, que é nutrir nossa imaginação com a música mais bela que conhecemos. Assim, quando você alcançar um momento especialmente intenso da música, resista à tentação de analisá-lo. Ao invés disso, *memorize o som*. Escute-o bem de perto e continue a imaginar o mesmo som de novo e de novo em sua mente depois de a música ter terminado. Dessa forma os sons irão entrar muito profundamente em sua memória musical. Mais tarde, um dia quando você estiver criando música, esse mesmo som surgirá para você bem no momento certo em que ele se encaixa perfeitamente na música. E você saberá como tocá-lo porque você pode confiar no seu ouvido para fazer a tradução para você no ato. Então leve um tempo para apenas escutar e apreciar. É mais importante do que você pensa.

Cantar Livremente: Da mesma forma que precisamos ouvir música sem qualquer tentativa de analisá-la ou nomear aquilo que escutamos, nós também precisamos criar música da mesma forma. Você pode fazer isso enquanto toca alguns acordes no violão ou no piano, ou pode fazer isso em cima de qualquer tipo de acompanhamento gravado. Você pode, até mesmo, fazer isso junto ao rádio se você não se importar de compartilhar o espaço melódico com o cantor. Mas não importando como irá fazer isso, você deve gastar algum tempo toda semana cantando sons livremente, sem tentar reconhecer onde você está no mapa tonal. Se você tiver dificuldades no começo, experimente ouvir com clareza e cantar uma única nota que apareça na canção. Depois, imagine a próxima nota mais grave que parece pertencer ao ambiente harmônico da música. Após isso, imagine a próxima nota e a seguinte, e continue até que você seja capaz de ouvir várias notas com clareza. Agora, permita-se fluir com a música e pouco a pouco mover-se para qualquer que seja a nota que parece atrai-lo mais em cada momento. Se você se concentrar nos sons que estiver cantando, os próprios sons irão lhe dizer como fazer música com eles. Mas isso não é tão importante porque não se trata de uma performance. Cantar "bem" ou produzir uma improvisação interessante não é o objetivo. O único objetivo é imaginar sons e produzi-los, então não é possível fazer esse exercício de um jeito "errado". Apenas concentre toda a sua atenção nos sons da canção, e adicione mais notas com sua voz. Esse exercício simples irá melhorar dramaticamente ambas sua percepção e sua criatividade ao longo do tempo.

Seguir a sua Voz

Agora é a hora de combinar o canto e a execução do instrumento ao mesmo tempo. Aqueles que tocam instrumento de sopro terão que fazer esse exercício no piano, mas todos os outros podem fazer isso em seu instrumento principal. Da mesma forma que nos outros exercícios, primeiro temos que escolher um dos mundos harmônicos para estudar e decidir onde criar esse mundo harmônico em nosso instrumento. Depois iremos improvisar dentro desse mundo harmônico tocando notas no instrumento enquanto simultaneamente cantamos seus sons. Quando cantarmos e tocarmos ao mesmo tempo, não cantaremos os números. Você pode simplesmente cantar os sons com qualquer sílaba que quiser ("lá lá lá" ou "mmm mmm mmm" ou o que achar melhor.)

O que poderá surpreendê-lo neste exercício é quão dramaticamente suas ideias musicais mudam quando você canta enquanto toca. Quando comecei a cantar enquanto tocava, eu descobri que havia muito mais sons de "música pop" e de "R&B" em minha imaginação musical do que eu jamais poderia imaginar antes. Quando eu costumava tocar jazz com uma abordagem mais artificial e baseada em teoria, meus solos eram muito mais intelectuais. Eu estava sempre procurando pela nota inesperada ou frase que seria "interessante" e fora do comum. Mas minha música carecia de profundidade e humanidade. Foi só quando comecei a cantar e incluir minha imaginação musical na minha prática que eu redescobri o poder e a beleza das notas simples que eu estava negligenciando porque elas pareciam "óbvias" demais.

Então, o primeiro passo para tocar da sua imaginação é simplesmente juntar essas duas partes da sua mente. Precisamos conectar nossa mente consciente (que move nossas mãos para tocar o instrumento) com nossa mente musical subconsciente (que aprecia e imagina sons musicais). Uma ótima forma de criar essa conexão é simplesmente cantar enquanto tocamos.

No começo, de qualquer jeito que você conseguir alcançar essa conexão está bom. Mas no longo prazo, é importante compreender quem deve estar liderando essa dança. A ideia não é simplesmente treinar a voz a acompanhar, imitando frases que suas mãos executam sem pensar. É a sua *voz* que expressa sua imaginação musical. E por isso, gradualmente, com o tempo, as mãos precisam aprender a expressar o que a voz quer cantar. (Lembre-se que esse exercício não se chama "Cante seja lá o que suas mãos estejam fazendo". O nome do exercício é "Seguir a sua Voz", porque é isso que a gente quer que suas mãos façam.)

Não fique muito preso nisso no começo porque o mais importante é iniciar essa conexão entre sua voz e suas mãos. Mas à medida que você for ganhando confiança, pergunte a si mesmo se está realmente aprendendo a tocar o que você imagina, ou só aprendendo a cantar frases mecânicas que você já sabe como tocar.

Seguir a Melodia (avançado)

Cada um dos exercícios acima pode ser executado por um iniciante em seu primeiro dia de estudo do método IFR. Eles são poderosos exercícios que proporcionam experiência prática e direta de trabalhar com os sons do nosso sistema musical. Você não precisa saber nada para começar, e pode avançar nesses exercícios em seu próprio ritmo de estudo.

Os dois exercícios a seguir, no entanto, exigem que você já tenha um certo nível de experiência pessoal com as notas da escala maior. Se você é iniciante, eu recomendo não avançar mais neste capítulo até ter gasto alguns meses trabalhando nos exercícios acima. Você, ainda assim, pode continuar avançando neste livro, podendo até mesmo ir para o Exercício 3. Mas você não deveria tentar avançar nem mais um passo no Exercício 2 até que tenha obtido uma base mais sólida. Deixe de lado os níveis mais avançados do Exercício 2 até você estar pronto para eles.

No entanto, se você já tem bastante confiança com as sete notas do nosso sistema musical, então está pronto para dar o próximo passo. Este próximo exercício consiste em escutar qualquer música e segui-la ativamente, visualizando cada nota da melodia em seu mapa tonal da escala maior. Você pode até pegar um papel e escrever a melodia usando os números tonais de 1 a 7 se isso o ajuda a visualizar com mais clareza. Basicamente você estaria produzindo um rascunho tonal da melodia semelhante àqueles que eu vou lhe mostrar em um capítulo posterior, "Vendo a Matrix".

Não se preocupe em tentar reconhecer *tudo* que ocorre em uma música. Parte do processo de aprendizagem é se aventurar e tentar descobrir *alguma coisa* que você reconheça. Você pode escutar uma música inteira e apenas reconhecer algumas poucas notas. Mas isso seria uma grande vitória e um grande passo para a frente. Depois que você saborear pela primeira vez sua habilidade de compreender a música de ouvido, isso despertará sua curiosidade e você irá começar a ouvir mais ativamente o tempo todo. No começo haverá muito mais sons que você não reconhece do que sons que você reconhece. Mas se você continuar fazendo os exercícios deste capítulo, especialmente o mais poderoso que é o Cantar o Mapa, pouco a pouco você começará a notar esses mesmos sons na música ao seu redor. E cada novo som que você reconhecer irá servir como um degrau para ajudá-lo a reconhecer outros. Em breve, todos eles começarão a cair como dominós.

Seguir a Melodia também é um exercício importante porque o ajuda a desenvolver a atitude de sua maestria musical não se limitar ao seu instrumento. Seu verdadeiro relacionamento com a música é dentro de você, e é nesse lugar que as suas descobertas mais profundas irão acontecer. Você nem mesmo precisa ouvir música para praticar Seguir a Melodia, porque pode, com a mesma facilidade, praticar com as canções e as melodias que você *lembra* em sua mente. De fato, Seguir a Melodia é na verdade apenas o lado invertido de Cantar o Mapa. Pense neles como duas meditações complementares:

Em Cantar o Mapa, colocamos sons nos números.

Em Seguir a Melodia, colocamos números nos sons.

Se você está procurando pela maneira mais efetiva de crescer rapidamente como músico, vou revelar um segredo. Existe muito mais poder nesses dois exercícios de imaginação do que nos exercícios que se faz no instrumento. Apenas cinco minutos desse trabalho interior irá desenvolver suas habilidades mais do que um dia inteiro praticando seu instrumento. Tenha isso em mente quando for decidir onde concentrar sua energia.

Seguir a Melodia também lhe dá o caminho para escapar do seu tédio sempre que você se sentir travado escutando música que não exatamente entusiasma você. Talvez seja o recital de clarineta do seu sobrinho ou talvez a música de fundo do consultório do dentista. Mas você sempre pode transformar a situação em uma aula grátis de música. Ao seguir a melodia ativamente, visualizando onde você está no mapa tonal, você pode usar mesmo a canção mais boba e desinteressante como um treino grátis de ouvido. Não apenas é um incrível exercício para o seu ouvido, mas também isso dará a você uma compreensão de como as canções funcionam. Uma razão pela qual praticamos seguir os números é para que aprendamos essas lições escondidas em toda a música que nos cerca.

Exercício 2 - Nível de Maestria (avançado)

Agora quero mostrar a você a versão mais avançada do Exercício 2. É algo que você pode praticar pelo resto da sua vida e nunca fica batido ou entediante porque é uma porta de entrada para a criatividade musical e a improvisação. É também uma habilidade muito prática para todos os que apreciam "fazer um som" em "jam sessions" ou tocar com os amigos em uma festa. Adicionalmente, é a base para a mais poderosa prática de improvisação, que é o Exercício 5.

Você já quis tocar com outros músicos, mas não conseguiu encontrar as notas certas? Talvez você não tenha sido capaz de reconhecer em que tom estava a música. Isso pode ser especialmente difícil com o estilo jazz porque as músicas com frequência contêm uma ou mais mudanças de tom. Talvez você tenha zanzado pelas notas do seu instrumento, procurando as notas que soassem bem. Ou talvez os acordes estivessem tão rápidos que você não sabia nem por onde começar. Essa situação frustrante já aconteceu com todos nós. Até mesmo músicos avançados ocasionalmente se encontrarão tocando uma música com a qual não estão familiarizados, e pode ser quase impossível, às vezes, reconhecer a harmonia de ouvido.

Mas agora quero que você imagine uma cena diferente, em que tudo flui sem esforço. Imagine que você chega a uma festa, ou a uma "jam session", e um grupo de pessoas já está tocando música juntas. Uma delas oferece de falar a você os acordes da canção para que você possa tocar também. Ela diz: "O primeiro acorde é um G menor com sétima, depois vai para um A com sétima, e depois D menor...". Você responde calmamente: "Obrigado, mas não se preocupe com isso. Apenas deixe-me escutar por um minuto e irei acompanhar você". Quando é a sua vez de tocar, você começa tocando apenas uma única nota no seu instrumento e depois você pausa por um momento. Aí você vai em frente e faz um belo solo melódico que se encaixa perfeitamente com a harmonia da canção e com o que todos os outros estão tocando. O mais importante de tudo: você está expressando a *sua* música, exatamente como você a escuta em sua mente. Se a canção contém mudanças de tom ou outros sons inesperados, você pausa por uma fração de segundo em cada um desses momentos e depois continua no caminho certo. Você é capaz de fazer isso com uma canção que nunca escutou antes com a mesma facilidade com que faz com uma canção que conheça de cor.

Você sabia que você já tem a habilidade de fazer isso? Você só precisa combinar algumas das habilidades que tem desenvolvido até este ponto. Essa técnica não é para iniciantes, mas uma vez que você tenha dominado os exercícios anteriores neste capítulo, você pode juntar todos para criar uma técnica muito poderosa de improvisação que permite a você tocar música sem esforço em qualquer contexto musical. Veja como usamos "Exercício 2 - Nível de Maestria" para imediatamente nos orientar em qualquer situação musical:

1. Escute a música com sua atenção total por um momento.

2. Agora mentalmente dirija sua atenção para longe da música. Cante a última nota que você escutou. Suba ou desça a partir dessa nota, para qualquer que pareça ser a próxima nota da escala. Continue fazendo isso até que você imagine claramente um conjunto inteiro de notas.

3. Mesmo que não tenha consciência disso, todas as notas que você está cantando para si mesmo vem da mesma escala maior, e esse é o tom da música. Continue percorrendo e cantando essas notas para si mesmo até que você reconheça que está de fato cantando uma escala maior. Vá até o repouso na nota 1 dessa escala maior.

4. Você pode reforçar sua clareza de percepção ao continuar cantando todas as mesmas notas, mas agora colocando números nelas. Você estaria literalmente cantando para si: "um... dois... três... quatro... etc.".

5. Agora que você claramente está sentindo a tonalidade da música, é hora de tocar apenas *uma nota* no seu instrumento. Escute essa nota e pergunte-se onde esse som está localizado no seu mapa tonal. É uma das sete notas da escala maior? Ou ela é um dos pontinhos pretos do seu desenho?

6. Se a nota que você está tocando é uma das sete notas da escala maior, então você deve ser capaz de reconhecê-la pela sua sonoridade. Se ela é um dos pontinhos pretos, então você apenas precisa subir ou descer exatamente *um semitom* para entrar na escala. Uma vez que você entrou na escala, você não deve ter problemas em identificar onde você se encontra nela.

7. Agora que você sabe onde está, você também sabe onde encontrar qualquer outra nota que queira tocar. Então apenas parta da nota onde você está agora e comece a improvisar livremente junto com a música. Não esqueça de cantar enquanto você toca, se realmente deseja ativar sua imaginação musical.

8. (Opcional) Se em algum momento o seu ouvido disser a você que o tom da música mudou, apenas repita o processo inteiro novamente para sentir a nova tonalidade e localizar-se dentro dela.

Quando você lê o exercício acima pode parecer que são muitas etapas, mas na verdade isso é quase instantâneo. Uma vez que você ganhar confiança nesse exercício, você vai acabar pulando diretamente para o Passo 5 sem nem mesmo pensar nos Passos 1 até 4. Se eu quero tocar com um grupo de músicos, tudo o que faço é tocar uma única nota no meu instrumento. Já que eu sei o som de cada nota da escala maior e também dos cinco pontinhos pretos fora da escala, eu imediatamente sei exatamente onde estou. O processo inteiro não toma nem mesmo um segundo completo.

Então a versão simplificada do Exercício 2 - Nível de Maestria é ainda mais simples:

1. Toque uma única nota no seu instrumento.
2. Repare onde você está no mapa tonal.

Se você praticou todos os exercícios apresentados neste capítulo, especialmente Cantar o Mapa, então será fácil assim, literalmente, para você se orientar em qualquer situação musical instantaneamente. Para muitos estudantes, esse é o nível de maestria que eles sempre sonharam a respeito. A maioria das pessoas são atraídas para a improvisação musical pelo simples desejo de tocar junto com os amigos e participar em "jam sessions". Se esse é o seu objetivo também, então com o Exercício 2 você já tem tudo o que precisa para curtir tocar com outras pessoas em qualquer contexto musical pelo resto da sua vida.

A chave para esse poder vem de utilizar seu *ouvido* para compreender o ambiente musical, e usar sua *imaginação* para criar a música. Perceba como nosso paradigma inteiro é diferente daquele da pessoa que tentou nos ajudar falando nomes de acordes. A razão pela qual iniciantes acham improvisação tão difícil é porque eles estão fazendo as perguntas erradas. Iniciantes sempre querem saber as respostas para duas perguntas:

"Em que tom a música está?"

"Quais são os acordes da música?"

Ambas essas perguntas estão erradas porque elas ignoram o fato de que nossos corpos *já* estão sentindo o tom em que a música está. Mesmo os ouvintes mais passivos da audiência são capazes de sentir o tom da música! Então nós músicos não precisamos começar do zero tentando deduzir o tom da música como se estivéssemos resolvendo o mistério de um assassinato. Apenas precisamos pausar e perceber o que *já* estamos sentindo.

A verdadeira pergunta não é: "Em que tom a música está?" e sim: "Onde no tom eu estou?" Qualquer nota que você toca está localizada em algum lugar do seu mapa tonal entre 1 e

7. Pode ser uma das sete notas da escala maior, ou pode ser um dos pontinhos pretos. Mas está lá em algum lugar daquele desenho.

Para entender onde você está no desenho, tudo o que precisa fazer é escutar a nota que você está tocando. Cada nota tem um som peculiar e inconfundível. Mesmo as cinco notas fora da escala maior têm seu próprio som peculiar, e na hora certa você vai saber o som dessas notas também. Então, não importa quantas vezes uma música mude de tom, se você apenas escutar qualquer que seja a nota que você está tocando no momento, você sempre estará perfeitamente orientado no tom do momento.

Uma vez que você se tornar bom nisso, você nunca mais ficará imaginando em qual tom a música está, e nem quais acordes estão sendo usados porque *isso não terá mais importância*. Você não vai ter que adivinhar o que os outros músicos estão pensando porque você estará conectado a algo muito mais poderoso: o que *você* está *sentindo*. Não importa quão sofisticada possa ser uma peça de música, em qualquer dado momento no tempo o seu ouvido está sentindo apenas uma tonalidade, porque é assim que ele está programado para fazer. Uma vez que você aprender a se orientar em relação a qualquer tonalidade que *você* estiver sentindo, seu ouvido se torna a única informação que você precisa.

Para praticar essa técnica, você nem mesmo precisa de outros músicos. Tudo o que você precisa é de uma fonte de música para tocar junto. Você pode tocar em cima de qualquer canção da sua coleção de música, ou apenas ligar o rádio e improvisar em cima do que estiver tocando. Quanto mais você praticar, mais cedo você se descobrirá utilizando apenas a versão simplificada do exercício, e ficará maravilhado de quão facilmente você é capaz de instantaneamente se orientar em qualquer canção.

Resumo

Se tem um exercício no método IFR inteiro que vai acelerar o seu crescimento musical mais do que qualquer outro, é o Exercício 2. Então, não importa qual instrumento você toca ou como você gostaria de fazer música, eu peço que você encontre tempo para descobrir tudo o que puder utilizando as atividades apresentadas acima.

A maior parte do trabalho que temos no Exercício 2 envolve explorar os sete ambientes harmônicos da escala maior. Chamamos esse conjunto de exercícios de "Sete Mundos". Neste capítulo, eu mostrei a você uma gama de maneiras de praticar Sete Mundos com seu instrumento e sua voz. Esse trabalho é a essência do Exercício 2, e é onde você deve concentrar o seu esforço no início.

Uma vez que você tiver desenvolvido um nível de maestria com todos os sete ambientes harmônicos da escala maior, você deve começar a praticar as duas atividades mais avançadas que você viu neste capítulo. Seguir a Melodia é o exercício para escutar ativamente qualquer canção ou melodia e tentar visualizar onde cada nota está localizada no seu mapa tonal. E, finalmente, o Exercício 2 - Nível de Maestria combina tudo o que você aprendeu até agora para torná-lo capaz de improvisar com confiança em qualquer situação musical pelo resto da sua vida.

Aqui está um resumo dos conceitos e exercícios que vimos neste capítulo:

1. Sete Mundos
    a. Tocar o Mapa
    b. Cantar o Mapa
    c. Libertar sua Imaginação
        i. Escutar Livremente
        ii. Cantar Livremente
    d. Seguir sua Voz
2. Seguir a Melodia (avançado)
3. Exercício 2 - Nível de Maestria (avançado)

Lembre-se que sua prioridade número um deve ser sempre se divertir com quaisquer que sejam os sons que você estiver usando no momento. Use esses exercícios como um agradável e relaxante intervalo de todas as outras demandas do seu dia. Você tem tantas outras áreas da vida que precisa pensar, planejar e lutar. Dê a si mesmo o presente, apenas por uns minutos por dia, da contemplação musical relaxante sem qualquer meta.

Pense como uma mãe conhece bem os rostos de suas crianças. Obviamente ela não chegou a conhecer aqueles rostos através de trabalho árduo e exercícios de treino intenso de memória. Ela os conheceu através da contemplação amorosa sem nenhuma pressão. E é exatamente assim que você deve conhecer as sete notas do nosso sistema musical.

Improvisando pra valer

Improvisação musical não é uma habilidade técnica que alguém "aprende a fazer". É um processo natural espontâneo que ocorre na imaginação. Não é necessário entender nada sobre harmonia para improvisar música. Mesmo principiantes (inclusive crianças pequenas) são capazes de improvisar belas melodias em cima de qualquer harmonia apenas cantando a primeira nota que vem à cabeça, e depois deixando a música fluir para onde ela quiser. O ouvido naturalmente gravita em direção aos sons mais prazerosos. Então é muito fácil, na verdade, fazer música dessa forma se você focar sua atenção nos próprios sons.

Improvisação com a voz é a forma mais elevada de composição musical que existe porque você está trabalhando diretamente com os próprios sons. Não há técnicas fabricadas ou teoria para se apoiar. Por essa razão ela pode ser assustadora no início. É normal sentir-se completamente perdido na primeira vez que você tenta improvisar com nada a não ser sua voz. Se você está acostumado a voar para cima e para baixo no seu instrumento com escalas e arpejos, tentar cantar essa mesma música pode ser uma lição de humildade.

Mas eu argumentaria que essa experiência é o passo mais importante que qualquer músico de improvisação pode tomar em seu desenvolvimento artístico. É um teste de sinceridade. É necessário humildade absoluta para dizer a si mesmo "Ok, eu conheço muitos truques que me permitem fazer música em cima dessa canção. Mas eu realmente *sinto* alguma coisa quando eu escuto a harmonia? Há sons nela que eu reconheço? Eu tenho alguma coisa *minha* para contribuir?"

Não importa quais são as respostas para essas perguntas no começo. Esse não é o teste. O verdadeiro teste é se você está disposto a zerar sua compreensão musical e recomeçar do nada. Se você conseguir encontrar a coragem de deixar de lado suas técnicas e abrir-se para a música com humildade, você descobrirá que você ouve, sim, notas musicais em sua imaginação, e muitas delas!

Essas ideias puramente musicais que você expressa com sua voz vêm diretamente da sua imaginação musical, ou do que eu chamo de seu "compositor interior". Seu compositor interior é um gênio musical absoluto que é capaz de resolver mesmo os problemas harmônicos mais difíceis sem esforço. Lembre-se, o ouvido *naturalmente* gravita na direção dos sons mais prazerosos em qualquer situação musical. Então, não importa o quão difícil uma progressão de acordes possa parecer no papel, porque para o ouvido isso não faz diferença. O ouvido sempre sabe o que ele está sentindo. Ele sabe quais notas são dolorosas e quais são relaxantes. Para o ouvido, não tem essa coisa de "progressão de acordes difícil" ou um "tom complicado". Simplificando, o ouvido nunca comete erros. O simples fato de que você imagina um som é uma garantia absoluta de que ele faz perfeito sentido musicalmente.

Mas tocar diretamente da sua imaginação é mais do que apenas uma maneira de criar sua música mais autêntica. É também uma das mais belas experiências que você pode conhecer. Não tem nada mais emocionante no mundo do que começar a tocar um solo sem a menor ideia do que você vai tocar, nem de onde suas ideias vão sair, nem mesmo quais serão os acordes da música! Em um momento em que a maioria dos músicos estaria ansiosamente procurando a partitura, você estará tentando fazer justamente o oposto, *esvaziar sua mente* e preparar-se para a aventura.

Essa é a essência de improvisar pra valer. Uma verdadeira ideia musical é aquela que nasce na mente como *som*. Mesmo antes de saber o nome da nota, o verdadeiro improvisador *escuta* a nota em sua mente. Não há absolutamente nenhuma teoria envolvida em se escolher a nota. É pura imaginação.

Nós de fato estudamos harmonia e progressões de acordes profundamente no método IFR, mas não usamos nosso conhecimento de harmonia para decidir quais notas tocar. Essa decisão sempre vem diretamente da sua imaginação na forma de sons. Nosso motivo de estudar harmonia é para que saibamos *onde* encontrar os sons que *já* estamos imaginando.

Em outras palavras, a questão não é "Quais são as notas corretas para tocar neste acorde Fm7?" A verdadeira questão é: "Que *som* é este que escuto na minha mente e onde eu o encontro em meu instrumento?"

Para responder essa questão apenas precisamos entender duas coisas:

- Onde cada som está localizado no nosso mapa tonal
- Como aplicar esse mapa tonal ao nosso instrumento

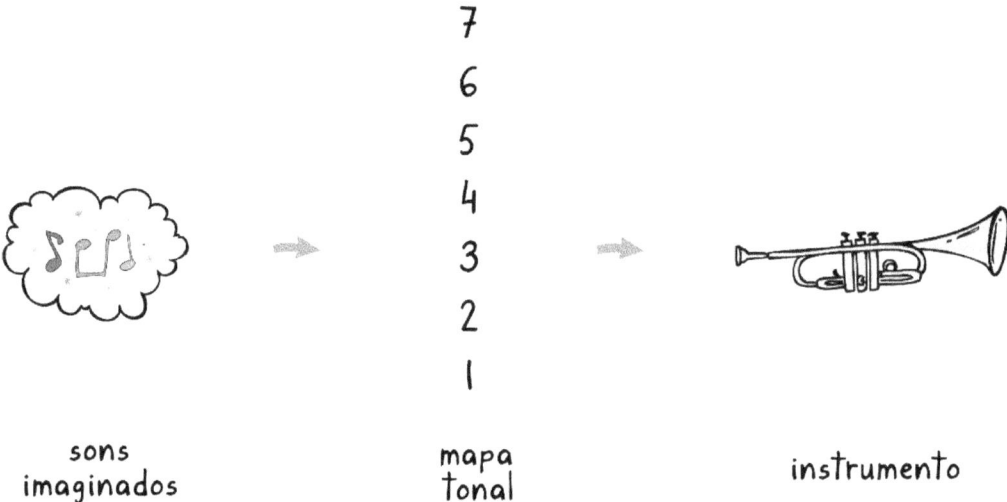

Então, na verdade, estudamos harmonia para entender melhor a nós mesmos. O que estamos tentando fazer é entender o pensamento daquele grande gênio musical que mora dentro de nós. Podemos escutar a nota que nosso compositor interior deseja que toquemos, mas para tocá-la precisamos lembrar *onde* descobrimos esse lindo som. Essa é a questão que nos leva diretamente à escala maior como a origem de cada som musical da nossa cultura.

Quando descobrimos a enorme capacidade criativa de nossa imaginação, começamos a perder interesse nos truques e fórmulas que nos ensinam nas escolas de música. Como cada um de nós já é abençoado com um gênio compositor interior, o verdadeiro objetivo de nosso estudo musical deveria ser aprender a aproveitar esse grande tesouro dentro de nós. E então paramos de procurar fórmulas para criar música artificialmente e começamos a dedicar todo o nosso tempo e energia para apenas aprender como tocar o que imaginamos. Paramos de pensar conscientemente sobre "notas certas" e "notas erradas" e ao invés disso, concentramos toda a nossa atenção em simplesmente *escutar* aquela voz interior e expressá-la em nosso instrumento.

Nós também começamos a perceber a maestria musical sob uma luz mais pessoal e nova. A questão não é tocar a música que é mais rápida, melhor ou mais sofisticada que da pessoa ao lado. A questão é tocar a *nossa música*. A única maestria com que nos preocupamos é a habilidade de expressar as ideias musicais de nosso compositor interior. E então começamos a desenvolver uma fascinação por reconhecer sons. O trabalho organizado que fazemos no método IFR acaba por nos levar a reconhecer quase qualquer som que escutamos. É por isso que estudantes do método IFR são capazes de tocar qualquer música que escutem sem partitura, mesmo depois de ouvir a canção uma só vez. Mas não é nosso objetivo impressionar nossos amigos e família com essa habilidade um tanto incomum. Isso é apenas uma habilidade necessária para atingir nosso verdadeiro desejo, que é expressar a música que imaginamos.

Acredito que isso é o que é compreender harmonia de fato. Teoria musical nunca teve como objetivo substituir sua imaginação.

Seu vasto conhecimento musical

Se você é iniciante na improvisação musical, neste ponto pode estar pensando: "Mas como posso *imaginar* músicas formidáveis? Eu não sei nada sobre improvisação!" Mesmo improvisadores muito experientes encontram-se, muitas vezes, igualmente amedrontados de confiar na própria imaginação para criar música. Afinal, eles devem ter investido muitos anos em aprender a improvisar de uma forma mais teórica e mecânica. Tocar a partir da imaginação parece um retorno à estaca zero.

Mas não importa qual nível de educação formal você recebeu, isso não é nada comparado ao treinamento musical *inconsciente* que você vem recebendo por toda a sua vida. Seriam necessários muitos e grandes volumes para explicar tudo que você aprendeu sobre composição a partir dos milhares e milhares de exemplos musicais aos quais você já foi exposto. Canções infantis, jingles de TV, canções populares, cânticos de Natal, trilhas sonoras de filmes, músicas de rock, solos de jazz e música clássica, todos funcionam da mesma forma utilizando todos os mesmos elementos musicais. E através de repetida exposição a essa linguagem musical, em algum lugar da sua mente você formou uma ideia básica de como a música deve soar e o que ela pode proporcionar. Você também desenvolveu um vocabulário inacreditavelmente rico de ideias musicais e imagens. Há literalmente mais conhecimento musical armazenado em sua mente subconsciente do que você poderia usar em toda a sua vida.

A partir do momento em que as pessoas começam a improvisar, elas imediatamente começam a empregar de forma inconsciente todas as mesmas técnicas que são estudadas em cursos de composição. Elas usam métrica, tonalidade e dinâmica de maneiras muito intencionais. Sua música tem uma atmosfera coerente. Elas usam repetição e variação para criar forma e poesia em sua música. E sempre há algum tipo de desenvolvimento temático que dá ao ouvinte o sentimento de estar em uma jornada musical. Mesmo crianças fazem todas essas coisas *automaticamente*. Estamos tão altamente treinados pela música de nossa cultura que nós simplesmente não sabemos outra forma de fazer música. E fazemos tudo isso inconscientemente, sem ter a menor ideia dos nomes dados a esses elementos.

O fato é que na hora que pegamos nosso primeiro instrumento, cada um de nós já é um músico altamente treinado. Sua verdadeira educação musical não está contida em nenhuma teoria que você tenha estudado na sala de aula. Está na própria música, a música que você tem escutado e apreciado por toda a sua vida. Teorias e fórmulas não chegam nem perto de sintetizar todos os detalhes sutis que você aprendeu apenas por escutar.

Esse conhecimento musical subconsciente é muitas vezes maior que a quantidade limitada de informação que pode ser memorizada conscientemente. Por exemplo, um pianista de concerto que aprende a tocar uma peça musical perfeitamente terá problemas em lembrar como tocar a mesma peça apenas alguns anos mais tarde. Mas eu aposto que você ainda consegue lembrar perfeitamente o som de melodias que você não escuta desde que você era uma criança pequena. Nossa memória para notas escritas e símbolos de acordes é muito limitada. Mas nossa memória para os sons é imensa.

E por isso, o primeiro passo para improvisar livremente é compreender que a música que você quer expressar já está dentro de você. O problema é que esse enorme corpo de conhecimento musical subconsciente está armazenado na sua mente na forma de sons e sensações, não como notas musicais com nomes como F# e Bb. Por essa razão, a maioria das pessoas não conseguem tocar ou expressar de forma alguma esses sons lembrados. Então, elas percebem a aprendizagem musical como algo completamente novo e estranho. Elas compram partitura musical e memorizam canções uma por uma, ou estudam licks e frases para usar em suas improvisações. Mas a maior biblioteca musical do mundo já está disponível para você, armazenada profundamente em sua própria mente. O fato de você ser capaz de cantar suas melodias favoritas prova que você já sabe quais são as notas. Você só não sabe como *nomear* as notas que está lembrando. A informação está lá, mas está armazenada em um formato diferente. As notas estão armazenadas em sua memória como *sons*, não como símbolos musicais.

O que é preciso é uma tradução. Se você fosse capaz de traduzir os sons de sua imaginação musical em notas que possam ser tocadas em um instrumento, então você poderia imediatamente começar a usar esse vasto repertório de sons em sua música. Essa é a razão pela qual eu digo que todo o conhecimento musical é, de verdade, autoconhecimento. O caminho do improvisador é uma jornada interior. Ao invés de buscar fora de nós regras e fórmulas, olhamos para dentro de nós para compreender e organizar os sons que formam nossa imaginação musical. Você pode não ter percebido isso ainda, mas isso é exatamente o que você está fazendo no Exercício 2: Melodia.

Teoria musical é na verdade redundante

É interessante que nem todas as sociedades abordam música da mesma maneira. Há lugares onde crianças aprendem sobre ritmo tocando tambores ao invés de olhando para pequenos pontos em um pedaço de papel. Há lugares onde as famílias dançam e cantam juntas em seus lares, em que todas as festas são acompanhadas por música ao vivo e onde adolescentes criam coreografias elaboradas para apresentar na rua por nenhuma razão específica. Nesses lugares onde todo mundo parece ser tão talentoso e musicalmente ativo, existe um assunto que nunca vem à tona: teoria musical. Nessas culturas, música não é algo para alguns poucos seletos teorizarem a respeito. É algo para todo mundo criar e apreciar.

Eu sempre fui fascinado pela percussão tradicional africana. Não sou especialista em percussão, mas eu tive a sorte de estudar com alguns grandes nomes em muitos lugares incluindo Brasil, Senegal e Guiné Bissau. Essas experiências me influenciaram muito como pessoa e músico. Eu fui a esses países de forma bastante inocente, apenas procurando aprender alguns ritmos legais de percussão. Mas o que eu acabei aprendendo foi um jeito totalmente diferente de se relacionar com a música, um sistema de valores diferente. A música serve a um propósito diferente nesses lugares. Em minha opinião, ela serve a um propósito melhor. Sua função não é tanto entreter ou impressionar, mas ao invés disso, curar e conectar as pessoas com seu passado, umas às outras e à natureza.

Eles também têm uma abordagem completamente diferente de ensinar música. Fiquei surpreso quando descobri que meus professores de percussão não tinham nenhum meio de anotar sua música. Não só isso, de fato eles não tinham nem mesmo uma maneira de *falar* sobre sua música! Toda a ideia ocidental de semibreves, mínimas, semínimas, notas e compassos era completamente desconhecida para eles. E estou falando de alguns dos mais conhecidos e respeitados músicos do Brasil e da África Ocidental. Esses caras são "mestres" no sentido mais austero da palavra. Eles são incríveis em sua precisão e clareza de pensamento. Eles têm completa maestria do som dos seus instrumentos e sabem um repertório que parece infinito de composições e arranjos. Quando você reúne alguns deles para tocar juntos é uma experiência impressionante. A música deles é estrondosa, maravilhosa, alegre e amedrontadora, tudo ao mesmo tempo!

Quando eu descobri que eles não têm nomes ou símbolos para os ritmos que tocam, eu achei que a música deles devia ser bastante improvisada, como as rodas de tambores *hippies* que são comuns nos Estados Unidos e na Europa, mas talvez com um grau mais elevado de habilidade. Essa suposição também se revelou errônea. Na verdade, essas peças que eles tocam são muito rigidamente definidas até cada última e pequena semifusa. Eles têm diferentes seções com primeiras e segundas finalizações, codas, e essas coisas. E cada seção consiste em múltiplas partes a serem tocadas simultaneamente por vários e diferentes percussionistas. Há até mesmo seções para "pergunta-resposta" e improvisação. Mas essas são todas minhas palavras, meu jeito de explicar como a música deles funciona. Eles não usam nenhum desses termos. Eles nem mesmo sabem o que é um compasso. A música deles tem tercinas e fusas, mas os músicos não tem palavras para dizer "tercinas e fusas".

O que foi mais surpreendente para mim foi a absoluta perfeição e simplicidade em seu uso do tempo. Quero dizer, se ninguém tem qualquer conceito sobre um compasso ou fórmula de compasso então provavelmente haverá alguns compassos com batidas a mais, não é? Na verdade, não ocorre nada disso. Eles tocam no compasso 4/4 de forma absolutamente perfeita, ou 3/4 ou 6/8 ou o que você quiser, sem nunca desviar da fórmula de compasso básica.

Na verdade, é muito fácil fazer a notação de suas músicas com nossos símbolos musicais ocidentais porque sua música é extremamente precisa e bem ordenada, apesar de eles passarem suas vidas inteiras sem analisar a música verbalmente. Sendo um típico ocidental eu fiquei muito impressionado que as pessoas pudessem conseguir tanto sem teoria. Mas a história verdadeira é sobre o quanto eles conseguem atingir *como resultado* de sua falta de teoria. Desimpedidos de uma linguagem paralela, eles puderam se concentrar inteiramente na linguagem dos sons. Eles simplesmente vivem dentro desse mundo de sons e chegam a conhecer todos os seus elementos tão profundamente que nunca pensaram em *dar nomes* aos elementos que fazem parte de sua música.

Em nossa própria cultura somos obcecados em nomear coisas. Se não conseguimos reduzir alguma coisa em palavras, sentimos que não a entendemos bem. Em música, essa obsessão nos levou a inventar um número desconcertante de conceitos musicais que hoje os estudantes são exigidos em estudar e memorizar. Toda forma concebível de agrupar notas foi declarada uma "escala" e recebeu algum nome exótico. Todo tipo possível de movimento harmônico foi meticulosamente identificado e catalogado. Professores universitários de música estão atualmente mais preocupados com nossa habilidade de nomear corretamente todas essas técnicas do que nossa habilidade em de fato fazer música.

E mesmo assim, mesmo com toda a nossa teoria e todos os nossos nomes, quase ninguém na nossa sociedade tem alguma ideia de como a música funciona. A maioria de nós nem mesmo compreende canções simples que escutamos no rádio.

Paradoxalmente, só começamos a compreender como a música funciona quando paramos de perguntar. A própria pergunta nos puxa para fora do mundo dos sons e nos joga no mundo da discussão sobre os sons. O que nós estamos realmente fazendo é deslocar nossa atenção para uma linguagem paralela que compete com a linguagem da música, que já é altamente organizada. É por isso que eu digo que a teoria musical é *redundante*. A música em si mesma já é tão elegante, tão supremamente bem organizada, que sua mera contemplação nos leva a compreendê-la perfeitamente.

Som, mapa e instrumento

Neste capítulo quero olhar mais de perto o trabalho que você está fazendo no Exercício 2, e mostrar como esse trabalho resultará em sua capacitação para expressar qualquer som que você puder imaginar. Como você viu no capítulo "Improvisando pra valer", existem duas rápidas traduções que acontecem na jornada da imaginação até o instrumento. Quando imaginamos um som que queremos tocar, primeiro precisamos reconhecer onde esse som está localizado no nosso mapa tonal. Depois, precisamos visualizar o mapa tonal no nosso instrumento de forma que possamos tocar a exata nota que estamos imaginando. Essa tradução em dois passos parece muito mais complicada do que realmente é. Na prática, ela acontece automaticamente e instantaneamente para qualquer som que realmente compreendemos. Neste capítulo eu tentarei mostrar a você o que eu quero dizer com isso.

A primeira parte dessa tradução é reconhecer os sons que nós imaginamos e compreender onde eles estão localizados na oitava tonal que estamos sentindo. Muitas pessoas ficam intimidadas com essa parte porque elas nunca tentaram reconhecer os sons que escutam, e automaticamente presumem que essa habilidade é usufruída apenas por "gênios musicais". Mas lembre-se que em relação a qualquer centro tonal, cada nota no seu mapa tonal produz uma sensação muito específica na sua mente e corpo. Então, aprender a reconhecer essas sensações não é tão difícil como possa parecer. Você só precisa de tempo para conhecê-las. Uma vez que você tenha tido a oportunidade de descobrir por si mesmo o som de cada nota no seu mapa tonal (incluindo as cinco notas fora da escala maior), você não terá problema em reconhecer esses sons na música que o cerca, e na música que você imaginar.

Nossa viagem começa com os sons mais simples que existem, que são apenas as sete notas da escala maior. Nosso primeiro objetivo é aprender a reconhecer essas sete notas pelo seu *som*. No Exercício 2: Melodia, você já começou a praticar várias maneiras muito eficazes de desenvolver essa habilidade. Em tempo, você ficará tão familiarizado com esses sete sons que irá reconhecê-los instantaneamente em qualquer melodia que ouvir ou imaginar:

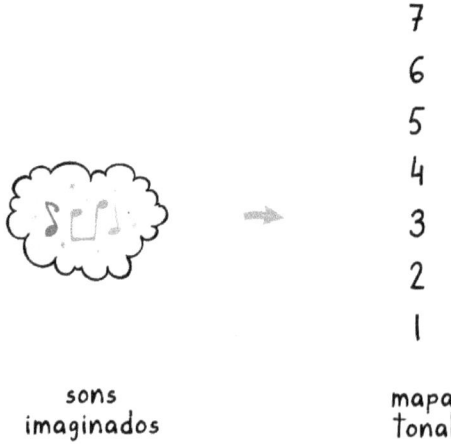

A outra metade do nosso desafio técnico como improvisadores é sermos capazes de visualizar esse mapa tonal em qualquer parte de nosso instrumento de forma que possamos tocar as notas que estamos imaginando. A esta altura, estou confiando que você já tocou a escala maior em diferentes tons no seu instrumento. Toda vez que você pratica tocar a escala maior no seu instrumento, está trabalhando na segunda metade do nosso desafio técnico. Especificamente, você está praticando a tradução do mapa tonal para o seu instrumento:

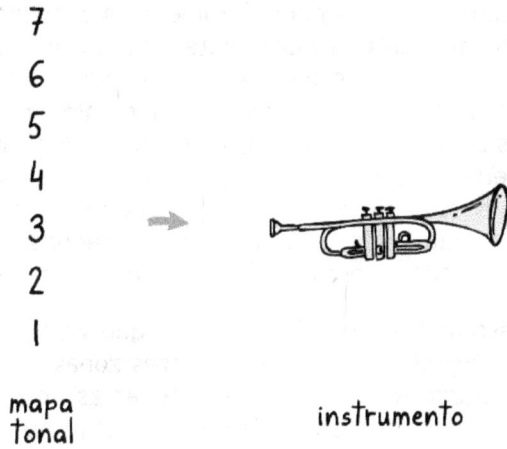

Para improvisar com o método IFR você precisará se tornar um mestre absoluto em visualizar esse mapa tonal em qualquer parte do seu instrumento. Mas eu não quero dizer simplesmente tocar as escalas subindo e descendo no seu instrumento. O que realmente precisamos é a habilidade de *visualizar* qualquer porção do mapa tonal em qualquer parte de nosso instrumento.

Aqui está um exemplo. Vamos dizer que você esteja tocando qualquer nota aleatória no seu instrumento. No entanto, seu *ouvido* lhe diz que essa é a nota 2 do tom que você está sentindo no presente momento:

$$\text{🎵} = 2$$

Agora vamos dizer que você imagine um novo som em sua mente. Essa é uma ideia puramente musical que surgiu na sua mente como um *som*. Se você fosse um cantor, poderia seguir em frente e cantar essa nota sem nem mesmo se preocupar em ter que localizá-la ou nomeá-la. Mas já que você quer tocar essa nota no seu instrumento, você precisa primeiro reconhecer onde o som está localizado no seu mapa tonal. Digamos que seu ouvido diz a você que o som que você está imaginando é a nota 5:

$$\text{🎵} = 5$$

O seu desafio técnico então é mover da nota 2 para a nota 5:

Perceba que não é necessário visualizar a escala maior inteira de forma a fazer esse movimento. Nós só precisamos compreender claramente a pequena região que é relevante para nossa ideia musical do momento. Ironicamente, as pessoas que praticam tocar escalas subindo e descendo o dia inteiro com um metrônomo nunca de fato desenvolvem essa clareza de visão. Elas podem ser capazes de executar a escala inteira na velocidade da luz, mas quando confrontadas com o simples desafio descrito acima, não sabem nem por onde começar. É por isso que eu digo que o nosso objetivo não é praticar a execução da escala maior em sua totalidade. Nosso objetivo é chegar a realmente *conhecê-la*, e ser capaz de visualizar qualquer parte dela onde quisermos. Essa tradução do mapa tonal para o instrumento é a segunda metade do nosso trabalho técnico como improvisadores.

A chave para o seu sucesso no Exercício 2 e em tudo que vem pela frente é manter uma absolutamente perfeita *integração* entre todas as três zonas (som, mapa, instrumento). Em outras palavras, não ajuda em nada praticar tocar as notas se você não consegue reconhecê-las de ouvido. E não ajuda em nada reconhecer as notas de ouvido se você não consegue tocá-las com facilidade no seu instrumento.

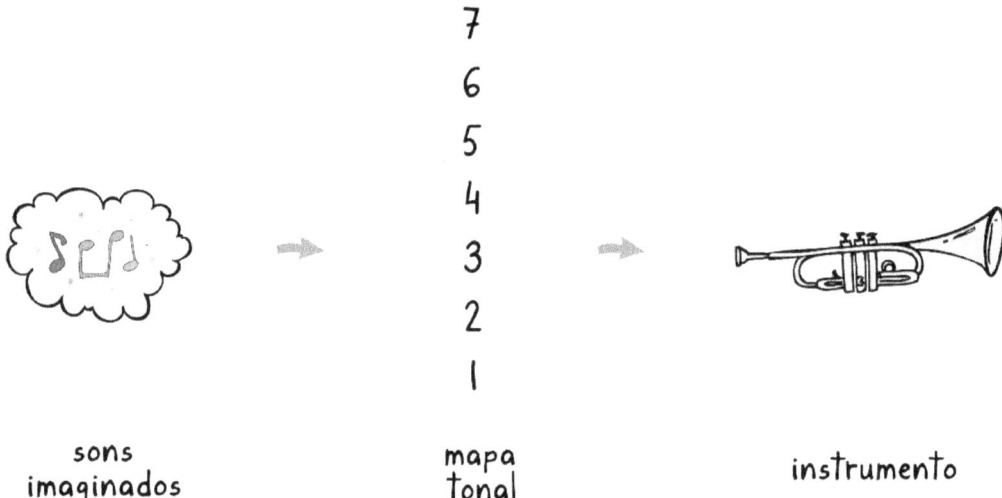

Para criar essa sólida integração, no início poderá ser útil trabalhar com apenas algumas notas até você desenvolver uma confiança tão grande com elas que se torna incapaz de cometer um erro. Por exemplo, você pode começar declarando as notas 1, 2 e 3 como sua área de foco. Você pode praticar cantando essas notas para si mesmo, reconhecendo-as de ouvido e é claro tocando-as no seu instrumento em qualquer tom. Depois que você tiver desenvolvido total confiança com essas três notas, então um amigo poderia testá-lo, tocando uma curta melodia feita apenas com as notas 1, 2 e 3 em um piano. Se você tiver, de fato, compreendido essas notas, então será capaz de reconhecer a melodia inteira instantaneamente sem a menor hesitação. Você também será capaz de escolher qualquer tom aleatório no seu instrumento e tocar essa mesma melodia perfeitamente na primeira vez que você tentar, sem ficar vasculhando atrás das notas. Se você conseguisse fazer isso, então eu diria que você tem uma verdadeira maestria das notas 1, 2 e 3. Sua compreensão dessas três notas é perfeitamente integrada através de todas as três zonas: som, mapa e instrumento.

Naquele nível, você poderia começar a incluir a nota 4 em seus estudos diários. Mas lembre-se que não estamos com pressa de seguir em frente. Se toda a música ocidental é baseada em apenas sete notas, então não podemos dizer que nossa dificuldade é por haver "material demais" para dominar. Nosso problema é de fato o oposto. Existe tão *pouco* material para se dominar que muitas pessoas não conseguem ver como poderão usá-lo, então elas nunca se interessam em dominá-lo. Ao invés disso, apenas avançam para a próxima coisa, e a próxima, e assim por diante, sem nunca terem dado sua atenção completa às sete notas que constituem tudo em nossa cultura musical.

"Seguir adiante" é uma metáfora errônea para nosso estudo musical. A maestria vem, não de se seguir adiante, mas de se *mergulhar* e aprender a lição de cada momento. Então, enquanto praticar o Exercício 2: Melodia, lembre-se de assimilar no seu próprio ritmo. Você não precisa fazer os exercícios exatamente como eu os descrevo. Se um exercício parece estar dando a você material demais de uma vez só, faça menos. Mantenha o espírito do exercício, mas concentre todo o poder dele em apenas duas ou três notas. Cante essas notas todos os dias, visualize-as no seu mapa tonal e improvise com elas em seu instrumento. Com o tempo você irá expandir seu foco pouco a pouco até ter confiança com relação a todas as sete notas da escala maior, e mais as cinco notas "de fora" representadas pelos pontos pretos de nosso desenho. Depois disso, você seguirá em frente para estudar progressões de acordes, canções e o todo o mundo da harmonia moderna.

Mas para cada nova ideia que você quiser adicionar ao seu repertório musical, tome o tempo que for preciso para realmente dominá-la em todos os três âmbitos: som, mapa e instrumento. Se você se mantiver fiel a essa abordagem totalmente integrada de aprender música, um dia você possuirá um nível de conhecimento pessoal e uma maestria do nosso sistema musical que não podem ser comprados em nenhuma escola.

Vendo a *Matrix*

Assim como os personagens do filme "Matrix", nós também vivemos nossas vidas inteiras cercados de uma "matrix" que somos incapazes de enxergar. Somos tão sensíveis ao conteúdo emocional da música, que automaticamente perdemos de vista as notas e nem mesmo reparamos nelas. Tão logo a música começa, nos vemos transportados a um mundo de imagens, pensamentos, sentimentos e estados de espírito. Essa habilidade de atribuir significado humano aos sons é um sinal de nosso gênio musical inerente. Mas isso nos impede de perceber a surpreendentemente simples "matrix" de notas a partir da qual toda essa música é composta.

Neste capítulo eu quero levar você a uma vertiginosa viagem entre melodias famosas de diferentes estilos de música. Eu vou lhe mostrar exatamente onde cada melodia se encontra dentro da escala maior, de forma que você possa tocá-la no seu instrumento. Algumas dessas melodias também fazem uso ocasional de notas fora da escala maior, então você também vai ter a oportunidade de escutar como isso soa.

À medida que você olhar para os exemplos a seguir, eu o encorajo a pegar o seu instrumento e tocar as canções que você conhece pessoalmente. Os exemplos terão muito mais impacto se você mesmo tocá-los. Apenas escolha algum tom em que você se sinta confortável ao tocar duas oitavas de extensão musical, aproximadamente. Toque a escala maior algumas vezes para aquecer e depois toque as melodias como eu as escrevi. Acredito que você ficará maravilhado ao descobrir todas essas músicas famosas ali mesmo, dentro da sua escala maior. Para a maioria das pessoas, este é o momento sem volta. Uma vez que você descobre por si mesmo a conexão íntima que a nossa música tem com a escala maior, você começou de fato a enxergar a "matrix".

Eu não tenho a expectativa de que você conhecerá todas as canções a seguir, mas a minha esperança é que você irá reconhecer ao menos algumas delas. Se não reconhecer uma canção pelo nome, provavelmente não faz sentido tentar tocá-la. Mas se você reconhecer o título de uma canção, então a primeira coisa que você deve fazer é ler a letra que escrevi e tentar lembrar em sua mente como é o som da melodia. Depois, toque a melodia utilizando os números da escala que escrevi acima de cada palavra. Tente tocar a melodia com a mesma intenção e sentimento que você lembra haver na canção original. Essa é uma parte essencial desse processo de descoberta.

À medida que você ler cada melodia, preste atenção especial à altura em que cada número foi desenhado. Assim como na partitura musical tradicional, eu uso a altura do número para indicar se a melodia está subindo ou descendo. Isso ajuda a evitar confusão quando a melodia cruza a fronteira da oitava. Por exemplo, se a melodia está na nota 7 e depois *sobe* um grau da escala para a nota 1 da próxima oitava, então eu vou desenhar a nota 1 mais alta na página do que a nota 7 (como no desenho abaixo à esquerda). Se, por outro lado, a melodia fosse *descer* da nota 7 até a nota 1, então eu iria desenhar a nota 1 mais baixa na página que a nota 7 (como no desenho à direita).

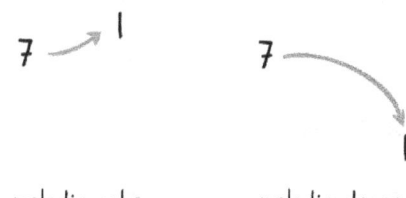

melodia sobe   melodia desce

Vamos começar com uma seleção de clássicos do R&B. Essas músicas são frequentemente desconsideradas por estudantes de improvisação, que estão mais interessados em aprender standards de jazz. Mas elas são uma parte importante da cultura musical de vários grandes músicos de jazz. Eu morei um tempo em Buffalo, Nova York, que tinha uma cena musical incrível com dúzias de bandas ativas tocando R&B, soul, blues, hip hop, rock, jazz e até mesmo improvisação livre. Em qualquer noite havia dois ou três lugares onde você poderia ir escutar música jazz de excelente qualidade ao vivo. Isso é um luxo que era difícil de encontrar mesmo em cidades maiores e mais ricas. Mas a coisa mais bonita que eu lembro sobre a cena de jazz de Buffalo era a dignidade e gentileza dos músicos. Todos eram bem vindos a tocar não importando idade, cor, gênero ou habilidade musical. Jovens músicos muito avançados e com um som sofisticado e moderno tocavam ao lado de senhores de idade que tinham um som mais blues ou gospel. As mulheres recebiam um encorajamento especial e muito espaço para solarem. Mesmo crianças pequenas subiam e tentavam um solo, e o lugar inteiro vibrava e aplaudia.

O que unia essas pessoas comuns da classe trabalhadora era muito mais do que o desejo de tocar música jazz. Elas compartilhavam uma necessidade por amizade, respeito e bons momentos em uma cidade que poderia ser brutal e rude em boa parte do tempo. E mesmo que cada "jam session" começasse com o típico repertório de standards de jazz, em algum lugar por volta das 3 horas na madrugada você começaria a escutar um tipo de música diferente. Os mesmos caras que estavam tocando Monk mais cedo naquela noite, agora tocavam a música de Marvin Gaye. Descontraídos após horas tocando, eles gradualmente relaxavam em direção à música que era mais próxima de seus corações e de suas memórias de infância. Aqui estão alguns exemplos de belas melodias nesse estilo:

Marvin Gaye - What's Going On
(Written by Renaldo Benson, Alfred Cleveland and Marvin Gaye)

6   5 6 6   5 5 6
 3   3 3 2 1

Mother, mother, there's too many of you crying.

1
 5 6   5 6 5   6 5 5 6
    3   3 3 2 1

Brother, brother, brother, there's far too many of you dying.

Bill Withers - Lean On Me

3 2 1 3 3 2 2 1

Lean on me, when you're not strong.

1 1 7 6 5 1 2 3 3 2 2

And I'll be your friend. I'll help you carry on.

Ray Charles - Hit the Road Jack

(Written by Percy Mayfield)

3 1 2 1 1 2 2 1 2

6 6 6

Hit the road Jack, and don't you come back.

1 1

6 6 6

3 3

1

No more, no more, no more, no more.

3 1 2 1 1 2 2 1 2

6 6 6 6 6

Hit the road Jack, and don't you come back no more.

Stevie Wonder - As

```
        3 3 3 3 2          1    1      1
      5 5                       5  6
```
As around the sun the earth knows she's revolving

```
          3   3   3  4  3   2  2   2
        5 5                      1
```
And the rose buds know to bloom in early May

```
          3   3   3  4  3 2
        5 5
```
Just as hate knows love's the cure

```
      1  6 6  1   1   6  6
```
You can rest your mind assured

```
          6 6 6  7   7  6
      4 3
```
That I'll be loving you always.

Al Green - Let's Stay Together

```
              7
      3 3 4 5     5    5
```
I'm so in love with you.

```
                  6
      3 3 4  5        4  4    4  4  4  b6 5 4
                           1              1
```
Whatever you want to do is alright with me...

Você percebeu a nota b6 no final da segunda linha da canção logo acima? No seu desenho da escala maior, essa nota é o pequeno ponto preto entre as notas 5 e 6. Está localizada um semitom acima da nota 5, e você pode tocá-la tão facilmente quanto toca as sete notas da escala maior. Essa é a única nota na música inteira que cai fora da escala maior. Mas como você verá quando chegar ao Exercício 4: Harmonia Mista, a *explicação* para essa nota na verdade vem da escala maior, mesmo que a nota em si seja de fora da escala. Literalmente, um som foi "copiado" de um lugar diferente da escala maior e "colado" aqui. Então, mesmo que a nota em si seja de fora da escala maior, a sonoridade geral dessa frase você descobrirá na escala maior. Uma vez que você se tornar um expert em sons da escala maior, será capaz de reconhecê-los mesmo quando eles estão misturados ou fora do lugar. Esse é o assunto do Exercício 4, e é nesse nível que você começará a reconhecer e compreender cada nota em cada música que escutar.

Agora iremos olhar algumas melodias famosas da música pop e country. Músicos de jazz às vezes consideram esse tipo de música muito simples para o próprio gosto. Infelizmente, é muito comum que músicos de jazz adotem uma atitude de superioridade, especialmente com relação aos estilos folk como country e bluegrass. Mas essa é uma atitude ignorante que impede que os músicos se enriqueçam com a beleza e sentimento expressos nesses estilos musicais. Na verdade, a doce simplicidade da música popular é provavelmente a melhor aula que um improvisador livre pode receber.

Um grande exemplo é Charlie Haden. Quando o escutamos tocar juntamente a Ornette Coleman em álbuns como "The Shape of Jazz to Come", nunca viria à nossa mente acusar Haden de soar simplista demais. Mas o que muita gente não sabe é que o início da educação musical de Charlie Haden veio de cantar canções country e folk no rádio com sua família. Eu acredito que foi precisamente essa doçura e lirismo da música country que ensinou a Haden como fazer "sentido" musical mesmo em um contexto de jazz livre avant-garde.

Então vamos dar uma olhada em algumas melodias simples de pop e country sem julgá-las como boas ou ruins. Todas elas são apenas melodias, e se elas se tornaram populares, então devem conter algo que é inerentemente belo.

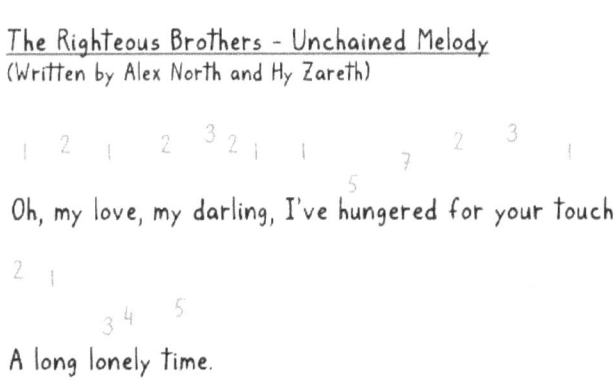

Sting - Every Breath You Take

```
  3  4    3    2
                 1  1
Every breath you take

      3  4    3    2
   1              1  1
And every move you make

          3   4         4   3
   1  1          1   1          2
Every bond you break, every step you take

   2    3        
     1      1  1
I'll be watching you.
```

Freddie Mercury - Bohemian Rhapsody

```
 3  3      2  3  3
        1
Mama, just killed a man.

 3  3  4  5  4   3
              3     2
Put a gun against his head.

    2   3  4  5    4   3
                       2
Pulled my trigger, now he's dead.

              5  7  6  6
 3  3  3
Mama, life had just begun

      1  1  1  1  1
 6                   6  4       
                        3  2  2
But now I've gone and thrown it all away.
```

97

Hank Williams Sr. - Your Cheatin' Heart

```
    1
 5  6 6 5      5  6   5
         2 3            4
```
Your cheatin' heart will make you weep.

```
  1  1  1  7
            5  6
               4  3
```
You'll cry and cry, and try to sleep.

```
    1
 5  6 6 5      5  6  5
         2 3           4
```
But sleep won't come the whole night through.

```
        2
 1   1  1  7
           5  6
                  7 1
```
Your cheatin' heart will tell on you.

Johnny Cash - I Walk the Line

```
                    4
 1 1 1 2   2  2    3  2  1
```
I keep a close watch on this heart of mine.

```
                    3
 1 1 1 2   2  2 3    2  1
```
I keep my eyes wide open all the time.

```
                  6
          4  4  4    5  4
  1 2 3                    3
```
I keep the ends out for the tie that binds.

```
              2
 1 7            1  7  1
    6  5
```
Because you're mine I walk the line.

Mesmo as melodias do punk, heavy metal e rock moderno são baseadas na escala maior. Isso é surpreendente para muitas pessoas porque os efeitos sonoros distorcidos da música rock nos leva a pensar que suas melodias não devem ser baseadas na mesma harmonia utilizada por Mozart. Mas abaixo estão vários exemplos que provam que mesmo o rock mais rebelde é tão bem comportado quanto um menino de coral, em seu respeito pela escala maior:

Ozzy Osborne - Crazy Train
(Written by Ozzy Osborne, Randy Rhoads and Bob Daisley)

```
   5                         | | |      6 5  6 5 5   5
    3 3  2    | |  2 3              5       5     4 4 3
              1 1   3                               1
```
Crazy, but that's how it goes. Millions of people, living as foes.

```
   5                      |  |  |    6 5  5  5 6   5  5  5
    3 3  2   |  2 3                                  4 4 3
             1   3                                        1
```
Maybe it's not too late to learn how to love and forget how to hate.

The Ramones - I Wanna Be Sedated
(Written by Joey Ramone)

```
   5 5   5 5   5 5   5    5   6 5    4   3 3   2    2 3
                              4 3              1
```
Twenty twenty twenty-four hours to go.   I wanna be sedated.

```
  3 3   3 3   3 3    2 3 2   4  3 3    2    2 3
                                        1
```
Nothing to do, nowhere to go.   I wanna be sedated.

Guns N'Roses - Sweet Child O'Mine

```
   5  5 5 5   4    4 5   4         3   4  4 4 3
              3    3     3   3            3      2
                                 1    1
```
She's got a smile that it seems to me, reminds me of childhood memories.

```
     4 3  4 3    4  3    4  4 4 3
     1    1      1       1
```
Where everything was as fresh as the bright blue sky.

<u>Nirvana - Smells Like Teen Spirit</u>
(Written by Kurt Cobain, Krist Novoselic, Dave Grohl)

```
  3  5 6        6 5  4     3    4    3              2  3 2
                                              1  1       1  7
Load up on guns. Bring your friends. It's fun to lose and to pretend.

  3  5 6        6  5  4  3  4  3                 2  3 2
                                              1           7
She's overboard and self-assured. Oh no I know a dirty word.
```

<u>Red Hot Chili Peppers - Otherside</u>

```
   3   3   2   2              3   2              7
            1  2  1  1  1              1              6 7 6
How long, how long will I slide? Separate my side.

         3    2   1     7    1
   6
      3  3
I don't, I don't believe it's bad.
```

Outro fato que surpreende muitas pessoas é que mesmo os sons sofisticados da música jazz têm um relacionamento muito direto com a escala maior. A maioria dos standards de jazz são baseados inteiramente na escala maior, com apenas um uso ocasional de notas de fora. Por essa razão, standards oferecem uma tremenda educação em harmonia básica e composição. Assim como a música R&B e country serviram como uma educação importante para os músicos de jazz que mencionei anteriormente, é evidente que tocar standards de jazz simples em todos os doze tons foi uma educação inestimável para músicos como John Coltrane.

Muita gente foca nos aspectos inovadores da música mais tardia de Coltrane. Mas o que a gente esquece é que *todo mundo* estava usando aqueles mesmos sons inovadores naquela época. Ele pode ter tido algumas inovações que foram particularmente próprias, mas isso não explica porque a música de Coltrane tem perdurado, se não sabemos nem mesmo dizer os nomes de seus contemporâneos. O que destacou Coltrane não foi a sofisticação de suas inovações, mas o poder e profundidade da música que ele criou com elas. Escolas de música hoje em dia estão fabricando aos milhares músicos que são capazes de imitar os sons exóticos de Coltrane. Mas esses sons exóticos não foram a fonte da sua genialidade. Eles foram meramente a matéria-prima com que Coltrane gostava de trabalhar. Sua maestria em usar aqueles sons para contar uma história humana é algo que ele aprendeu ao longo de décadas tocando canções muito simples que chamamos de standards de jazz.

Essas canções, que em sua maioria foram compostas para musicais como os da Broadway e são às vezes chamados de "show tunes", são exemplos perfeitos no ensino de harmonia tonal básica. Muitas delas parecem ter sido construídas propositalmente apenas para ilustrar como os sons da escala maior podem ser usados de maneiras surpreendentes e encantadoras.

Muitos músicos que vem de uma trajetória rock ou pop sentem-se intimidados pelos standards de jazz. Mas mesmo os standards de jazz longos e relativamente complexos são muito fáceis de tocar em qualquer tom se você compreender a origem de seus sons, que é sempre a escala maior. E como você verá por si mesmo nos Exercícios 3 e 4, as progressões de acorde que acompanham essas melodias são também baseadas inteiramente na escala maior. Então, tocar os acordes em qualquer tom é tão fácil quanto tocar a melodia. É por isso que estudantes do método IFR são capazes de tocar qualquer standard de jazz que eles conhecem em qualquer tom. Aqui estão alguns exemplos de standards baseados inteiramente na escala maior:

<u>Summertime</u>
(written by George Gershwin)

3   3   2   2 3
1   1   1   1
            6
             3

Summertime, and the livin' is easy.

3   2 2   1   1   1
1   6   6   7

Fish are jumpin' and the cotton is high.

<u>My Romance</u>
(written by Richard Rogers and Lorenz Hart)

              6 7 1 1 7 6
   4 5   4 5   5
3   3
My romance doesn't have to have a moon in the sky.

               5 6 6 5
   2 3   2 3 4   4 3
1   1
My romance doesn't need a blue lagoon standing by.

There Will Never Be Another You
(written by Harry Warren and Mack Gordon)

     5 6 7 1 2 3 5   2   1 2

There will be many other nights like this

   3 1 2 3   5   6   1   6 5 6

And I'll be standing here with someone new.

Stella by Starlight
(Victor Young)

  1 7 6 7 1   5   5   6   5 5 6

The song a robin sings, through years of endless springs.

  2 4 3 2 1 3 #4 6 5   5   6   1 7 6   5 6   7   1 3 2 2

The murmur of a brook at evening tides, that ripples through a nook where two lovers hide.

You Don't Know What Love Is
(written by Gene de Paul and Don Raye)

3   7   7   1   1 7 7   1 2 3 2   1 7
         6   6   6

You don't know what love is, until you've learned the meaning of the blues.

6 7 1 2 3 4 3   5 4 3 3 2 2   1 7 7

Until you've loved a love you've had to lose, you don't know what love is.

Se você por acaso conhece esta última canção, então sabe que ela é uma dentre muitas belas baladas de jazz que têm um estado de espírito sombrio e menor. Outros exemplos são "Beautiful Love", "Autumn Leaves" e "My Funny Valentine". Mas a ideia de que essas canções se baseiam em uma "escala menor" ou que elas estão em um "tom menor" é um mito. Existem muitos sons sombrios e misteriosos dentro da escala maior. Quando você começa a estudar os sete diferentes acordes da escala maior, você fica assombrado com a variedade de estados de espírito e sentimentos que essas sete cores de fundo produzem. Algumas delas não parecem se assemelhar de maneira alguma com a escala maior, mas elas estão todas lá no seu desenho, esperando para serem descobertas.

Até agora, a maioria dos exemplos foram da música americana. Então vamos finalizar nossa viagem com algumas canções de países da América Latina. Vamos olhar uma música de reggae jamaicano, um bolero mexicano, uma bossa nova brasileira e finalmente um tango argentino:

Bob Marley - Redemption Song
(Written by Edward R. Hawkins and Bob Marley)

    6 5   5 5 6 6 6
         4   4   5
            3   4 3 4
Old pirates, yes, they rob I, sold I to the merchant ships.

   3   4
      2   3 3
         1 1   1 1 1 2 2
Minutes after they took I, from the bottomless pit.

Bésame Mucho
(written by Consuelo Velázquez)
                                          #5 6 7
            3 2 2 2 2 3 3 3 4 4 4   3
 6 6 6 6 7 1
Bésame, bésame mucho, como si fuera esta noche la última vez.

 6 6 6 6   6
       5 4 3 2   3   3
                 1   1
                        6 7 6 7 6 #5 6
Bésame, bésame mucho, que tengo miedo a perderte, perderte después.

103

Toda Una Vida
(written by Osvaldo Farres)

 3 2 1 7 7 6 #1   3 6 6 6 6 4

Toda una vida me estaría contigo.

2 4 6 6 6 #5 6   3 3 3 3 3 7 7 7 5 4 3

No me importa en qué forma, ni cómo ni cuándo, pero junto a ti.

Wave
(written by Antonio Carlos Jobim)

6 1 7 5 3 4 b6 7 2 4 3 5

Vou te contar, os olhos já não podem ver,

5 5 6 5 4 4 3 4 3 4 5 3

Coisas que só o coração pode entender.

Malena
(written by Lucio Demare and Homero Manzi)

3 6 6 1 1 1 7 7 4 2 7 6 6

Malena canta el tango como ninguna,

3 3 4 5 4 3 #5 3 7 1 2 3

Y en cada verso pone su corazón.

Eu espero que você esteja começando a perceber o poder do nosso ponto de vista a respeito dos tons. Ao olhar para além dos nomes das notas e, ao invés disso, focarmos na *posição* de cada nota na escala maior, começamos a enxergar quão simples a música ocidental realmente é.

Você também deve compreender que nem toda canção é perfeitamente pura nesse sentido. Obviamente, compositores também podem usar "notas de fora" a qualquer momento que desejem. Muitas pessoas ficam aflitas quando eu menciono isso, porque elas pressupõem que devem existir centenas de "notas de fora" e que deve ser impossível aprender todas. Então vamos ser claros. Existem exatamente cinco. (Veja, não foi tão ruim, foi?) E, de fato, você já conhece bem onde essas cinco notas de fora estão localizadas, porque elas são nada mais do que os cinco pontos pretos no seu desenho da escala maior. Aprender a reconhecer essas cinco notas de fora pelo ouvido é, em cada detalhe, tão fácil quanto aprender as sete notas da escala maior. Cada uma tem seu próprio som distinto que você irá reconhecer em tempo.

Então agora quero lhe mostrar uma bossa nova brasileira diferente que ilustra quase o extremo oposto do que eu tenho lhe dito o tempo todo. Ao olhar para o rascunho tonal de uma linha de "Garota de Ipanema" a seguir, perceba como muitas "notas de fora" parecem ocorrer:

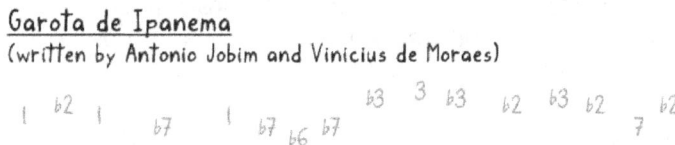

Que bagunça! A visão de tantos símbolos de bemol parece contradizer nossa crença de que toda a nossa música vem da escala maior. Mas isso é apenas uma ilusão visual. O fato é que mesmo essas notas vêm também de uma escala maior, mas de uma escala maior *diferente* daquela em que a canção está embasada. Isso é um outro exemplo de "copiar" sons de uma parte da escala maior e "colar" esses sons em um outro lugar. Esse é o conceito que estudaremos no Exercício 4: Harmonia Mista. Por agora, tudo o que eu quero que você compreenda é que mesmo essas notas de fora sempre têm uma lógica embasada na escala maior. E, à medida que você crescer em sua habilidade de sentir e usar o mapa tonal IFR em sua música, você não terá problema em improvisar mesmo em cima de músicas que incluem passagens de outros tons.

Os sete ambientes harmônicos

Algumas coisas são difíceis de explicar, porém fáceis de entender. Não há quantidade de palavras capaz de explicar a cor "azul", por exemplo, para uma pessoa que nunca a viu. Nós não ensinamos cores para as crianças através de longas explicações sobre teoria ótica. Simplesmente mostramos vários objetos azuis e dizemos: "Isto é azul".

Como vemos, o conceito "azul" não é particularmente difícil de aprender. Todos sabemos exatamente o que ele significa, mesmo que ninguém seja capaz de colocá-lo em palavras. Isso porque quando falamos da cor azul, não nos importamos sobre a exata definição científica. O que realmente estamos falando a respeito é de uma experiência humana compartilhada, a sensação que sentimos em nossa mente quando a luz azul toca nossa retina.

Quando falamos de acordes, também estamos falando sobre uma experiência humana compartilhada. Os detalhes exatos da construção de um acorde não são a coisa mais importante. Cursos modernos de música se atrapalham porque caem nos detalhes microscópicos de como nomear cada agrupamento possível de notas musicais. A razão pela qual a maioria das pessoas nunca aprende a reconhecer harmonia pelo ouvido é porque ninguém lhes dá a chance de experienciar as *sensações* produzidas por cada um dos sete acordes básicos que formam nossa música. Nossos professores nos mostram como construir corretamente um acorde G menor com a 9ª natural e 13ª bemol. Mas o que realmente precisávamos era alguém para dizer "Esse é o acorde 6".

Seu primeiro trabalho como estudante de harmonia é conhecer pessoalmente esses sete acordes essenciais. Um acorde não é meramente um grupo de notas a ser tocado uma vez ou outra. Uma forma melhor de pensar sobre os acordes é que eles são os *ambientes* musicais onde nossas melodias ocorrem. Se você pensar na melodia como um ator em um palco de teatro contando uma história, então você pode pensar no acorde como o cenário por trás desse ator.

Já que nosso primeiro objetivo é aprender a reconhecer esses ambientes por conta própria, nós vamos usar uma fórmula muito simples para criá-los. Não usaremos um monte de nomes complicados para todas as diversas variações que podem ocorrer em um acorde em particular. Não é que as diferenças não importem. Claro que elas têm importância, da mesma forma que uma tonalidade de azul pode ser muito importante para um grande pintor. Mas não ajuda se o pintor tivesse que memorizar quinhentos nomes diferentes para quinhentas tonalidades diferentes de azul. A atenção dele para o detalhe é infinita, mas a necessidade dele por palavras não é.

Então vamos definir cada um desses sete acordes de uma forma simples que nos permita produzi-los e começar a conhecer como eles soam. Os acordes são construídos sobre a ideia simples de começar na nota raiz e depois apenas adicionar notas mais agudas que estão separadas por duas casas da escala. Um acorde básico de quatro notas terá as seguintes notas:

Raiz (Essa é a nota de início e também o nome do acorde.)

3ª (2 casas acima da raiz.)

5ª (2 casas acima da 3ª.)

7ª (2 casas acima da 5ª.)

É isso. Isso é tudo que você precisa saber para criar todos os sete acordes essenciais, todo o fundamento da harmonia ocidental. Vamos em frente e construí-los agora. O primeiro acorde é chamado "acorde 1" e é feito das notas 1, 3, 5 e 7:

(1) 2 (3) 4 (5) 6 (7)

O caso do acorde 1 é óbvio porque a raiz, 3ª, 5ª e 7ª do acorde são literalmente apenas as notas 1, 3, 5 e 7 da escala maior. Porém, vamos olhar agora para o segundo acorde. Agora a nota 2 é a raiz, e as quatro notas do acorde serão 2, 4, 6 e 1. (Lembre-se de que a escala maior não acaba quando chegamos à nota 7. Simplesmente continuamos em frente, entrando na próxima oitava):

(2) 3 (4) 5 (6) 7 (1)

Simples, não é mesmo? Tudo o que estamos fazendo é tomar a raiz do acorde e depois pular duas notas, depois pular outras duas notas e depois pular mais duas notas. Todos os acordes são construídos dessa mesma forma simples. As notas do acorde 3 são 3, 5, 7 e 2:

(3) 4 (5) 6 (7) 1 (2)

As notas do acorde 4 são 4, 6, 1 e 3:

(4) 5 (6) 7 (1) 2 (3)

As notas do acorde 5 são 5, 7, 2 e 4:

(5) 6 (7) 1 (2) 3 (4)

As notas do acorde 6 são 6, 1, 3 e 5:

(6) 7 (1) 2 (3) 4 (5)

As notas do acorde 7 são 7, 2, 4 e 6:

(7) 1 (2) 3 (4) 5 (6)

nenhuma necessidade de sobrepor escalas artificiais sobre esses acordes, porque você estará conectado diretamente com a *origem* dos acordes. Você verá o ambiente harmônico todo de uma vez só, e irá visualizar sem esforço as notas que cercam você em todos os momentos. Você vai reconhecer a harmonia acima como nada mais do que uma simples alternância entre o acorde 3 e o acorde 4:

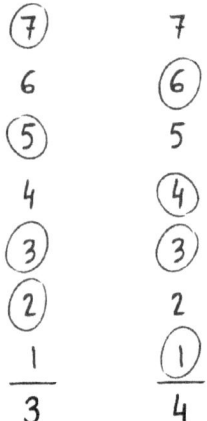

O que é ainda melhor é que você nem mesmo terá que usar essa informação de uma forma consciente ou mecânica. Você vai apenas relaxar e tocar sejam quais forem as notas que imaginar. Mas você vai se sentir perfeitamente orientado, porque irá entender o que está ao seu redor. A cada momento você irá, literalmente, *sentir* uma atração na direção das notas circuladas no desenho acima. Você não tem necessariamente que *tocá-las*. A escolha é sua. Se quiser fluir suavemente com a harmonia da canção, você pode deixar que todas as suas melodias venham a descansar nas notas dentro dos círculos. Mas você também pode criar tensão contra esse fluxo harmônico natural sempre que quiser, simplesmente ao tocar as notas fora dos círculos.

O importante é deixar que tudo isso ocorra naturalmente. Teoria nunca irá lhe dizer que notas tocar. As melodias virão sempre da sua imaginação musical. Mas o que podemos atingir com a teoria é a compreensão do ambiente harmônico de qualquer canção para que saibamos onde encontrar os sons que imaginamos. Não deveríamos nunca recorrer à aplicação de escalas artificiais sobre cada acorde. Qualquer canção que vale a pena tocar, vale a pena compreender. Ao se conectar com a verdadeira harmonia da canção, você pode se libertar de todas aquelas acrobacias mentais e apenas concentrar-se em dizer o que você quer dizer.

Felizmente, não é difícil reconhecer a escala maior na harmonia que nos cerca. Lembre-se que toda a nossa música vem da escala maior em primeiro lugar, então identificar a conexão é muito mais fácil do que você possa imaginar. A chave é primeiro desenvolver sua confiança com os sete acordes da escala maior, sem nem se preocupar de que maneira você irá aplicá-los em uma situação de apresentação ao vivo. Lembre-se do exemplo da criança aprendendo a dar nome às cores. Ao começar com exemplos muito claros e básicos a criança desenvolve uma ideia pessoal de cada cor, e mais tarde não tem dificuldade em reconhecer variações infinitas ou misturas dessas cores básicas. É exatamente assim que você irá aprender a reconhecer a harmonia da música que o cerca. Você vai começar esse trabalho no Exercício 3: Harmonia Pura.

Piano para todos

Se você está aproveitando nossa jornada juntos e está ansioso para dominar harmonia e improvisação musical, neste ponto eu o encorajaria a pensar seriamente em incorporar um piano ou teclado em seu estudo musical. Pode ser um que não seja muito caro, contanto que tenha um som apreciável e uma sensação confortável. Mesmo que você nunca tenha tocado piano antes na sua vida, eu lhe mostrarei como começar a usá-lo imediatamente para fazer música com os mesmos conceitos que você tem aprendido. A facilidade com que um iniciante pode começar a apreciar tocar piano é um dos benefícios mais divertidos do método IFR. Então, mesmo que o seu interesse seja algum outro instrumento, eu o encorajo a aproveitar essa oportunidade de expandir seus horizontes como músico. Você descobrirá que o piano é uma ferramenta de aprendizagem incrível e uma fonte ilimitada de prazer.

Caso você não possa comprar um teclado agora, não se desespere. Existem muitas outras formas de experienciar harmonia e eu irei lhe dar muitas ideias por todo o resto deste livro. Muitas das atividades do Exercício 3 podem ser feitas em qualquer instrumento, então não há razão para que você deixe de crescer como músico, sejam quais forem os materiais que você tiver à sua disposição. Mas se você tem acesso a um teclado, então este capítulo é para você. Você vai aprender a usar o que já sabe sobre harmonia para começar fazendo música imediatamente no seu teclado ou piano.

A chave é lembrar que exatamente o mesmo método que você está usando para aprender improvisação em seu próprio instrumento pode ser aplicado tão facilmente ao piano ou a qualquer outro instrumento. Em outras palavras, você já tem todas as ferramentas que precisa para aprender a improvisar no piano. Essas ferramentas são os Cinco Exercícios. Começando pelo Exercício 1, à medida que você progride ao longo dos exercícios você irá desenvolver o mesmo nível de conforto no piano que você tem com seu próprio instrumento. Pode ser que você decida um dia ter aulas com um professor de piano para trabalhar os aspectos físicos de tocar o instrumento apropriadamente. No entanto, no início não é estritamente necessário tomar uma abordagem tão formal. A única coisa que você precisa para começar fazendo música no piano é compreender o arranjo físico do teclado. Ele é na verdade muito simples e intuitivo. Dê uma olhada no próximo desenho, que mostra os nomes das teclas do piano em qualquer seção particular do instrumento:

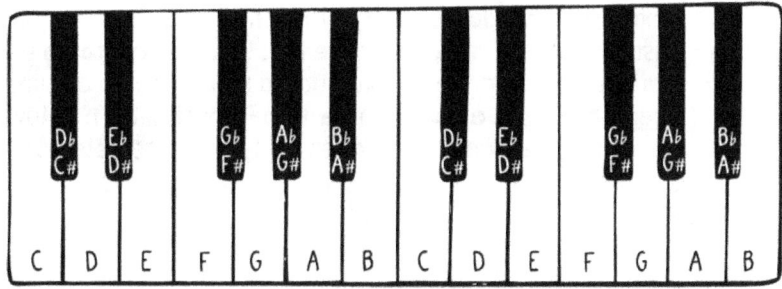

Da mesma forma que você fez com seu próprio instrumento, a primeira coisa que você deveria tentar entender é a ordem dessas notas da mais grave para a mais aguda. Em outras palavras, você precisa visualizar a cadeia ininterrupta de semitons ao longo de toda a extensão do piano. Siga a linha pontilhada do desenho abaixo para traçar esse caminho por si mesmo:

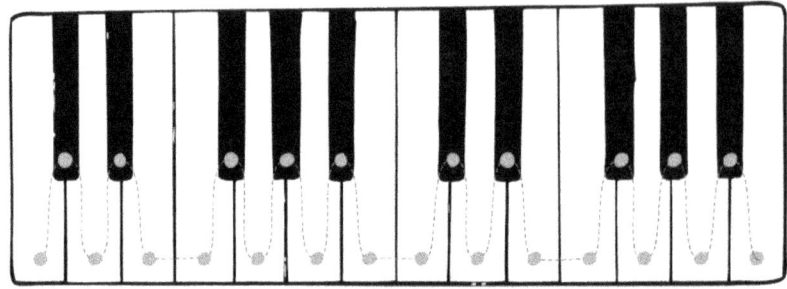

O que surpreende muitos iniciantes é que não há na verdade nenhuma diferença entre as teclas pretas e as teclas brancas. À medida que você segue a linha pontilhada da esquerda para a direita, cada nova tecla que você toca transporta-o para um semitom acima, independentemente se a tecla é preta ou branca. Se você seguir visualmente o caminho da linha pontilhada no desenho acima, cada segmento de linha pontilhada representa um movimento ascendente de um semitom. Não faz diferença se esse movimento ocorre entre uma tecla preta e uma tecla branca, ou ao longo de duas teclas brancas consecutivas. Então, o primeiro passo na compreensão do piano é deixar de lado toda essa questão de "teclas pretas e teclas brancas" e aprender a ver o teclado inteiro como uma longa cadeia ininterrupta de semitons. Se você quiser, tome alguns minutos agora mesmo para praticar o Exercício 1 no piano. Tente primeiro com semitons e depois com tons. Esse exercício simples o ajudará a ganhar confiança com a geografia básica do teclado antes de seguir em frente.

Uma vez que estiver claro para você o modo como as notas do piano estão conectadas, você poderá facilmente visualizar a escala maior onde quiser. Tudo o que você precisa fazer é combinar seu novo entendimento do piano com o que já sabe sobre a escala maior:

1 · 2 · 3 4 · 5 · 6 · 7 1

Vamos olhar para um exemplo usando Eb (também chamado D#) como nossa nota 1. A primeira coisa que precisamos fazer é simplesmente localizar essa nota no piano e tocá-la. Essa é a nota no lado esquerdo do desenho abaixo que eu rotulei como o número 1. Subindo a partir dessa nota 1, perceba como o caminho da linha pontilhada nos leva ao longo da cadeia ininterrupta de semitons, e como nós podemos facilmente selecionar as notas da escala maior ao longo desse caminho:

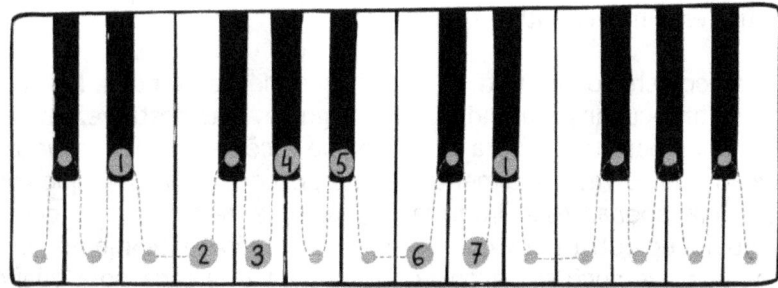

Você consegue ver o movimento de semitom entre as notas 3 e 4 no desenho acima? E você consegue ver o outro movimento de semitom entre as notas 7 e 1? Note que todos os outros são movimentos de tom. O desenho pode parecer um pouco confuso no início, mas seja paciente e trace a linha pontilhada de semitons com os olhos até que você consiga ver como funciona.

Aqui está um exemplo diferente usando a nota B natural como nossa nota 1. Desta vez eu removi a linha pontilhada. Você ainda consegue ver a cadeia ininterrupta de semitons por trás da escala maior?

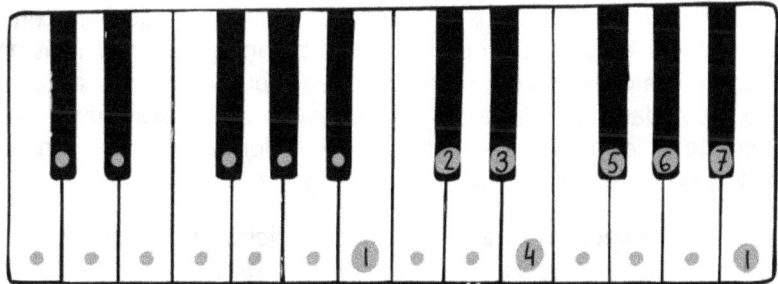

(Atividade para tocar)

Agora você vai praticar isso sozinho. Eu quero guiá-lo através da atividade neste primeiro momento porque o processo de pensamento é muito importante.

1. Selecione qualquer nota aleatória do piano e toque-a. Essa será a nota 1.

2. Pause para apreciar este momento. Não se preocupe em visualizar a escala maior inteira. Nem mesmo se preocupe onde está a nota 2. Apenas permita-se estar na nota 1, e permita-se *não* saber para onde será seu próximo passo.

3. Agora vamos calmamente começar a refletir sobre o movimento para a nota 2. A partir do seu mapa tonal, você sabe que existe um espaço de um tom entre as notas 1 e 2. Então isso significa que você vai precisar pular o próximo semitom que você vê no seu piano, e tocar o que vem depois. Tome o tempo que for necessário, já que você precisa estudar o teclado do piano até o ponto de ser capaz de ver esses dois movimentos de semitom claramente.

4. Agora execute esse movimento e toque a nota 2.

5. Uma vez que você chegou na nota 2, esvazie sua mente de novo. Permita-se estar na nota 2 sem se preocupar para onde irá em seguida. Mas desta vez, há algo mais que precisamos deixar para trás. Agora eu quero que você se permita *esquecer* onde a nota 1 estava localizada! Esvazie sua mente de tudo, exceto do fato de que você está agora na nota 2. Com apenas essa informação, você já tem tudo de que precisa para encontrar qualquer outra nota que quiser. Então não tente memorizar as notas da escala à medida que você as encontra. Deixe para trás cada nota quando se afastar dela. Se você decidir mais tarde retornar a ela, saberá como. Essa é a verdadeira habilidade que estamos tentando aprender.

6. Quando estiver pronto, pense no intervalo que você precisa para ir da nota 2 à nota 3. Pelo seu desenho do mapa tonal, você sabe que esse intervalo é de um tom. Então pule o próximo semitom que você vê no seu piano, e toque a nota logo depois. Essa é a nota 3.

7. Continue nesse caminho, pausando em cada nota apenas para relaxar e lembrar onde está. Para cada novo movimento, primeiro imagine seu desenho do mapa tonal e depois visualize esse movimento no seu piano.

Pratique isso sozinho em diversos tons diferentes. Lembre-se, não faça tentativa alguma de memorizar a sequência das notas que você está tocando. Memorizar as notas de todas as diferentes escalas maiores não é o nosso objetivo, porque praticar escalas de memória não lhe dará a habilidade de visualização que você precisará mais tarde para uma improvisação completamente livre. No método IFR, a forma que praticamos é tocar uma nota de cada vez, *imaginando* cada novo movimento necessário.

Vai parecer lento no começo, mas esse é o ponto. Nosso objetivo não é simplesmente terminar o exercício, mas sim perceber o que estamos fazendo a cada momento. Se você tocar com sua consciência, cada nota que tocar irá aumentar sua confiança com relação ao teclado *inteiro* do piano. Portanto, apenas tente relaxar e focar toda a sua atenção em mover-se pelo piano da mesma forma que você aprendeu a mover-se no seu instrumento no Exercício 1. Se você tomar o tempo necessário para visualizar cada intervalo à medida que você avança, você construirá uma fundação sólida para um crescimento musical ilimitado. Não vai demorar até que você seja capaz de visualizar *qualquer* tipo de movimento instantaneamente. Você não deveria nunca recorrer a tocar escalas memorizadas para ganhar velocidade. Poderá parecer mais satisfatório na hora, mas isso levará você a uma longa e solitária estrada de tocar com medo e incerteza. Tome o tempo que for necessário para ver cada movimento claramente. O Exercício 1 irá ajudá-lo a praticar isso.

Uma vez que você tiver obtido a habilidade de visualizar a escala maior em qualquer lugar do seu piano, será uma boa hora para voltar ao Exercício 2: Melodia e fazer os exercícios em "Sete Mundos" no piano. Leve o tempo necessário para apreciar improvisar melodias em todos os sete ambientes harmônicos ao longo de todo o piano. Para dar mais significado à sua prática, lembre-se de cantar enquanto toca. Todas essas experiências tornarão muito mais fácil para você criar os acompanhamentos de acordes que você irá aprender no Exercício 3: Harmonia Pura.

Exercício 3: Harmonia Pura

Objetivo: Aperfeiçoar continuamente sua habilidade de...

Reconhecer os sete ambientes harmônicos e criar sua própria música com eles.

O Exercício 3 é o exercício mais estimulante para a maioria dos estudantes porque ele abre muitas portas de uma vez. É aqui que a nossa abordagem tonal para estudar harmonia começa a valer a pena. Sem nenhuma nova "teoria", você estará em breve improvisando belas melodias sobre uma variedade de progressões de acordes e estilos musicais.

Nosso objetivo no Exercício 3 é ganhar experiência criando música em cada um dos sete ambientes harmônicos. Há dois benefícios importantes que você vai obter desse trabalho. Um é que você vai descobrir por si mesmo as possibilidades que cada ambiente oferece à criação de melodias. Através da prática você irá ganhar experiência e confiança em criar música em qualquer situação harmônica. Mas existe um benefício mais sutil que pode, no fim das contas, ser ainda mais poderoso. Esse é um "brinde", porque você sempre recebe seu valor integral, mesmo em dias que você sente que suas improvisações estão sem inspiração ou quando sente que não está descobrindo nada de novo. Pelo simples ato de gastar meia hora em um dos ambientes musicais, uma marca é deixada em sua mente subconsciente sobre a *sensação* que esse ambiente musical em particular evoca. Com o passar do tempo, a exposição repetida a esses sete ambientes dará a você a habilidade de instantaneamente reconhecê-los na música ao seu redor. Assim como uma casa com sete cômodos, se você passar tempo suficiente em cada cômodo, no fim você não terá problemas em diferenciá-los um do outro. A única diferença é que em nosso caso, de forma a experienciar esses sete cômodos, nós primeiro precisamos *criá-los*.

Em vários pontos deste livro eu fiz uma comparação entre músicos e pintores. Mas existe uma importante diferença. Nós músicos trabalhamos com materiais que na verdade não existem no mundo físico. Estudantes de artes plásticas podem sentar e contemplar a cor vermelha por horas, se quiserem. Mas a única forma que podemos contemplar o som de um acorde específico é produzi-lo nós mesmos no momento. Ao emitir os sons precisos, podemos escutar e sentir o acorde por um breve momento. Mas tão logo as vibrações esmaecem, o acorde literalmente desaparece da existência. É por isso que fazemos tanto uso de repetição e improvisações calmas, meditativas. Já que nossos materiais não existem no mundo físico, nós precisamos constantemente trazê-los à existência de forma a conhecê-los.

Neste capítulo eu lhe darei algumas ideias sobre como fazer isso. Não importa qual instrumento você toca, você pode usar seu instrumento primário para investigar esses sete ambientes harmônicos. Na verdade, você já começou esse processo no Exercício 2. Nos exercícios em "Sete Mundos", você experienciou improvisar com todos os sete *modos* da escala maior. Isso foi uma forma de experienciar os sete ambientes harmônicos diferentes. Você não tinha acordes para acompanhá-los, mas ainda assim você pôde captar a sensação de cada ambiente apenas limitando-se a uma oitava específica. Ao usar uma nota específica como o piso e o teto de sua extensão musical, você essencialmente criou uma nova escala com sonoridade e sensação próprias. Por exemplo, ao usar a nota 6 como o "centro tonal", você criou a escala mostrada no desenho a seguir:

6　7 1　2　3 4　5　6
∘　∘ ∘　∘　∘ ∘　∘　∘

Perceba que, apesar de as notas propriamente não serem nada mais do que a escala maior tocada em uma ordem diferente, o *formato* do desenho acima é muito diferente do formato da escala maior em sua ordem original de 1 a 7.

No Exercício 3 vamos levar essa prática ao próximo nível de duas formas:

- Vamos olhar mais de perto o papel que cada nota tem na escala resultante.
- Vamos aprender a fazer um acompanhamento musical em cima do qual possamos solar, de forma que ao sairmos de uma oitava não percamos a sensação do ambiente harmônico.

Para começar, precisamos aguçar nossa atenção com relação às notas que formam o "acorde" em cada uma dessas sete escalas resultantes. Existem formas infinitas de praticar essa atenção com o seu instrumento. Mas uma das formas mais poderosas é simplesmente alternar entre experienciar o acorde e experienciar a escala inteira. Eu chamo esse exercício de "Sete Mundos Expandidos". Nós o praticamos em três diferentes extensões.

Sete Mundos Expandidos (extensão modal)

1. Escolha um dos sete acordes para trabalhar. Para continuar o exemplo acima, vamos escolher o acorde 6. Escolha qualquer nota de início em seu instrumento e faça com que essa seja a nota 6 da escala maior. Toque a escala inteira dessa nota 6 até a próxima nota 6, uma oitava acima, assim como você fez em "Sete Mundos" do Exercício 2. Improvise dentro dessa escala por alguns minutos:

    6　7　1　2　3　4　5　6

2. Agora limite sua improvisação para apenas as notas do acorde 6. Lembre-se que cada acorde é feito com a nota raiz, 3ª, 5ª e 7ª. Então agora as únicas notas que podemos usar para improvisar são as notas 6, 1, 3 e 5. Essas notas estão nos círculos do desenho abaixo. Improvise por alguns minutos com apenas essas notas. Preste atenção especial à sensação de resolução que você obtém quando você descansa na nota 6, seja no topo ou na parte mais baixa da escala.

    (6)　7　(1)　2　(3)　4　(5)　(6)

3. Agora alterne entre os passos 1 e 2. Passe alguns minutos improvisando com a escala inteira, e depois alguns minutos apenas trabalhando com as notas do acorde. Continue alternando entre a escala e o acorde. Depois de um tempo você deverá ser capaz de reconhecer as notas do acorde mesmo quando está improvisando com a escala inteira. Repare na sensação de relaxamento que você obtém sempre que você descansa em uma das notas do acorde. As outras notas da escala produzem uma espécie de tensão

que pode ser muito agradável, mas elas nos causam uma expectativa de um eventual retorno a uma das notas do acorde. Quando você está improvisando com a escala inteira, perceba que você pode *usar* essa dinâmica de tensão e relaxamento para inspirar a história musical que você está contando.

```
  6   7   1   2   3   4   5   6
 (6)  7  (1)  2  (3)  4  (5) (6)
```

Sete Mundos Expandidos (extensão tonal)

1. Escolha qualquer nota de início em seu instrumento. Esta será a nota 1 da escala maior. Toque as notas de 1 até 7. Não toque a nota 1 de novo no topo dessa extensão. Vamos trabalhar com exatamente sete notas, como estão no desenho abaixo. Isso é importante porque sua extensão inteira pode ser compreendida como simplesmente a repetição dessas sete notas. Dessa forma, nós queremos desenvolver a atenção de onde as notas de cada acorde "moram" nesse universo musical. Improvise com todas as sete notas por alguns minutos.

```
   1   2   3   4   5   6   7
```

2. Escolha um dos sete acordes para trabalhar. Para continuar com nosso exemplo anterior, vamos escolher o acorde 6. Toque apenas as quatro notas que formam o acorde 6. Essas são as notas 1, 3, 5 e 6 da escala maior. Olhe para o desenho abaixo e repare onde cada uma dessas notas está localizada dentro da escala maior. Improvise por alguns minutos com apenas essas quatro notas. A sensação do acorde provavelmente não está tão clara como foi no último exercício (extensão modal). No entanto, você ainda consegue reconhecer que essas são as mesmas notas que você estava tocando antes? A única diferença é que agora essas notas estão fora de sua ordem natural porque nós queremos focar onde elas são encontradas na oitava tonal de 1 a 7.

```
  (1)  2  (3)  4  (5) (6)  7
```

3. Alterne entre os passos 1 e 2. Passe alguns minutos improvisando com a escala inteira, e depois alguns minutos apenas trabalhando com as notas do acorde. Continue alternando entre a escala e o acorde. Da mesma forma que você descobriu no exercício anterior, depois de um tempo você deve ser capaz de reconhecer as notas do acorde mesmo quando você está improvisando com a escala inteira. Provavelmente será mais difícil para você de fato *sentir* o acorde 6, porque agora você está tocando suas notas fora de ordem. Mas esse é um exercício importante porque ele nos ensina onde essas notas estão localizadas em qualquer oitava.

1   2   3   4   5   6   7

(1)   2   (3)   4   (5)   (6)   7

Sete Mundos Expandidos (extensão ilimitada)

1. Escolha um dos sete acordes para trabalhar. Vamos continuar com o exemplo do acorde 6. Escolha qualquer nota de início no seu instrumento e essa será nossa nota 6. Começando nessa nota 6, toque a escala maior em sua extensão completa no seu instrumento. Suba até a nota mais alta que você puder tocar e desça até a nota mais baixa. Improvise nesse tom em seu instrumento inteiro por alguns minutos.

4 5 6 7 1 2 3 4 5 (6) 7 1 2 3 4 5 6 7 1 2

2. Agora limite sua improvisação para apenas as notas do acorde 6. Você ainda pode usar a extensão inteira do seu instrumento, porém agora as únicas notas que existem são as notas 6, 1, 3 e 5. Toque as notas desse acorde em toda a sua extensão e improvise livremente com essas notas por alguns minutos.

5 6   1   3   5 6   1   3   5 6   1

3. Agora alterne entre os passos 1 e 2. Passe alguns minutos improvisando com a escala inteira e depois alguns minutos trabalhando com apenas as notas do acorde. Continue alternando entre a escala e o acorde ao longo da extensão completa do seu instrumento.

4 5 6 7 1 2 3 4 5 6 7 1 2 3 4 5 6 7 1 2
5 6   1   3   5 6   1   3   5 6   1

Guiado por apenas os conceitos simples apresentados aqui, Sete Mundos Expandidos pode conduzi-lo a muitas aventuras diferentes. Você não só vai descobrir um conjunto diferente de sons e sensações em cada um dos sete mundos harmônicos que explorar, mas você também tem liberdade ilimitada para criar qualquer tipo de *experiência* que você quer ter em cada mundo. Aqui estão alguns exemplos de como a prática de Sete Mundos Expandidos poderia se parecer em cada dia:

Dia de prática: Segunda
Mundo Harmônico: O acorde 4
Extensão: Tonal
Estado de espírito: Meditativo

Dia de prática: Terça
Mundo Harmônico: O acorde 5
Extensão: Ilimitada
Estado de espírito: Funky

Dia de prática: Quarta
Mundo Harmônico: O acorde 7
Extensão: Modal
Estado de espírito: Assustador

Dia de prática: Quinta
Mundo Harmônico: O acorde 2
Extensão: Tonal
Estado de espírito: Jazz

Dia de prática: Sexta
Mundo Harmônico: O acorde 6
Extensão: Modal
Estado de espírito: Melancólico

Essas sugestões são todas intercambiáveis. Da mesma forma que você pode tocar de um jeito funky no acorde 5, você também pode tocar assim no acorde 1. E o acorde 3 pode ser tão meditativo quanto o acorde 4. Em outras palavras, não é o material harmônico que dita o impacto emocional da sua música. O que realmente determina como a música soa é a energia emocional e a atitude que *você* traz para a música. Assim, não use o Sete Mundos Expandidos apenas como um exercício de harmonia. Use-o como um *exercício de criatividade* diário. Desafie-se todos os dias a fazer sua música dizer alguma coisa, a fazer com que ela expresse algo sobre o que você está sentindo no momento. Entre em um estado de espírito e toque a partir desse sentimento.

Bases musicais IFR

Para dominar os sete acordes da escala maior, é especialmente valioso praticar com as Bases Musicais IFR, porque elas fornecem o acompanhamento harmônico completo de fundo para suas improvisações. Isso lhe permite escutar as notas dos acordes em seu próprio contexto harmônico, realçando-se as diferenças importantes entre cada acorde da escala maior.

A série Bases Musicais IFR também ajuda você a aprender a reconhecer acordes e progressões de acorde de ouvido, devido à forma gradual com que o caminho de aprendizagem foi desenvolvido. Para a sua prática do Exercício 3, você pode agora começar utilizando as Bases Musicais IFR Nível 2: Harmonia Pura Elementar e as Bases Musicais IFR Nível 3: Harmonia Pura Avançada. Você encontrará ambas em ImproviseForReal.com.

Sete Mundos Expandidos (nível de maestria)

Uma vez que você tenha ganhado um nível de confiança com os Sete Mundos Expandidos em todas as três extensões (tonal, modal e ilimitada), para um trabalho realmente avançado você pode repousar seu instrumento e fazer o exercício inteiro usando apenas a sua voz. Ao cantar os números ao invés de tocá-los no seu instrumento, você aumentará sua compreensão e percepção tremendamente.

Isso acontece não apenas com o exercício acima, mas com qualquer outro exercício musical que você encontrar. Sempre procure por maneiras de internalizar o exercício e torná-lo mais íntimo. Toda vez que você volta seu foco para dentro, do seu instrumento para a sua voz e por fim para a sua imaginação, o exercício se torna mais poderoso. Então, tente fazer o exercício acima por volta de metade do tempo com seu instrumento e outra metade do tempo com apenas a sua voz.

Caminhos Melódicos

Depois que você tiver estudado todos os sete acordes cuidadosamente, o próximo passo é combinar esses acordes em progressões de acordes de forma que possamos descobrir os relacionamentos entre as notas dos acordes. Fazemos isso no exercício IFR "Caminhos Melódicos". Esse exercício irá possibilitar que você visualize os caminhos melódicos que percorrem qualquer progressão de acorde, não importando quão difícil a progressão de acordes possa parecer no papel. Isso nos ajuda a enxergar o panorama geral e compreender como todos os diferentes acordes se relacionam uns com os outros.

Aqui está como funciona o exercício. Como você já viu em Sete Mundos Expandidos, em qualquer ambiente harmônico haverá algumas notas que atraem seu ouvido de forma especial (as notas do acorde) e algumas que parecem sem resolução ou tensas. Entretanto, quando uma canção envolve mais de um acorde, as notas que atraem o seu ouvido irão mudar de um acorde para o outro. Com nossa abordagem visual de harmonia, podemos ver esse movimento de notas dos acordes em nosso mapa tonal, e essas conexões são o que chamamos de "Caminhos Melódicos".

Tome como exemplo a seguinte progressão de acordes simples:

A esta altura, você deve se sentir totalmente confortável com cada um desses três acordes. Mas agora vamos ver como a harmonia flui *através* deles. Vamos começar desenhando um mapa tonal de todos os três acordes, e vamos olhar um de muitos caminhos disponíveis através da harmonia:

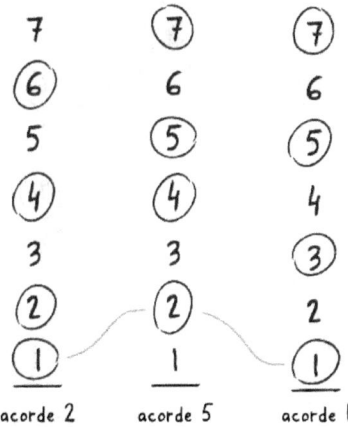

Cante alto os números desse caminho melódico enquanto toca os acordes em um piano ou enquanto escuta uma de nossas bases musicais. (Vou lhe mostrar como criar um acompanhamento de piano mais tarde neste capítulo.) Neste exemplo, você literalmente cantaria: "um... dois... um" enquanto toca os três acordes. Faça isso repetidas vezes até que você possa literalmente *ouvir* essa melodia nos próprios acordes. Depois, siga em frente para o próximo caminho. Foque primeiro em caminhos horizontais que sejam muito simples, já que esses são os mais fáceis para ouvir e imaginar. Olhemos o próximo caminho:

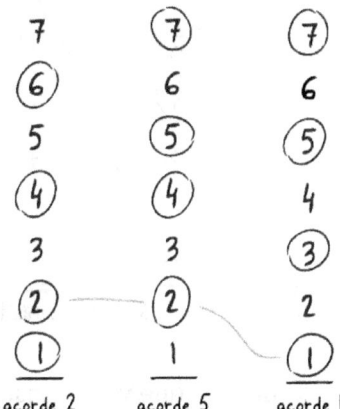

Cante essa nova melodia diversas vezes. Depois retorne e cante a primeira melodia algumas vezes. Vá e volte até que você consiga claramente ouvir ambas as melodias nos próprios acordes.

Quando você se sentir totalmente confiante com as notas 1 e 2, você pode seguir em frente para incluir a nota 3 em suas melodias. Isso abre duas novas possibilidades melódicas:

Nosso trabalho é assim, simples e sistemático. Nós simplesmente continuamos explorando todo caminho melódico possível através dos três acordes. Como você pode ver, mesmo se você se limitar a apenas melodias horizontais sem grandes saltos, ainda assim há muitas possibilidades:

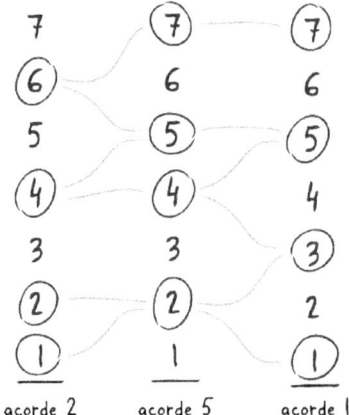

Continue trabalhando com esses acordes até que você consiga cantar cada um dos caminhos melódicos do desenho acima. E não esqueça das melodias que atravessam para a próxima oitava. Esses caminhos não são tão fáceis de ver nos meus desenhos, mas são igualmente atraentes para o seu ouvido. Aqui está um exemplo simples:

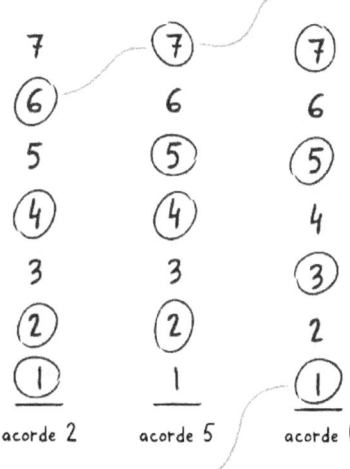

O desenho é um pouco confuso, mas o que estou tentando mostrar é que a nota final 1 está na verdade *acima* da nota 7. Depois de cantar a nota 7 no acorde 5, você sobe um semitom para pousar na nota 1 da próxima oitava. Não esqueça de explorar essas possibilidades para mover-se livremente cruzando a linha da oitava em suas melodias. Lembre-se que o seu ouvido não sabe onde a linha da oitava se encontra. Então, para o seu ouvido, essas melodias que cruzam a linha da oitava são tão simples e melódicas quanto as melodias que ocorrem dentro de uma única oitava.

Porque passamos tanto tempo investigando cada pequeno canto dessas progressões de acorde? Lembre-se que um artista não pode se apoiar em explicações de segunda mão. Um artista precisa ter uma experiência pessoal direta com os materiais de sua arte. O propósito desse exercício não é meramente praticar a execução dessas melodias. Você provavelmente poderia fazer isso muito facilmente logo de início. Mas a razão pela qual passamos tanto tempo investigando cada caminho melódico é para dar a você a chance de decidir o que *você* pensa de cada uma dessas melodias. Há algo aqui que você realmente gosta? Há melodias que você acha especialmente belas? Dê sua atenção total a cada melodia que você cantar, e apenas note como ela soa e como você se sente a respeito dela. As sensações que você descobrir nesse exercício são unicamente suas. Elas nunca poderão ser ensinadas a outra pessoa porque não podem ser explicadas em palavras ou teoria. Mas é esse conhecimento pessoal que é a essência da maestria.

Eu devo fazer uma pequena correção em meu comentário anterior sobre estarmos estudando os caminhos melódicos através dessa progressão de acordes. Para ser mais exato, o que nós temos realmente estudado é como a *consonância* em si flui através da progressão de acordes. Nós nem consideramos ainda as possibilidades melódicas das notas que estão fora das quatro notas básicas de cada acorde. Isso é intencional, porque primeiro queremos conhecer as notas que estão bem no centro da harmonia. Mas uma vez que você tiver aprendido a fluir com a harmonia dessa forma, você também poderá aprender a praticar sua habilidade de se destacar da harmonia. Isso apenas significa ter a liberdade de cantar notas fora dos acordes. Aqui está um exemplo que é especialmente bonito, apesar de cada uma das notas estarem fora do acorde daquele momento:

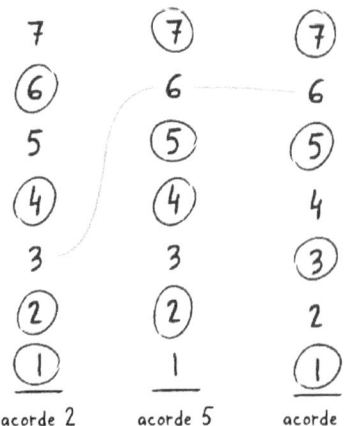

Em tempo, você poderá aprender a se sentir conectado à harmonia mesmo que você escolha estar nessas notas mais ambíguas e sem resolução. Quando você chegar ao ponto de se sentir igualmente confortável em qualquer uma dessas sete notas em todos os três acordes, você verdadeiramente dominou a progressão de acordes.

Pense em Caminhos Melódicos como uma técnica para estudar progressões de acordes da mesma forma que você tem usado Sete Mundos Expandidos para estudar acordes individuais.

Acordes de Descanso

Esta próxima técnica para piano é tanto um exercício poderoso de visualização como uma técnica útil para um acompanhamento de acorde rápido e simples. O nome vem do fato de que sua mão direita nunca deixa a posição de descanso, cobrindo uma única oitava da escala maior. Lembre-se que em qualquer oitava nós temos todas as notas que precisamos para criar qualquer um dos sete acordes. Dessa forma, ao deixar a mão centralizada sobre a oitava, podemos tocar todos os sete acordes de uma forma muito fácil. Aqui está como a técnica funciona:

Escolha qualquer nota de início no piano para servir como nota 1, e toque a escala maior inteira de 1 a 7. Nós vamos representar essas notas pelo seguinte desenho:

1 2 3 4 5 6 7

Agora toque apenas as quatro notas do acorde 1, todos de uma vez.

1 3 5 7

Agora toque apenas as quatro notas do acorde 2. Repare que há um lugar no acorde onde você tem um par de "vizinhos" (notas 1 e 2). O restante das notas está separado, mas você tem duas notas encostadas uma à outra, no lado esquerdo da sua mão.

1   2   4   6

Agora toque apenas as quatro notas do acorde 3. Repare de novo que há um lugar onde você tem duas notas vizinhas encostadas uma à outra. Neste caso elas são as notas 2 e 3, de novo no lado esquerdo à sua mão.

2   3   5   7

Agora toque apenas as quatro notas do acorde 4. Repare onde as notas vizinhas estão agora. Desta vez elas estão no meio da sua mão:

1   3   4   6

As notas vizinhas também estão no meio da sua mão quando você toca o acorde 5:

2   4   5   7

Quando você toca o acorde 6, as notas vizinhas estão agora no lado direito da sua mão:

1   3   5   6

As notas vizinhas também estão no lado direito da sua mão quando você toca o acorde 7:

2   4   6   7

Uma vez que você pegar o jeito da técnica acima para expressar qualquer um dos sete acordes, você poderá adicionar um acompanhamento de baixo com sua mão esquerda para um efeito mais cheio e musical. Se você é iniciante, você pode simplesmente usar o clássico acompanhamento de baixo em que simplesmente se alterna entre a nota raiz e a quinta do acorde. Vamos tomar o exemplo do acorde 1. Escolha um andamento lento que ache legal e toque notas na duração de uma mínima no baixo, alternando entre as notas 1 e 5:

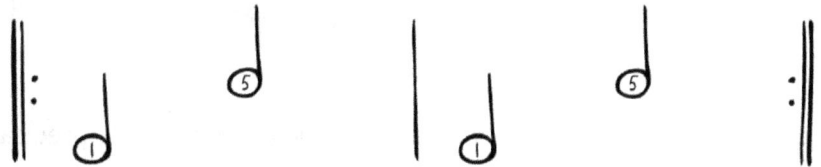

Enquanto sua mão esquerda fornece uma base estável com essa linha de baixo alternante, use sua mão direita para tocar o acorde 1 que você aprendeu acima. Não se preocupe em tentar integrar suas duas mãos de uma forma sofisticada. Apenas tente chegar a uma cadência confortável com sua mão esquerda, suavemente embalando entre as duas diferentes notas do baixo, e toque o acorde com a sua mão direita uma vez ou outra. Se você é novo no piano isso vai parecer estranho no começo, mas tome o tempo que for necessário para você. Pense nos lugares diferentes onde pode encaixar o acorde com essa linha de baixo. Por exemplo, você poderia tocar o acorde na batida um, precisamente quando toca a nota 1 com sua mão esquerda:

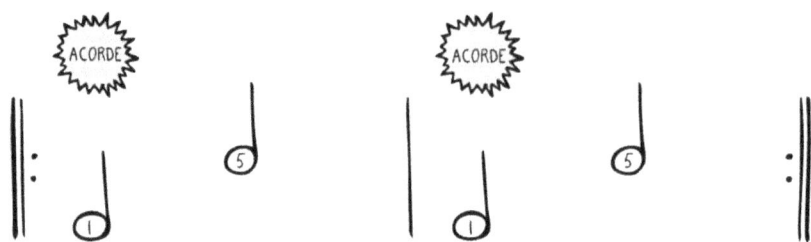

Ou você poderia tocar o acorde em todos os contratempos, entre um momento e outro que sua mão esquerda toca:

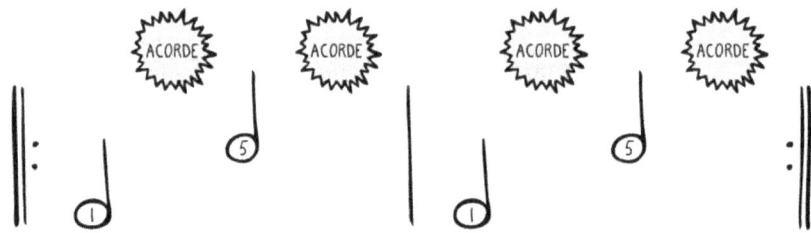

Com a prática, em determinado momento você irá se sentir confortável com todas essas diferentes sensações envolvidas, e será capaz de fazer seus próprios ritmos como este aqui:

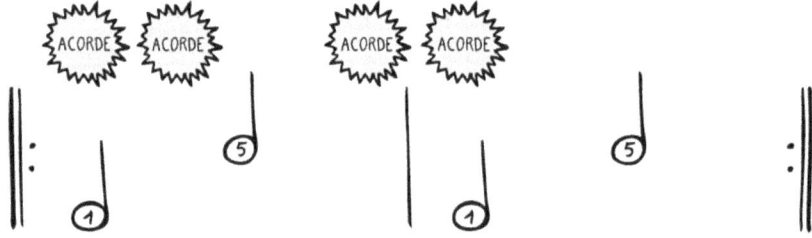

Para trocar para um acorde diferente com essa técnica, você apenas precisa fazer duas coisas:

Selecione o formato apropriado com sua mão direita.

Fisicamente mova sua mão esquerda para tocar a nota raiz e a quinta do *novo* acorde.

Para ser claro, aqui está uma lista das notas raiz e quinta de cada acorde:

Para o acorde 1, a nota raiz e a quinta são as notas 1 e 5.
Para o acorde 2, a nota raiz e a quinta são as notas 2 e 6.
Para o acorde 3, a nota raiz e a quinta são as notas 3 e 7.
Para o acorde 4, a nota raiz e a quinta são as notas 4 e 1.
Para o acorde 5, a nota raiz e a quinta são as notas 5 e 2.
Para o acorde 6, a nota raiz e a quinta são as notas 6 e 3.
Para o acorde 7, a nota raiz e a quinta são as notas 7 e 4.

Então, sua mão esquerda irá alternar entre as duas notas indicadas acima para cada acorde. Sua mão direita estará imóvel, pairando sobre a oitava tonal entre as notas 1 e 7. Aqui estão as notas que sua mão direita irá tocar para cada acorde:

Acorde 1: a mão direita toca as notas 1, 3, 5, 7
Acorde 2: a mão direita toca as notas 1, 2, 4, 6
Acorde 3: a mão direita toca as notas 2, 3, 5, 7
Acorde 4: a mão direita toca as notas 1, 3, 4, 6
Acorde 5: a mão direita toca as notas 2, 4, 5, 7
Acorde 6: a mão direita toca as notas 1, 3, 5, 6
Acorde 7: a mão direita toca as notas 2, 4, 6, 7

Acordes de Descanso servem dois diferentes propósitos. Para iniciantes, eles são um modo fácil de tocar todos os acordes da escala maior. Com essa técnica você pode instantaneamente criar um acompanhamento simples para qualquer canção ou progressão de acordes. Uma vez que você se acostumar com os *formatos* dos sete acordes apresentados acima, trocar de acordes se torna algo quase sem esforço. Tente por si mesmo. Pegue um grupo de acordes e tente trocar entre eles. Sua mão direita deve permanecer centralizada na "posição de descanso" (cobrindo uma única oitava da escala maior de 1 a 7). Mas sua mão esquerda irá se mover fisicamente de forma a tocar a nota raiz e a quinta de cada novo acorde no baixo. Você percebe o quanto o piano é poderoso? Com pouco treino você pode aprender a criar um acompanhamento sólido para qualquer número de acordes em todos os 12 tons.

No entanto, o propósito mais profundo do exercício dos Acordes de Descanso é que ele lhe dá a prática de visualizar exatamente *onde* as notas de cada acorde podem ser encontradas na oitava tonal. Cada vez que você toca o piano dessa forma, você está obtendo um curso de atualização em visualização de harmonia básica, porque o próprio teclado do piano lhe mostra exatamente quais notas participam de cada acorde. A clareza de visão que resulta de praticar o piano dessa forma irá ajudá-lo em cada aspecto da sua música.

Cantar Acompanhado

Uma vez que você tiver desenvolvido determinado nível de conforto com o piano, pode ser que Cantar Acompanhado se torne seu exercício preferido no método IFR inteiro. Ele é divertido e relaxante, e rapidamente dará a você um poderoso domínio dos sons em todos os sete ambientes harmônicos. Ele consiste em improvisar com sua voz usando a escala maior inteira, enquanto utiliza o piano para criar uma harmonia de fundo. O exercício é muito simples de descrever:

1. Escolha qualquer nota de início para usar como nota 1 da escala maior.

2. Toque a escala inteira cantando cada número.

3. Use os Acordes de Descanso para criar um acompanhamento cordal simples em um acorde específico dessa escala maior.

4. Enquanto toca esse acompanhamento, cante as sete notas da escala maior dizendo seus números em voz alta. (Você literalmente irá cantar "um... dois... três... etc.") Improvise melodias com essas sete notas, brincando com elas como quiser.

Variações:

- Para uma experiência mais orientada, você pode utilizar nosso curso em áudio "Cante os Números", em que cantamos cada melodia para você em números tonais e depois é a sua vez de cantar. Através do canto dessas belas melodias você descobrirá as possibilidades melódicas fascinantes de todos os sete ambientes harmônicos e suas notas dos acordes, além de incontáveis e belos Caminhos Melódicos que você pode utilizar para tecer suas próprias melodias através das progressões de acordes.

- Você também pode combinar esse exercício com Sete Mundos Expandidos - Nível de Maestria. Continue usando os Acordes de Descanso para o seu acompanhamento, mas desta vez alterne entre cantar a escala inteira e cantar apenas as quatro notas do acorde. Esse é um tremendo exercício que irá fortalecer grandemente sua percepção de harmonia.

- Outra variação é combinar Cantar Acompanhado com Liberte sua Imaginação, do Exercício 2. Continue tocando o acorde no piano, mas agora improvise livremente com sua voz, cantando qualquer som que vier à sua mente. Não cante mais os números. Nesta atividade não é uma exigência saber onde você está no mapa tonal. Tente justamente o oposto, *esquecer* onde você está no mapa tonal e apenas concentrar-se em imaginar os sons. Lembre-se que sua imaginação musical é seu maior tesouro. Não esqueça de cultivar essa parte de si mesmo.

- Um de meus exercícios favoritos é cantar as sete notas da escala maior enquanto alterno entre dois *diferentes* acordes no piano. Aqui está um exemplo usando o acorde 6 e o acorde 2:

    1. Use os Acordes de Descanso para criar um acompanhamento no acorde 6. Não esqueça de incluir o acompanhamento de baixo feito pela mão esquerda já que é ele que dá à música seu ritmo e poder. Com sua voz, cante a escala maior inteira sobre esse acompanhamento. Perceba como sua voz se mescla perfeitamente com o piano quando você canta as notas 1, 3, 5 ou 6. Também perceba o sentimento de tensão que ocorre quando você canta qualquer uma das outras notas.

    2. Depois que você tiver investigado completamente o acorde 6, agora mude para o acorde 2 em seu acompanhamento de piano. Não esqueça de mudar também o acompanhamento de baixo da sua mão esquerda. Novamente, cante a escala

maior inteira e perceba que desta vez as notas que mesclam com o piano são as notas 1, 2, 4 e 6.

3. Continue alternando entre os passos 1 e 2 até que esteja completamente claro para você os sons em cada acorde. (Tome o tempo que quiser em cada acorde. Dê a si mesmo tempo para ficar confortável com cada ambiente harmônico antes de tentar combiná-los.)

4. Quando você tiver completa clareza de todos os sons nesses dois ambientes harmônicos, é hora de combiná-los. Imagine uma canção simples que alterna entre o acorde 6 e o acorde 2:

5. Crie esse acompanhamento usando os Acordes de Descanso para alternar entre os dois ambientes harmônicos. Uma vez que sua levada de piano estiver em ação, improvise com sua voz usando a escala maior inteira. Agora você pode cantar qualquer nota da escala maior em qualquer momento. Não há notas erradas. Você poderá notar que algumas notas se mesclam mais ao fundo, enquanto outras se sobressaem mais. Mas você não deve se preocupar em tentar conscientemente monitorar quais notas pertencem a qual acorde. Apenas escute cada nota e ouça por si mesmo como ela soa. Não se alarme se a nota que você está cantando é bastante dissonante em relação à harmonia de fundo do acorde do momento. Aprecie a dissonância, sabendo que você pode se afastar dessa nota sempre que você quiser. Se você escutar com atenção cada nota que cantar, a própria nota irá lhe dizer o que você deve fazer em seguida. Então, apenas permita-se cantar seja qual nota for mais agradável para você em qualquer dado momento, e sua música irá fluir natural e encantadoramente.

Siga a Harmonia (avançado)

Da mesma forma que temos praticado Siga a Melodia desde o Exercício 2, podemos agora começar a praticar Siga a Harmonia também. Isso significa escutar ativamente a música que nos cerca e aprender a reconhecer os acordes de ouvido.

Lembre-se de abordar essa jornada com senso de humor e muita paciência, porque no início haverá muitos sons que você simplesmente não irá reconhecer. No entanto, muitas pessoas se surpreendem com o tanto que conseguem reconhecer tão facilmente. É muito divertido e eu o incentivo a experimentar!

Aqui estão algumas dicas para ajudá-lo:

1. Comece com música *muito* simples. Músicas folk, canções infantis e músicas country são o melhor lugar para você desenvolver suas habilidades. Escolha a gravação de uma música que pareça uma boa candidata a ser analisada de ouvido. Escute a gravação e utilize a técnica que eu mostrei no capítulo "Compreensão começa no escutar" para se conectar à tonalidade da canção e clarificar qual dos sons é a nota 1.

2. Escute o baixo. Na maioria das músicas populares, o baixo está quase sempre tocando a nota raiz do acorde em todos os momentos. Então, apenas escute a parte do baixo e analise-o do mesmo jeito que você faz em Siga a Melodia do Exercício 2. Na verdade, é até mais *fácil*, porque a linha de baixo nunca vai ser tão complicada como as melodias que você tem analisado. Em uma típica canção pop há geralmente apenas três ou quatro acordes, e eles não passam muito rápido. Então é muito fácil seguir o que o baixista está fazendo, e isso irá lhe dizer os acordes da canção.

3. Rascunhe isso no papel. Nós, seres humanos, temos uma habilidade muito limitada de visualizar muitas coisas de uma vez só. Por isso, é crítico pegar um papel e um lápis de forma que você tenha algum lugar para capturar tudo o que descobre. O primeiro passo deve ser sempre esboçar a *forma* da música. Com isso eu quero dizer o número de compassos da canção. Se você brincou de quebra-cabeças quando era criança, você sabe que o primeiro passo é tentar juntar as peças das bordas. A mesma estratégia funciona bem aqui. Uma vez que você consegue esboçar a estrutura da música em um pedaço de papel, você pode começar a "preencher os vazios" com os acordes que você reconhece até que você tenha toda a canção esclarecida. E mesmo que você não reconheça *nenhum* dos acordes, você ainda pode, pelo menos, contar os compassos passando, certo? Então, pegue um pedaço de papel. Desenhe uma pequena caixa para cada compasso que você contar até que chegue ao ponto onde a música começa a se repetir.

4. Neste ponto eu voltaria ao início da canção e faria um esboço da melodia da música. Mesmo que agora o nosso foco principal seja a harmonia, eu sempre gosto de esboçar a melodia mesmo assim, porque ela me ajuda a monitorar onde estou em uma música. Lembre-se das técnicas que você aprendeu no Exercício 2 para sentir a tonalidade da música e localizar qualquer nota específica dentro da escala maior. Você não precisa capturar todos os pormenores se não quiser, mas pelo menos anote o suficiente da melodia de forma que você possa ver a forma da canção quando olhar para o papel.

5. Agora volte e escute a canção novamente, seguindo visualmente o esboço que você acabou de fazer. Desta vez, aplique as mesmas técnicas do Exercício 2 para reconhecer a nota do baixo de cada acorde. Na maioria das canções você deve ser capaz de reconhecer pelo menos alguns dos acordes simplesmente ao escutar o baixista.

6. Não se prenda a exceções ou dificuldades. Lembre-se que há muito mais por vir neste livro. O que você aprendeu até agora é importante e representa uma grande parte daquilo que você ouve na música que você escuta. No entanto, isso não contempla tudo. Quando você escutar sons que não reconhece, não se mate tentando desvendá-los. Nós provavelmente não chegamos a esses sons ainda. Então, apenas siga em frente e tente encontrar *alguma coisa* que você reconheça. Lembre-se que você está dando seus primeiros passos no fascinante mundo em que se reconhece ambas a melodia e a harmonia de ouvido. Isso é uma habilidade sensacional que mesmo a maioria dos

músicos profissionais não possuem. Então seja paciente e celebre cada pequena vitória do caminho!

Como exemplo, olharemos para a canção "My Heart Will Go On" gravado por Celine Dion para o filme Titanic. Eu o encorajo a adquirir uma cópia dessa música e escutá-la de forma que você possa acompanhar o restante da discussão nesse exemplo. Você também deve ter seu instrumento à mão para tocar a melodia à medida que a transcrevermos.

Para entender a harmonia dessa canção, a primeira coisa que eu faria é escutar a música inteira e apenas fazer uma anotação de quantos compassos há em cada seção:

Introdução – 8 barras

Estrofe – 8 barras (repetida duas vezes)

Refrão – 8 barras (repetido duas vezes)

Após completar essas seções, a música se repete voltando para a introdução, depois a estrofe novamente e finalmente o refrão. Então só precisamos analisar essas seções uma vez. O primeiro passo é simplesmente criar esse espaço num papel, colocando o número correto de compassos em cada seção:

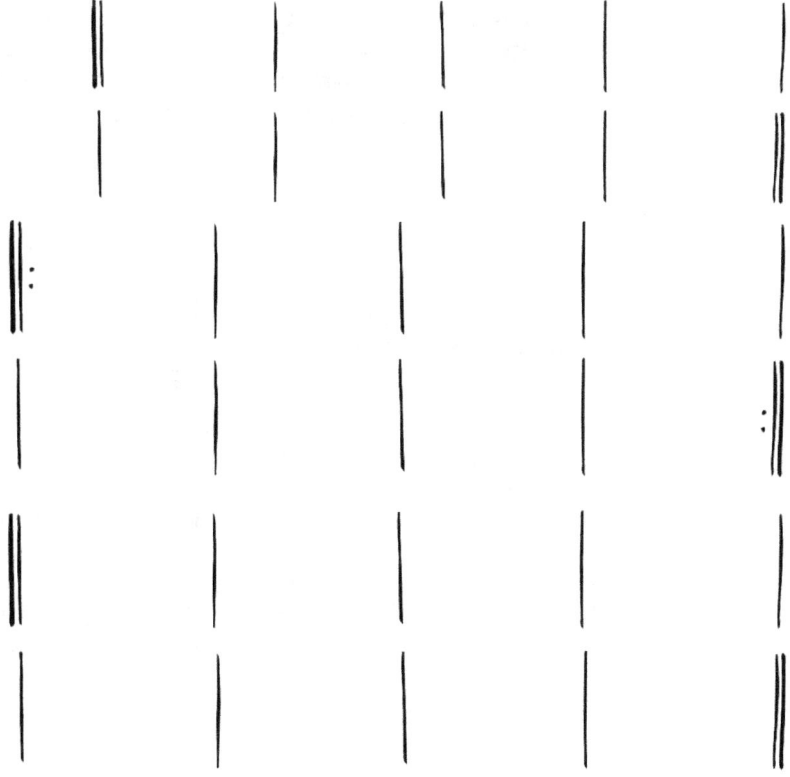

Nós podemos abordar essas três seções uma por uma. Em cada seção, primeiramente eu esboçaria a melodia e depois voltaria para escutar a harmonia. Aqui está a melodia da introdução:

Não fique confuso com os tracinhos em cima de cada número. É apenas minha tentativa de fazer os números parecerem mais com notas musicais. Isso permite que eu mostre a diferença entre a oitava e a quarta, por exemplo. À medida que você toca a melodia acima, preste atenção para a altura em que cada número está desenhado. Assim como a notação musical padrão, as notas mais altas estão desenhadas mais acima do que as notas baixas.

Neste ponto, caso os acordes estivessem difíceis de ouvir, eu apenas seguiria em frente, desenhando a melodia da estrofe e do refrão de forma que eu possa ver a canção inteira na página. Depois, eu voltaria para tentar pegar alguns acordes da canção, preenchendo os vazios até que o mistério seja resolvido. Mas neste caso, a harmonia é muito fácil de reconhecer porque há apenas poucos acordes e a nota do baixo pode ser ouvida muito claramente. Então, antes de continuar, eu preencheria os acordes da introdução. Há apenas três acordes na introdução inteira. Eles são o acorde 6, o acorde 5 e o acorde 4.

A esta altura, se você quiser checar meu trabalho, você pode tentar tocar a introdução acima no piano. Toque a melodia com sua mão direita, e utilizando a sua mão esquerda, toque apenas a nota do baixo de cada acorde. Eu acredito que você irá reconhecer o som da música imediatamente.

A letra começa com uma frase de oito barras que é repetida. Eu escreveria essa linha apenas uma vez e usaria símbolos de repetição:

Ao voltar e escutar os acordes por trás dessa melodia, eu percebo que a harmonia não é exatamente a mesma para as duas vezes em que essa melodia é repetida. A primeira vez em que exploramos a harmonia é um pouco ambíguo. Ela basicamente fica no primeiro acorde e usa algumas notas suspensas para criar o movimento harmônico ao invés de mudar de fato para um acorde diferente. Essas são sutilezas que tem mais a ver com o arranjo específico do que com o que eu considero ser a essência da música. Em uma situação de apresentação ao vivo, essas sutilezas dependem do gosto individual do músico. Então eu não me prenderia muito em tentar capturar esses detalhes pequenos de uma gravação específica. O que eu escreveria é o fluxo básico da harmonia que eu sinto quando eu escuto a melodia. Essa harmonia pode ser ouvida claramente na parte do baixo na segunda vez em que a melodia é cantada. Dessa vez os acordes são 1, 4 e 5.

Agora nós podemos seguir para o refrão, que é a última seção da música. Essa é uma outra melodia de 8 barras que é repetida duas vezes com uma pequena variação. A melodia básica é a seguinte:

Mas mesmo que a melodia seja quase exatamente a mesma nas duas vezes, eu não posso usar simples sinalizações de repetição porque há importantes diferenças entre a primeira e a segunda vez, especialmente na harmonia. Então eu preciso utilizar uma primeira e uma segunda finalização para mostrar a harmonia correta de cada linha:

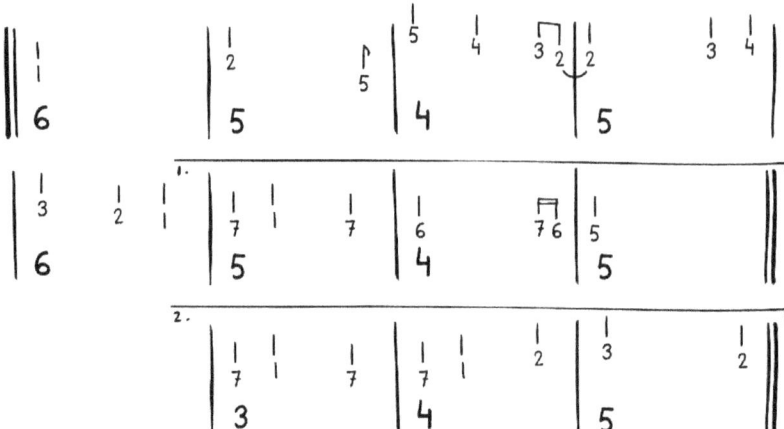

Logo depois dessa seção, o refrão termina com a melodia na nota 1, ao mesmo tempo em que a flauta retorna para tocar a introdução novamente. Eu vou desenhar mais uma linha depois do refrão para mostrar isso. Então aqui está o esboço tonal finalizado de "My Heart Will Go On".

My Heart Will Go On – James Horner, Will Jennings

Como você pode ver, essa é uma canção especialmente simples. Não há uma nota sequer fora da escala maior na canção inteira. E há apenas cinco acordes, todos vindo diretamente da escala maior. Pode ser que você não tenha a mesma sorte com as primeiras canções que tentar analisar dessa forma. A maioria das músicas terão pelo menos um ou dois acordes que possivelmente você não será capaz de reconhecer. Mas apenas anote o quanto você puder e verá que com a prática você irá progredir rapidamente. Não se preocupe com os compassos que você não tem certeza a respeito. Apenas coloque um ponto de interrogação em cada compasso que você não conseguir compreender. Com o tempo, mais e mais desses pontos de interrogação se tornarão símbolos de acordes.

Acompanhamento de Acorde no Piano (avançado)

Com o piano podemos facilmente estender nossos conceitos anteriores para uma técnica mais interessante de acompanhamento cordal. Eu recomendo este exercício mesmo para os pianistas em nível avançado, porque ainda que você tenha muitos outros recursos para criar acompanhamentos cordais, o real propósito deste exercício é de fortalecer e clarificar sua visão da harmonia tonal no teclado do piano. Então, este é um exercício interessante tanto para iniciantes como para profissionais. Aqui está como funciona, usando o acorde 1 como exemplo.

1. Escolha qualquer nota no piano para usar como nota 1 da escala maior. Usando sua mão direita, toque a escala maior de 1 a 7 e improvise nessa escala por alguns minutos para ficar acostumado com as notas nesse tom.

   1 2 3 4 5 6 7

2. Novamente usando apenas a sua mão direita, agora toque as notas do acorde 1 todas de uma só vez. Essas são as notas 1, 3, 5 e 7, como ilustrado no desenho a seguir.

   (1) 2 (3) 4 (5) 6 (7)

3. Agora vamos elevar esse acorde através do que chamamos de uma *inversão*. É muito simples. Tudo o que iremos fazer é retirar a nota 1 que está do lado esquerdo da sua mão, e substituí-la por uma outra nota 1 que está em uma oitava mais alta, do lado direito da sua mão.

   ~~1~~ 2 (3) 4 (5) 6 (7) (1)
                                   ↑

4. Você vai precisar mover fisicamente sua mão para a direita de forma a tocar esse novo conjunto de quatro notas. Toque esse novo acorde e pense nele como apenas uma outra forma de expressar o acorde 1.

   (3) 4 (5) 6 (7) (1)

5. Agora suba esse acorde com outra inversão, retirando a nota 3 do lado esquerdo e adicionando a nota 3 que está uma oitava acima, ao lado direito. De novo, você vai precisar mover sua mão para a direita de forma a tocar o novo conjunto de quatro notas.

   (5) 6 (7) (1) 2 (3)

6. Agora eleve o acorde com outra inversão, retirando a nota 5 da parte baixa (esquerda) e adicionando a nota 5 que está uma oitava acima ao topo do acorde.

7. Finalmente, suba com uma inversão final, retirando a nota 7 da parte baixa do acorde e adicionando-a ao topo. Com esse movimento final nós retornamos à distribuição de notas original do acorde, porém o acorde inteiro foi movido para uma oitava acima.

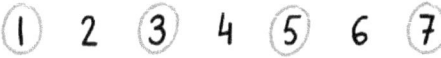

8. Continue elevando o acorde 1 ao longo do comprimento inteiro do teclado através desses ciclos de quatro inversões. Depois retorne o comprimento inteiro do teclado. Pratique mover-se livremente e note como o formato da sua mão muda para cada inversão diferente.

Quando você estiver confortável movendo o acorde 1 ao longo de todo o piano com sua mão direita, você pode adicionar um acompanhamento de baixo com sua mão esquerda da mesma forma que você fez com os Acordes de Descanso. A princípio, você poderá se sentir desajeitado tentando integrar suas duas mãos. Mas é apenas a mesma coisa que você fez antes. A única diferença é que agora a sua mão direita tem a liberdade de tocar qualquer uma das inversões de acorde acima em qualquer lugar do piano. Isso abre todo tipo de novas possibilidades expressivas para o seu acompanhamento.

Uma vez que você consiga fazer isso confortavelmente, você tem uma boa técnica inicial para o acompanhamento de qualquer músico no piano. Já que você tem liberdade ilimitada de movimento na sua mão direita, você tem um vasto vocabulário de sons que pode usar para desenvolver sua história e tornar o seu acompanhamento interessante. E com sua nova compreensão de harmonia tonal, você tem todas as ferramentas de que precisa para improvisar acompanhamentos em cima de todos os sete acordes, em todos os doze tons.

Eu vou deixar a maior parte da investigação dos acordes que restam a seu critério, mas vamos pensar juntos mais um exemplo, apenas para termos certeza de que você sabe exatamente como fazer isso. Vamos pensar em como poderíamos criar um acompanhamento de piano no acorde 2:

1. Primeiro escolha um tom para tocar. Escolha qualquer nota aleatória e faremos dela a nota 1 da escala maior. Toque a escala maior de 1 a 7 e improvise por alguns minutos nesse tom para se acostumar com as notas.

1 2 3 4 5 6 7

2. Com sua mão direita, agora toque apenas as quatro notas que formam o acorde 2. As notas são 1, 2, 4 e 6:

3. Pratique subir esse acorde através de todas as suas inversões exatamente como você fez antes:

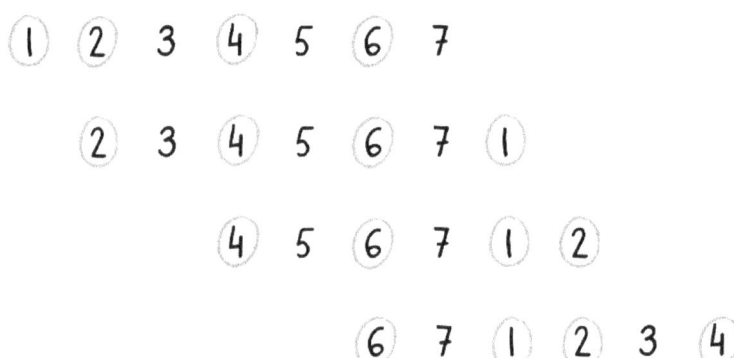

4. Para o seu acompanhamento de baixo com a mão esquerda, você pode usar a mesma técnica de alternar entre a raiz e a quinta do acorde. Neste caso, a nota raiz é a nota 2, e a quinta do acorde é a nota 6:

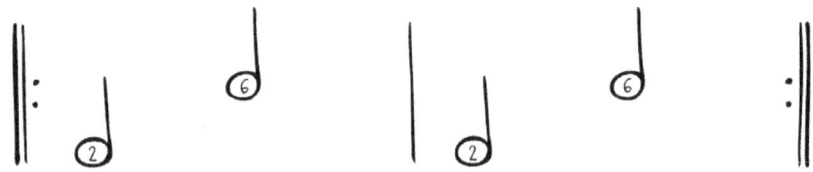

Da mesma forma que você fez antes, tente criar um ritmo lento e suave com sua mão esquerda, alternando entre essas duas notas no baixo. Quando tiver vontade, deixe sua mão direita tocar um acorde. Escolha qualquer inversão do acorde que você quiser. Perceba como você pode criar melodias no meio do seu acompanhamento ao mover-se entre diferentes inversões do acorde. Seu ouvido irá escutar naturalmente a nota mais elevada do acorde como sendo a nota da melodia.

Uma vez que você estiver confortável improvisando acompanhamentos em todos os sete acordes, a coisa mais entusiasmante é combinar dois ou mais acordes para formar uma progressão. Assim como você fez com os mais simples Acordes de Descanso, você pode alternar entre dois acordes diferentes para criar um ambiente harmônico muito mais interessante para o acompanhamento de piano. Aqui estão algumas progressões de acordes que você pode experimentar. Acredito que você vai gostar delas:

```
||: acorde 1 | acorde 1 | acorde 5 | acorde 5 :||

||: acorde 6 | acorde 6 | acorde 4 | acorde 4 :||

||: acorde 4 | acorde 4 | acorde 3 | acorde 3 :||
```

Essas são apenas algumas poucas combinações para que você possa começar. Invente suas próprias combinações! E não há razão para parar em somente dois acordes. Você pode fazer progressões mais longas se quiser. Use sua imaginação e siga o seu ouvido. Você pode usar essa técnica para compor fundos harmônicos simples para suas próprias composições, para acompanhar outros músicos ou apenas pelo prazer de tocar piano. E se você quiser mais ideias para improvisação com acordes no piano, você encontrará muito outros exercícios como este em ImproviseForReal.com.

Acompanhamento de Acorde no Violão (avançado)

Não é preciso dizer que nossa visão tonal dos sete acordes também pode ser aplicada ao violão, e isso pode ser a inspiração para uma abordagem exaustiva em se fazer acompanhamentos de acordes no violão. Já que o violão é o meu próprio instrumento primário, esse tópico tem sido objeto de fascinação em toda a minha vida. A maneira como as notas são arranjadas no violão torna possível desenvolver uma metodologia inteiramente visual para aplicar harmonia tonal ao violão. Usando essa visão, é possível tocar acordes no violão tão livremente quanto os pianistas fazem. Uma abordagem ampla de improviso de harmonia tonal no violão é algo muito grande para caber neste livro. Mas o que posso oferecer a você neste momento são duas coisas.

Primeiro, eu posso lhe oferecer o que eu acredito ser o melhor conselho para você agora. Eu o encorajo a investigar esse tópico sozinho usando nada mais do que seu violão e as ideias apresentadas neste capítulo. Pense em como você adaptaria o exercício de Acompanhamento de Acorde para o violão. Obviamente não é prático ser rígido demais ao criar diferentes inversões, porque o violão não permite que você toque notas consecutivas tão facilmente quanto o piano. Mas existem inúmeras outras maneiras com que você pode agrupar as notas. Por exemplo, apenas pense por um momento no acorde 1. O acorde 1 contém as notas 1, 3, 5 e 7. Se você considerar a extensão inteira do seu violão da nota mais baixa (corda E aberta) até a nota mais alta que você consegue alcançar, você tem alguma ideia de em quantos lugares diferentes você pode encontrar as notas 1, 3, 5 e 7 em qualquer dado tom? A resposta é *dúzias*. O braço do seu violão é literalmente salpicado de notas do acorde 1 por todos os lados. Dê uma olhada em quantas notas do acorde 1 podemos encontrar no tom F, usando apenas a região entre o 1º e o 12º trastes:

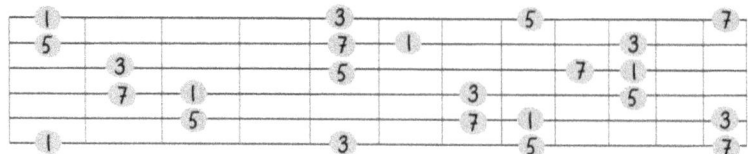

À medida que você experimentar e descobrir formas interessantes de agrupar essas notas, você irá perceber muitos padrões. Alguns formatos irão mudar ligeiramente em outros tons, devido à afinação irregular do violão. Os formatos também serão ligeiramente diferentes para outros acordes da escala maior (o acorde 2, o acorde 3, etc.), porque as notas desses acordes estão separadas por intervalos diferentes dos das notas no acorde 1. Estudaremos isso mais profundamente em capítulos mais à frente. Mas por agora, eu o encorajaria a apenas ter o prazer de experimentar com as notas dos sete acordes básicos e prestar atenção aos formatos que resultam no braço do seu violão. Isso irá ensiná-lo muitas lições importantes sobre harmonia e o violão. Se você simplesmente seguir em frente com essa linha de pensamento, você acabará fazendo todas as mesmas descobertas que eu fiz, e eu prometo que será uma jornada fantástica repleta de muitas surpresas.

A outra coisa que posso oferecer a você são os cursos em vídeo e workshops que criamos especialmente para violonistas. Esses cursos seguem a mesma metodologia apresentada neste livro, com uma exploração abrangente sobre criar solos, acompanhamentos e melodias com acordes no violão. Juntos, eles formam uma estrutura completa para dominar harmonia e improvisação no violão. Você encontrará todos esses recursos em ImproviseForReal.com.

Resumo

No Exercício 3: Harmonia Pura, aprendemos diversas novas formas de começar a estudar as notas dos acordes que estão presentes em cada um dos sete ambientes harmônicos básicos:

1. Sete Mundos Expandidos (extensão modal, extensão tonal e extensão ilimitada)
2. Caminhos Melódicos
3. Acordes de Descanso
4. Cantar Acompanhado
5. Siga a Harmonia (avançado)
6. Acompanhamento de Acorde no Piano (avançado)
7. Acompanhamento de Acorde no Violão (avançado)

Ao longo dos próximos capítulos irei lhe dar ainda mais ideias que você pode começar a investigar imediatamente utilizando as técnicas que aprendeu no Exercício 3. Eu espero que você aprecie incontáveis horas de descoberta musical com este material.

Compondo sua própria música

Agora que você conhece os sete ambientes harmônicos básicos, você tem um bom conjunto inicial de materiais para começar a compor suas próprias músicas originais. Composição musical é algo muito divertido e pode ser uma grande fonte de satisfação pessoal. Ela oferece a você a mesma liberdade criativa que você aprecia quando está improvisando, com o luxo adicional de ter *tempo*. Você pode levar o tempo que quiser para colocar cada nota em seu devido lugar, e pode mudar suas ideias quantas vezes quiser. O melhor de tudo, compor dá a você uma maneira de criar música em um formato que perdure. Quando você está improvisando, cada momento é único e poderá jamais ser repetido novamente. A música que é criada é algo privado, compartilhado apenas com as pessoas que aconteceram de estar ali. A composição é nossa tentativa de capturar esses momentos belos e preservá-los para sempre.

Compor, como improvisar, é algo muito pessoal. Existem tantas formas de compor que eu não consigo nem começar a imaginar como poderá ser seu processo. O que é certo é que será o *seu* processo, e ninguém pode dizer a você como fazê-lo. No entanto, já que tantas pessoas ficam intimidadas com a ideia de tomar seus primeiros passos como compositores, eu ofereço a você algumas ideias que podem ajudá-lo a dar início a essa parte da sua vida criativa.

Aqui estão algumas dicas rápidas antes de começarmos:

O que importa é o processo, não o produto. Nosso objetivo não é produzir cem composições extraordinárias, nem mesmo uma composição boa. Apenas queremos começar a apreciar a arte de organizar sons para formar composições. É verdadeiramente muito divertido arranjar os sons em um papel ou programa de computador e observar enquanto sua composição lentamente toma forma. Se você abordar a composição com uma mente relaxada e aberta, é extremamente viciante. Foque em se divertir, e o resto se desdobra por si mesmo.

Não se julgue. Não há regras e não há nada que seja trapaça. Você está livre para plagiar, imitar, fantasiar, calcular ou mesmo apenas colocar notas randômicas em uma página sem nem saber como elas irão soar. Algumas técnicas podem ser menos satisfatórias que outras, mas você vai descobrir tudo isso por conta própria. Com o tempo, você irá gravitar em direção ao processo que é mais gratificante para você pessoalmente. Então, não se preocupe se você está compondo do "jeito certo". Faça o que você quiser, já que é disso que se trata a composição.

Não espere por uma ideia completa. Muitas pessoas pensam que a maneira como a inspiração funciona é que uma composição musical completa simplesmente aparece na sua cabeça. E como isso nunca aconteceu com elas, elas presumem que não possuem o "dom" de compor. Mas não funciona dessa forma. Inspiração não é nada mais do que se tornar fascinado por uma ideia ou som em particular. Talvez, enquanto estiver fazendo uma das atividades do Exercício 3, você poderá se sentir atraído pelo som de uma determinada nota em um acorde em particular. Desenvolva essa ideia!

Anote essa nota e construa uma composição em torno dela. Talvez no momento você consiga compor apenas um ou dois compassos porque é o suficiente para expressar aquela simples ideia. Mas anote-a de qualquer maneira. Se você anotar as melodias, progressões de acorde ou ideias de composição que lhe ocorrerem cada dia, em breve terá uma riqueza de matéria-prima que você pode combinar e fazer composições muito bonitas.

Faça cada composição finalizada contar exatamente uma história. Não tente encaixar todo o seu conhecimento musical em cada composição. Você tem muito tempo para fazer todas as composições que quiser. Então tente deixar cada composição ser somente uma única coisa especial. Expresse essa coisa única e a conclua. Depois, desprenda-se da sua ideia e siga em frente para a próxima.

Esses são alguns insights que me ajudaram a superar meus próprios medos e dificuldades com respeito à composição. Eu espero que eles também sejam de alguma ajuda para você. Agora vamos olhar algumas formas simples de começar a fazer sua própria música. Ao longo do curso da sua vida você irá compor música de formas muito mais sofisticadas. Mas mesmo com as técnicas simples apresentadas neste capítulo você pode ter prazer em compor por anos.

Para começar, você precisa de três coisas:

1. Alguma forma de **produzir os sete acordes da escala maior**. Para a maioria das pessoas seria um piano ou teclado simples. Mas também poderia ser um violão ou um programa no seu computador.

2. A habilidade de **gravar esse acompanhamento** e tocá-lo de novo para que você possa imaginar melodias e escutar como elas soam em cima desse fundo harmônico. Você poderia usar um gravador de fita ou digital, ou um programa de gravação em seu computador.

3. Alguma forma de **anotar ou captar suas ideias musicais** (ambas a melodia e a harmonia) de forma a trabalhar com elas ou guardá-las para uma data posterior. Poderia ser algo simples como papel e lápis ou poderia ser sofisticado como um programa de edição de MIDI no seu computador.

Se você tem esses três elementos atendidos, então você já tem tudo o que precisa para começar a compor sua própria música. Para mostrar a você como é fácil começar, vamos fazer algumas composições juntos. Para a primeira, vamos escolher uma progressão de acordes e depois pensar sobre melodias mais tarde.

Começando com a harmonia

Uma maneira de você poder compor uma música é começar com uma série de acordes que você gosta em especial. Uma técnica ótima para iniciantes é simplesmente alternar entre alguns acordes diferentes da escala maior, porque isso quase sempre produz um pano de fundo atraente para simples, belas melodias. Por exemplo, vamos dizer que a gente escolha o acorde 2 e o acorde 6. Você pode esboçar um modelo simples no papel e usar esses dois acordes da forma que você quiser. Aqui está um exemplo:

Com seu piano ou teclado, você pode usar nossa técnica dos Acordes de Descanso para criar um acompanhamento simples, porém sólido, que alterna entre esses dois acordes. (Se você quiser se poupar do incômodo de tentar visualizar a escala maior através das teclas brancas e pretas, apenas toque no tom de C por agora. As sete notas da escala C maior são simplesmente as sete teclas brancas, então tocar Acordes de Descanso no tom de C é especialmente fácil.) Uma vez que você conseguir tocar seu acompanhamento razoavelmente bem, faça uma gravação de você mesmo tocando esses acordes no piano. Mais tarde você vai pôr para tocar essa gravação ao fundo enquanto você imagina melodias, então esteja atento em fazer a gravação longa o suficiente para que ela dê a você bastante tempo para investigar melodias antes que a gravação acabe.

Agora iremos criar a melodia. Você pode fazer isso de inúmeras formas:

Imagine uma fantasia musical. Esta é uma das minhas formas favoritas de compor música. Imagine que você está em um palco na frente de uma audiência enorme. Há completo silêncio e a iluminação está ideal. Como a música começa? Que estado de espírito ela cria? Que outros instrumentos estão na banda? Se você começar sua composição com esse momento em mente, às vezes tudo o que você precisa fazer é escutar o show em sua mente para saber aonde sua composição deve ir.

Cante livremente. Outra forma de criar melodias é apenas relaxar com a música e deixar-se imaginar quaisquer melodias que ocorram a você. Você pode fazer isso inteiramente em sua mente ou pode cantar as melodias com sua voz. Você pode gastar uma manhã inteira cantando melodias para si mesmo e nunca chegar a encontrar a melodia perfeita. Mas com frequência, mais tarde no mesmo dia, algum gancho de uma das melodias vai voltar até você. *É essa* a ideia preciosa que você deve desenvolver.

Improvise com seu instrumento. Você também pode pegar seu instrumento e improvisar sobre seu acompanhamento gravado por quanto tempo quiser. Se você dispor de um segundo recurso de gravação, você pode capturar suas improvisações e escutá-las depois. Quando escutar a gravação, você poderá se surpreender com a beleza de algumas linhas que tocou. Com frequência, quando estamos improvisando, estamos tão ocupados tentando criar música que não apreciamos plenamente o valor de nossas próprias ideias. Mas escutá-las sendo tocadas para nós permite que as julguemos de forma mais objetiva. Usar improvisação como uma técnica de composição é um pouco como a prática de "brainstorming" no mundo dos negócios. Você simplesmente lança para fora tantas ideias quanto puder sem julgamentos, e mais tarde você retorna e minera esse material em busca de ideias com valor. Se você tentar essa técnica, aqui está uma dica que pode lhe ajudar. Tente improvisar linhas com bem poucas notas. A maioria das pessoas tem a tendência de divagar com suas improvisações, usando centenas de notas quando apenas algumas seria mais interessante. Se o seu objetivo é produzir uma composição que valha a pena escutar repetidas vezes, é especialmente importante que você seja muito econômico com suas notas. Não sinta que você deve entregar tudo para o ouvinte. Ambiguidade cria mistério e permite ao ouvinte projetar os próprios sentimentos na composição. Não tenha medo de ser misterioso ou sem resolução.

Esculpa suas ideias. Isso é realmente a essência do que diferencia composição de improvisação. As técnicas acima podem ser úteis para fazer seus caldos criativos fluírem, mas uma vez que você tenha algumas ideias interessantes reunidas, você deve trabalhá-las e retrabalhá-las para criar uma história que flui exatamente do jeito que você quer. O legal dessa parte do seu trabalho é que ele não precisa estar conectado com o seu momento de inspiração. Se você acordar um dia com vontade de compor, não vai importar se você tem ou não alguma inspiração musical nesse dia. Você pode simplesmente pegar suas anotações e ideias gravadas de sessões anteriores e selecionar algumas ideias que parecem especialmente interessantes para você. Se você fez um bom trabalho em capturar suas inspirações musicais momentâneas, então você sempre vai ter toneladas de matéria-prima que pode esculpir toda vez que estiver no clima de compor um pouco.

Para continuar com nosso exemplo, agora imagine que através de determinada combinação das abordagens acima você finalmente se decidiu pela melodia a seguir para os acordes que escolhemos anteriormente:

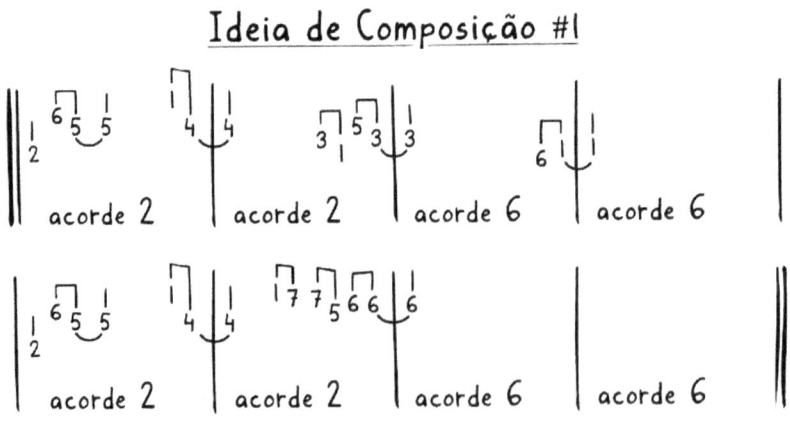

Você pode não estar satisfeito com essa música como uma composição final, mas ela ficou bem cativante e pode servir como uma seção pequena de uma música maior algum dia. Isso já é uma grande conquista para um dia. Lembre-se que temos nossas vidas inteiras para compor música, e nem sempre saberemos o que fazer no momento com um fragmento em particular que compusermos. Então, apenas curta o processo e continue captando suas melhores ideias para uso futuro.

Começando com a melodia

Agora vamos olhar para a abordagem oposta de composição de canções simples, que é começar com uma melodia que você acha bonita. Como antes, um bom primeiro passo é escrever essa melodia para que você possa ver a forma da canção claramente. Suponha, por exemplo, que você se depare com uma melodia que você gosta enquanto está praticando o Exercício 3 em cima do acorde 1:

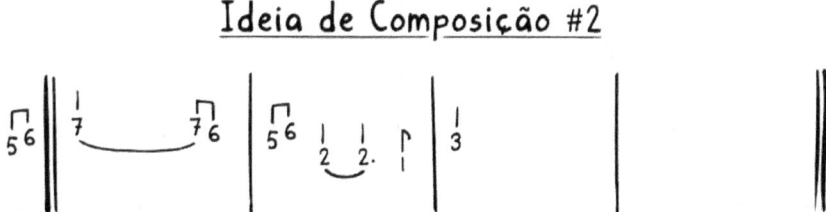

Essa pequenina frase pode servir como a inspiração para uma melodia bem mais longa, e pode até mesmo ser a base para uma música inteira. Com frequência, quando estamos improvisando, nossas ideias não serão muito mais longas do que nesse exemplo. Mas depois, mais tarde, quando você se senta para transformar essa ideia em uma composição, você pode imaginar como o restante da melodia deve continuar. Por exemplo, você pode estender sua ideia em alguns compassos a mais para criar o seguinte:

Agora vem a parte divertida. O fato de você ter imaginado a melodia original em cima do acorde 1 não significa que essa seja a sua única opção. Você também poderia dar à sua canção um fundo harmônico muito mais rico. Se você é bom o suficiente no piano para tocar essa melodia e alguns acordes básicos ao mesmo tempo, então pode tentar todas as diferentes combinações de acordes para acompanhar a sua melodia. Se isso está além do seu nível de habilidade com o piano, então você pode simplesmente fazer tal qual fizemos antes, porém em uma ordem inversa. Você pode fazer uma gravação da sua melodia e depois pôr para tocar a gravação, enquanto tenta diferentes acompanhamentos no piano. Você poderá se decidir por algo como a seguir:

Ideia de Composição #2

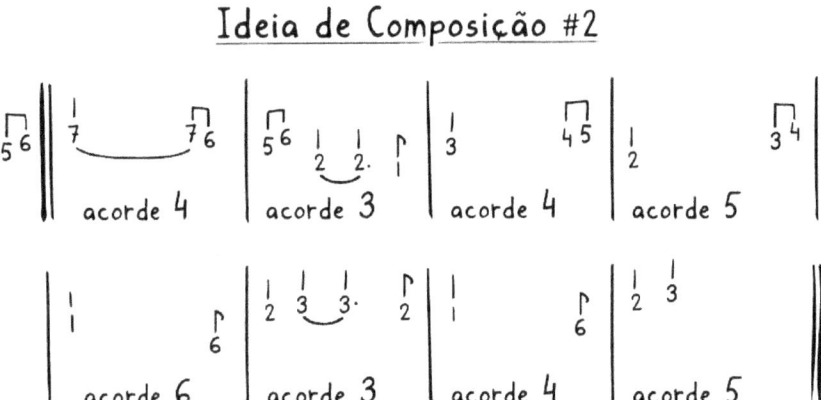

Com esses novos acordes, nossa melodia agora soa muito mais bela e interessante. Mas nossa canção ainda está muito agradável e melódica para o ouvido porque cada som em nossa composição final vem do mesmo tom. No futuro, nós iremos remover essa limitação, mas eu o encorajo a tomar o tempo que você puder (anos, até) compondo com apenas as sete notas e os sete ambientes harmônicos básicos da escala maior. As habilidades que você aprender aqui são precisamente o que vai permitir a você fazer "sentido" musicalmente mesmo quando estiver trabalhando com materiais muito mais abstratos mais tarde.

Eu espero que esses exemplos tenham dado a você algumas ideias que irão ajudá-lo a começar com uma das mais gratificantes atividades de qualquer músico, que é compor música original. Assim como acontece com tudo o que criamos ao longo do tempo, a melhor parte é que tudo que você cria permanece criado para sempre. Cada nova ideia ou pequeno esforço move você adiante. No início você provavelmente não vai sentir que o seu trabalho está crescendo tanto. Mas um dia você irá olhar para trás com grande satisfação para uma coleção completa de suas próprias criações. Então apenas tome o tempo que precisa e aproveite cada passo do caminho.

E lembre-se...

O que importa é o *processo*, não o *produto*.

Não se julgue.

Não espere por uma ideia completa.

Faça com que cada composição conte exatamente uma única história.

"Jam sessions" em família

Um dos grandes prazeres que a música nos oferece é a chance de tocar com outras pessoas. A alegria e a diversão de improvisar coletivamente com outros músicos não se parece com mais nada neste mundo. E ser capaz de participar dessas "jam sessions" informais é um dos benefícios mais gratificantes de se compreender harmonia.

No Exercício 2, você aprendeu todas as habilidades de que precisava para participar dessas sessões de improvisação. Você aprendeu como orientar-se instantaneamente usando apenas o seu ouvido, e aprendeu como improvisar livremente não importando em que tom a música esteja. Como um músico individual, isso é tudo o que você precisa para improvisar com confiança em qualquer situação musical pelo resto da sua vida.

Mas agora que você começou o Exercício 3, você entrou em um território completamente novo. Agora você pode, de fato, *criar* essas sessões de improvisação e proporcionar essa experiência maravilhosa para outras pessoas. E não importa de forma alguma se os outros músicos entendem alguma coisa de harmonia. Não é necessário para eles enxergar o todo. Eles apenas precisam de uma forma simples de entender onde encontrar as notas que irão soar boas para o ouvido deles. Então, com a sua compreensão de harmonia, você pode facilmente dar a cada músico a orientação que ele ou ela precisa para fazer música com o grupo.

O título deste capítulo é inspirado pela imagem de uma família reunida tocando música. Não faz nenhuma diferença se eles são músicos sérios, se praticam por hobby ou se não possuem experiência musical alguma. Também não há exigência de idade mínima. Na verdade, às vezes os momentos mais surpreendentes e belos vêm das crianças pequenas. Mas seja lá se você se imagina tocando com amigos, família ou outros músicos, as ideias neste capítulo serão todas direcionadas para um contexto social íntimo como uma festa em sua casa.

A chave para criar esses momentos mágicos tem a ver com criar o tipo certo de atmosfera. Isso é muito mais importante do que o nível de habilidade técnica dos participantes. Enquanto ter pessoas positivas e abertas é algo que ajuda, não cometa o erro de presumir que elas automaticamente saberão o que fazer. Algumas palavras vindas de você podem ajudar muito em colocar todos na atitude mental certa para uma experiência que todos vão curtir e lembrar por longo tempo.

Neste capítulo eu vou tentar lhe dar algumas ideias de como usar o que você já aprendeu para criar sessões de improviso para qualquer número de participantes. Primeiro, vamos olhar para os aspectos pessoais de se reunir as pessoas e criar o tipo certo de situação, e depois vamos conversar sobre diferentes tipos de jogos musicais e atividades que você pode usar para as pessoas tocarem.

Reunir as pessoas

Aqui estão algumas coisas para se considerar sobre o que tende a fazer as sessões de improviso "funcionarem" e serem divertidas para todo mundo. Essas são apenas observações minhas. Pense como essas ideias podem se aplicar ao seu próprio estilo e sua situação.

Tempo e lugar. Se você quer ter uma sessão de improviso como parte de uma festa noturna, eu sugiro que você comece cedo e mantenha os olhos no relógio, especialmente se você tem vizinhos que podem se incomodar com os barulhos tarde da noite. É muito melhor ter muitas sessões de improviso que terminem em um horário razoável do que ter uma sessão de improviso espetacular que dura a noite toda e culmine em você ser expulso da vizinhança. Tente organizar o espaço de forma tal que mesmo as pessoas que não estão tocando se sintam incluídas. Algumas pessoas irão querer estar presentes apenas para escutar e apreciar, e a energia positiva que elas contribuem é tão valiosa quanto a própria música. (Depois de você ter tocado música por alguns anos, você irá começar a perceber que bons ouvintes são muito mais raros e preciosos do que bons músicos.) Então, faça o possível para que essas pessoas se sintam tão confortáveis e tão incluídas quanto os músicos.

Quem convidar. Este é um assunto delicado que vale a pena pensar a respeito. Pessoalmente, eu sinto que a música deveria ser democrática no sentido de que todo mundo merece um direito igualitário de tocar música como forma de obter prazer e crescimento pessoal. Mas isso não significa que todo mundo toca música por essas razões. Para alguns é uma viagem de ego e uma oportunidade de mostrar superioridade sobre os outros. Agora, eu poderia dizer a você que parte da sua missão na vida é trazer essas ovelhas desgarradas para o seu rebanho e ajudá-las a encontrar felicidade na vida. Mas a realidade é que algumas pessoas são tão insuportáveis que sua presença é destrutiva. Somente você pode tomar a decisão de ser paciente e acolhedor com essas pessoas ou fazê-las se mandarem para que outras pessoas na sessão possam se expressar sem conflito. Já que nem sempre é fácil prever quais pessoas irão contribuir com um ambiente positivo, uma solução legal é propor cada sessão de improviso como um evento único. Dessa forma, você pode curtir cada pessoa pelo que ele ou ela traz, e não precisa se sentir obrigado a convidar todas as mesmas pessoas para a próxima sessão de improviso. Lembre-se que um ingrediente chave em fazer música é *espaço*. Se algum músico consome espaço demais, o resto não tem espaço para se expressar. Então não fique tímido em restringir convites. Isso é, na verdade, uma parte grande da sua responsabilidade.

Valores. Não presuma que só porque você não julga as outras pessoas, que essas pessoas automaticamente saibam disso a seu respeito. Muitas pessoas sentem-se aterrorizadas pela ideia de improvisar em público. Elas têm medo de não saberem o que fazer, de ficarem bloqueadas ou simplesmente de que ninguém vai gostar do que elas tocarem. Sua tarefa como anfitrião é fazer o possível para que todo mundo "fique ligado", de que o negócio é se divertir e escutar um ao outro, e não de buscar aparecer e comparar uma pessoa com a outra. Você pode dizer isso explicitamente ou pincelar isso em suas conversações. Mas de um jeito ou de outro, assegure-se de que todos saibam que este é um lugar seguro para tocar, experimentar, expressar-se e errar.

Fazendo música

Aqui estão alguns jogos musicais e atividades para você começar. Quando as pessoas se sentem confortáveis, elas geralmente começam a inventar suas próprias formas de fazer músicas juntos. Quando isso começa a acontecer, você pode se desprender de qualquer programação que você preparou.

Pense nessas ideias como nada mais do que quebra-gelos opcionais e use-as apenas quando as pessoas estão travadas ou incertas de como começar.

Esboços Sonoros. Este é um jogo musical muito simples em que gradualmente vamos criando juntos um ambiente sonoro bem preenchido. Começa com um único músico repetindo uma frase curta e simples. A frase pode ser tão simples como uma única nota, ou pode ser uma melodia curta. Mas a frase precisa ser tocada repetidamente no ritmo ao longo da duração inteira do jogo. Então, o próximo músico pode adicionar sua própria frase curta nesse ambiente. Agora dois músicos estão tocando juntos, e o ambiente musical está mais interessante. Cada um desses dois músicos deve continuar repetindo sua frase musical ao longo do jogo inteiro. Então, o próximo músico entra com sua contribuição, depois o próximo e assim por diante, até que todos os músicos estejam tocando. O resultado final pode às vezes ser tão incrível que as pessoas estarão rindo alto. Aqui está uma dica: o espaço sonoro se preenche muito rapidamente. Então cada músico deve ter cuidado de não adicionar muitas notas ao ambiente. De fato, alguns dos nossos melhores resultados acontecem quando cada músico adiciona uma única nota. À medida que mais e mais notas tomam seus lugares, um ambiente muito rico é criado.

Improvisação com Esboços Sonoros. Este é muito similar ao último jogo, mas cada músico começa sua contribuição tocando uma breve improvisação livre antes de estabelecer uma frase repetida. O primeiro músico improvisa livremente por um minuto ou dois e depois decide por uma frase curta para repetir. Quando ele ou ela começa a repetir a frase, esse é o sinal para o próximo músico começar a improvisar livremente sobre essa frase repetida. Quando o segundo músico terminou seu improviso, ele ou ela se estabelece com uma frase curta para repetir, e adiciona essa frase àquela que ainda está sendo tocada pelo primeiro músico. Esse é o sinal para o terceiro músico de que ele ou ela pode agora entrar, e assim por diante. Isso continua até que todos os músicos tenham feito seus improvisos e estejam contribuindo com suas frases curtas repetidas para o ambiente geral.

Improvisação Expandida com Esboços Sonoros. O último jogo funciona para qualquer número de pessoas, mas será muito curto se não houver muitas pessoas para tocar. No entanto, podemos continuar com esse jogo mesmo depois que todos os músicos tenham entrado. Uma vez que a última pessoa tenha terminado sua improvisação e esteja agora tocando uma frase repetidamente, o primeiro a tocar poderia abandonar sua frase repetida original e improvisar livremente de novo. Depois de improvisar, ele ou ela inventa uma nova frase curta para repetir e adicionar ao grupo. Depois o segundo músico pode fazer o mesmo, etc. Dessa forma podemos todos tomar a vez indefinidamente, e o pano de fundo musical sobre o qual estamos improvisando também segue mudando e evoluindo continuamente. Esse é um jogo ótimo especialmente para apenas duas ou três pessoas porque as mudanças ao ambiente são muito intensas toda vez que alguém troca sua parte.

Esboços Sonoros para Improvisação Livre. Apenas por proporcionar a cada músico a liberdade de *mudar* sua frase repetida sempre que ele quiser, nós abrimos a porta para o mundo fascinante da improvisação livre. O que é difícil em improvisação livre para iniciantes é o *controle*. Já que há tantas possibilidades, nós ficamos paralisados pela nossa própria liberdade e começamos a tocar aleatoriamente, sem nunca desenvolver uma ideia coerente. Por essa razão, usar Esboços Sonoros é uma boa forma de focar a atenção dos músicos em uma ideia musical simples que eles possam desenvolver e trabalhar do jeito que quiserem. Para converter Esboços Sonoros em uma plataforma de improvisação completamente livre, tudo o que temos que fazer é dar a cada músico a permissão para variar, expandir ou abandonar sua frase repetida sempre que ele quiser. Algumas pessoas poderão mudar seu padrão repetido apenas ocasionalmente enquanto outros irão mudar seu padrão com tanta frequência que na verdade não há mais padrão. O que eles realmente estão fazendo é improvisar livremente em um contexto de grupo. Ambos extremos são bons, desde que todos estejam escutando uns aos outros e trabalhando para que o som geral fique belo.

Improvisação Verdadeiramente Livre. É exatamente o que aparenta ser. Cada músico pode tocar o que ele ou ela quiser a qualquer momento. Cada pessoa também tem a liberdade de *não* tocar, e esse é um componente crítico de se manter a música interessante. Se todos os músicos estão tocando o tempo todo, então a textura geral da música nunca muda. Mas simplesmente ao retirar-se, um músico pode mudar dramaticamente o som do grupo em geral. Então, quando o músico retorna, o som de seu instrumento será muito mais poderoso porque ele é novo mais uma vez. Isso ajuda a dividir a música em "capítulos" e dar a ela uma ideia de forma. O obstáculo mais comum da improvisação livre é dar início. Uma boa forma de começar é deixar um músico começar improvisando livremente sem acompanhamento. Ao realmente *escutar* esse primeiro músico, nós começamos a ter todo tipo de ideias de como podemos contribuir. Tudo o que precisamos é de um voluntário corajoso para ser o primeiro a tocar. Depois os outros podem gradualmente entrar à medida que começam a ter ideias.

Improvisação em um Tom. Este não é um jogo musical, mas simplesmente um princípio orientador que podemos aplicar a qualquer jogo musical. Até agora, não impusemos quaisquer restrições quanto às notas que as pessoas podem tocar. Isso leva a muitos sons maravilhosos e exóticos, já que o resultado final quase sempre incluirá notas de todos os diferentes tons. Mas também pode ser muito divertido produzir sons mais convencionais, similares ao que ouvimos na música pop. Para alcançar isso, tudo o que precisamos fazer é decidir por um tom e entrar em acordo para que todos toquem usando apenas as notas daquele tom. Tente essa variação com quaisquer dos exercícios acima, e você irá notar que o som resultante é muito diferente. Uma coisa para estar atento é que nem todos os instrumentos atribuem o mesmo nome de nota a um dado som. Por exemplo, quando o piano toca a nota Bb, essa nota exata é chamada de C no trompete. Mas cada músico muito provavelmente já saberá como lidar com essa tradução em seu próprio instrumento. E em todo caso, é bastante simples checar se há mal-entendidos ao fazer todos tocarem a escala combinada antes de começar. Se todas as escalas não soam do mesmo jeito, então há alguma confusão em algum lugar, e provavelmente está relacionada a essas diferenças de nomes das notas para cada instrumento. Mas uma vez que todos estejam certos do tom em que irão improvisar, nós podemos tocar quaisquer dos jogos musicais acima e o resultado será garantidamente melódico e sensível ao ouvido.

Improvisação Sobre um Acorde. Aqui é onde a música realmente começa a soar como o tipo de coisa que escutamos no rádio. Você vai usar o que aprendeu no Exercício 3 para criar um ambiente musical coerente para todos solarem em cima. Para criar um pano de fundo de um acorde em particular, precisamos apenas designar uma "seção rítmica" para prover o ambiente harmônico. Podem ser dois ou três instrumentos melódicos ou podem ser instrumentos harmônicos mais tradicionais como violão, baixo e piano. Mas em qualquer caso, a maneira como esses músicos podem criar o sentimento de um acorde específico é simplesmente restringindo suas respectivas execuções a apenas as notas daquele acorde. O legal é que não é necessário que eles entendam de onde vêm os acordes do jeito que você entende. Você pode apenas dizer a eles quais notas eles têm a permissão de usar. Por exemplo, vamos dizer que tenhamos concordado em tocar no tom C e você propõe uma improvisação sobre o acorde 2. Você apenas reflete sobre as notas do acorde 2 no tom C (as notas são D, F, A e C). Fale aos membros de sua seção rítmica de que o trabalho deles é criar um acompanhamento que use apenas essas quatro notas. Eles podem construir esse acompanhamento juntos usando o mesmo princípio que vimos em Esboços Sonoros. Quando eles tiverem o acompanhamento pronto, os outros músicos poderão alternar a vez solando em cima desse acompanhamento. Os solistas não precisam saber nada sobre as notas do acorde 2. A tarefa deles é usar todas as sete notas do tom C e improvisar livremente de ouvido.

Improvisação Sobre uma Progressão de Acordes. Esta é a mesma ideia, mas ao invés de a seção rítmica manter um único acorde, agora podemos imaginar alternar entre dois acordes ou mesmo compor uma linha curta que envolva muitos acordes diferentes. Tudo depende da habilidade e do nível de conforto dos músicos que fazem parte da seção rítmica. Para os solistas, esses novos acordes não representam qualquer complexidade adicional, já que eles não têm que saber nada sobre os acordes. O trabalho deles é apenas solar livremente no tom da música. Mas para a seção rítmica o trabalho pode se tornar complicado rapidamente, então pode ser que você prefira limitar-se a apenas alguns acordes no começo. Uma simples alternância entre dois acordes pode ser um pano de fundo fantástico que é muito inspirador para solar em cima.

Tocando Canções Populares. Se a sua sessão de improviso inclui um violonista ou pianista, pode ser que eles saibam os acordes de uma ou mais canções populares. Se você é capaz de reconhecer em que tom essas canções estão, então pode explicar aos outros músicos como encontrar o tom, de forma que eles possam improvisar junto com a música. Essa é uma ideia que talvez você não consiga tirar proveito agora. Mas logo você será expert em reconhecer progressões de acordes e tons de ouvido, e poderá usar esse conhecimento para ajudar todos os outros a fazerem música juntos.

Tocar Standards de Jazz. Se os músicos em sua sessão de improviso são mais avançados, eles talvez já tenham experiência em improvisar em cima de standards de jazz. Qualquer standard que se baseie em sua maior parte no mesmo tom é muito fácil de solar em cima. Tudo o que você precisa fazer é dizer às pessoas quais notas pertencem ao tom da música. Mas muitos standards de jazz envolvem diversas mudanças de tom. Para músicos que já têm um certo nível de habilidade, isso torna os standards de jazz muito divertidos de tocar. Mas para um iniciante pode ser muito frustrante. Se você tiver algumas pessoas que querem tocar standards e outros que simplesmente não conseguem acompanhar, você pode propor aos iniciantes que façam uma pausa e deixem os que tocam jazz terem o momento deles de diversão. A outra opção é insistir que todos os jogos musicais sejam inclusivos com todos. Mas geralmente as pessoas ficam mais do que felizes em darem uma pausa e deixar os outros brilharem, especialmente se eles já tiveram várias oportunidades de eles mesmos brilharem. Você saberá o que é melhor no momento.

Eu espero que essas ideias tenham estimulado a sua própria criatividade. Nós poderíamos seguir inventando jogos musicais por bastante tempo e eu o encorajo a fazer isso por conta própria. Também não subestime as pessoas que você convida para a sua sessão de improviso. Uma vez iniciadas por você, elas provavelmente inventarão seus próprios jogos que serão até mesmo melhores do que os apresentados aqui.

Eu o deixarei com uma reflexão final. Tem a ver com se manter a magia viva enquanto todos estão tocando. A contribuição mais importante que você faz a uma sessão de improviso não está nos jogos musicais que você propõe, nem nas notas que você toca no seu instrumento. É o que você está fazendo enquanto *outras* pessoas estão solando. Quando outra pessoa está em sua vez de solar, escute cada nota que ela está tocando. Quando estamos improvisando, com frequência nos sentimos insatisfeitos com o que tocamos, porque não somos completamente capazes de expressar o que queremos. Pode ser que haja um único momento precioso em que temos uma bela ideia e a executamos com perfeição. Você precisa estar presente para este momento, tanto para seu próprio enriquecimento como também para que o músico tenha alguém com quem comemorar essa vitória.

Sol e Lua

Dos sete ambientes harmônicos que você vem explorando, há dois que são tão importantes em nossa música que eles ofuscam todos os outros. De fato, quase toda canção no mundo é estruturada com base nesses dois "centros tonais". Eles são tão fundamentais para a nossa música quanto o sol e a lua para a nossa poesia.

Um representa calor, luz e felicidade. O outro representa escuridão, mistério e melancolia. Juntos eles oferecem uma gama tão extensa de sentimentos que muitos músicos não percebem que eles são apenas dois diferentes acordes da escala maior. E esses dois centros tonais são tão famosos que mesmo aqueles que não são músicos estão perfeitamente familiarizados com as palavras técnicas que usamos para descrevê-los: Maior e Menor.

Esses dois centros tonais são o acorde 1 e o acorde 6. Você pode contemplar as diferenças entre esses dois ambientes harmônicos ao compará-los lado a lado:

1 · 2 · 3 4 · 5 · 6 · 7 1

6 · 7 1 · 2 · 3 4 · 5 · 6

Usando a primeira escala como referência, perceba como o formato da segunda escala é diferente. Olhe com atenção os lugares exatos onde essas duas escalas são distintas. Perceba que há três notas que caem em lugares diferentes:

Para os próximos meses, eu quero que você preste atenção especial a esses dois centros tonais em sua prática. É claro que você deve continuar sua investigação com os outros acordes, também. Todos os sete ambientes harmônicos são belos e importantes, e cada um tem uma lição muito específica para ensinar a você. Mas tente separar um pouco de tempo toda semana para prestar atenção especial aos dois mais importantes centros tonais em nossa música.

Agora eu vou mostrar a você um exercício maravilhoso que irá ensiná-lo mais sobre esses dois centros tonais do que toda a teoria do mundo. Ele é simplesmente uma maneira muito específica de praticar o Exercício 3. O exercício se chama "Sol e Lua" e nós o faremos em duas partes. Uma vez que você tiver se acostumado com essa versão simplificada, você pode seguir para a versão completa:

Sol e Lua (nível iniciante)

1. Escolha qualquer nota inicial aleatória em seu instrumento e faremos dela a nota 1.

2. Usando todas as técnicas que você aprendeu no Exercício 3: Harmonia Pura, pratique fazer música com o acorde 1. Lembre-se que você pode usar Sete Mundos Expandidos, Acordes de Descanso e Cantar Acompanhado, assim como qualquer outro jogo musical ou exercício que você mesmo inventar.

① 2 ③ 4 ⑤ 6 ⑦

3. Quando você tiver investigado exaustivamente as possibilidades musicais que o acorde 1 oferece, é hora de alternar para o centro tonal menor e ver como isso muda as coisas. Retorne para a sua nota inicial, aquela que você tem usado como a nota 1. Agora vamos considerar essa exata mesma nota como a nota 6 ao invés de nota 1. Toque a escala maior inteira dessa nota 6 até a próxima nota 6, uma oitava acima. Improvise por um minuto nesse novo tom para se acostumar com as notas novas. Depois, use todas as mesmas técnicas do Exercício 3 para exercitar criar música com o acorde 6.

⑥ 7 ① 2 ③ 4 ⑤

4. Agora alterne entre os passos 2 e 3. Improvise por um tempo no acorde 1, com sua nota inicial representando a nota 1 da escala maior. Depois improvise por um tempo no acorde 6, com sua nota inicial representando a nota 6 da escala maior. Perceba exatamente quais notas mudam quando você troca entre os dois ambientes. Repare como a *atmosfera* geral da sua música também muda.

Pode-se gastar muitas semanas se entretendo com o exercício acima em todos os tons. Não tenha pressa. Lembre-se que o seu objetivo não é meramente dominar os detalhes técnicos, mas fazer importantes descobertas pessoais. Em termos de teoria, a mudança de maior para menor é algo simples. Algumas notas se movem para novos lugares e não há muito mais para se contar nessa história. Em um nível puramente técnico você provavelmente terá dominado o exercício acima no primeiro dia. Mas a maneira que essas mudanças afetam o seu estado de espírito, e o efeito hipnótico que esses dois ambientes exercem sobre as *emoções* da sua música, é algo muito profundo.

Há algo que eu ainda não falei muito a respeito, mas eu gostaria de falar algumas palavras sobre isso agora. Quando nós começamos essa prática, iniciamos usando palavras muito leves sobre jogos musicais, passeando livremente e sendo lúdicos. Eu comecei dessa forma de propósito porque algumas pessoas sentem-se intimidadas por palavras como "improvisação livre". Já é assustador o suficiente aventurar-se no mundo misterioso e obscuro da harmonia pela primeira vez. Nós não precisamos da pressão adicional de ter que montar um show ou criar algo que soe musical.

Porém, você não é mais um iniciante, e, com sorte, o mundo da harmonia não evoca mais a sensação de algo tão obscuro e misterioso. Então, à medida que você continuar a crescer em sua prática diária, poderá desejar dar um passo para trás e refletir sobre o que você está realmente fazendo. Sua prática pode estar leve e divertida ainda, mas eu acredito que você provavelmente já tem um senso de que não está mais apenas jogando. Você também está criando música, e a sua música expressa algo. Toda vez que você se senta para praticar o método IFR, o que você está realmente praticando é a sua habilidade de criar música espontaneamente. Então, eu o encorajo a realmente tomar o tempo que precisar com o exercício acima. Não passe por ele como se fosse um exercício técnico. Use-o como um *exercício criativo*. Cada nota que você toca é um desafio para trazer à tona o seu melhor, para expressar algo pessoal e belo. Não existem notas sem importância. Então, não fique satisfeito em dominar o material em um nível técnico. O verdadeiro desafio é enxergar o que você é capaz de expressar com esse material.

Sol e Lua (nível de maestria)

Quando você chega ao ponto em que você é capaz de visualizar instantaneamente ambos os ambientes harmônicos (maior e menor) em qualquer tom no seu instrumento, e as diferenças entre eles chegam a ter um significado pessoal para você, então você está pronto para criar canções baseadas nesses dois centros tonais. É isso o que fazemos na versão completa de Sol e Lua.

1. Escolha qualquer nota inicial aleatória no seu instrumento e faremos dela a nota 1.

2. Vamos praticar improvisar sobre uma forma de música muito simples. Usaremos o acorde 1 como o centro tonal, e vamos usar um outro acorde como saída para o acorde 1. Toda vez que você fizer esse exercício você deverá escolher um acorde diferente para contrastar com o acorde 1. Desta vez, como exemplo, vamos escolher o acorde 4. Imagine uma música simples baseada nestes dois acordes:

3. Para entender melhor a harmonia desta canção simples, faça o seu próprio mapa tonal que mostra o fluxo de notas consonantes entre esses dois ambientes musicais:

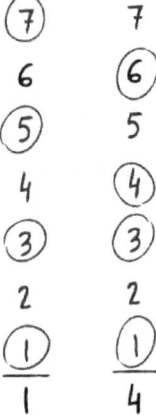

4. Usando todas as técnicas que você aprendeu no Exercício 3: Harmonia Pura, pratique criar uma canção em cima desta forma simples de música. Lembre-se de investigar ambos os acordes usando Sete Mundos Expandidos, Caminhos Melódicos, Acordes de Descanso e Cantar Acompanhado.

5. Quando você tiver investigado exaustivamente as possibilidades musicais que esse par de acordes oferece a você, é hora de trocar para o centro tonal menor. Retorne à sua nota inicial original, aquela que você tem usado como a nota 1. Agora vamos considerar essa exata mesma nota como a nota 6, ao invés de nota 1. Toque a escala maior inteira da nota 6 até a próxima nota 6, uma oitava acima. Improvise por um minuto neste novo tom para se acostumar com as notas novas.

6. Agora vamos reproduzir a mesma forma musical que utilizamos antes, mas desta vez a canção inteira se baseará no centro tonal menor, que é o acorde 6. O primeiro acorde na canção obviamente será o acorde 6, mas precisamos descobrir qual precisa ser o outro acorde. O que queremos preservar é o *relacionamento* entre esses dois acordes. No nosso exemplo anterior, nós alternamos entre o acorde 1 e o acorde 4. Uma maneira de ver claramente o relacionamento entre esses dois acordes é simplesmente imaginar-se andando sobre a escala da nota 1 até a nota 4:

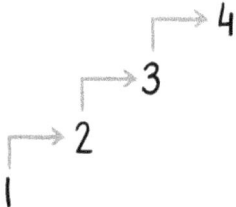

Este é o exato mesmo movimento que precisamos preservar no novo centro tonal:

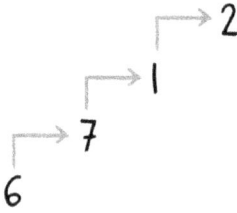

Como você pode ver, se quisermos reproduzir o mesmo movimento harmônico no centro tonal menor, precisamos subir até o acorde 2. Então, aqui está como ficaria a cara da música original se ela fosse baseada no centro tonal menor do acorde 6:

7. Mais uma vez, você pode desenhar seu próprio mapa tonal desses dois acordes para ver claramente como a harmonia flui através dos dois ambientes harmônicos.

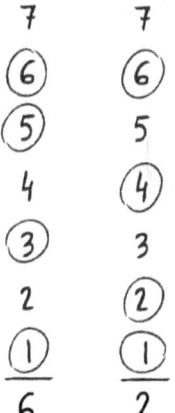

8. Agora use todas as técnicas que você aprendeu no Exercício 3: Harmonia Pura para praticar criar uma canção em cima desta forma musical. Em um nível puramente emocional como ouvinte, preste atenção no que esta canção tem em comum com a canção anterior que você criou usando o acorde 1 e o acorde 4. Preste atenção também ao que é diferente nas duas canções.

9. Vá e volte entre os passos 4 e 8. Gaste dez minutos na tonalidade maior usando os acordes 1 e 4. Depois, gaste dez minutos fazendo música na tonalidade menor usando os acordes 6 e 2. Perceba como a própria escala muda quando você troca entre maior e menor, e como isso afeta o som da sua música.

Sol e Lua é uma maneira bastante avançada de praticar o Exercício 3. Você não deve tentar esse exercício até que tenha dominado os sete ambientes harmônicos. Mas, uma vez que você tiver se tornado completamente confortável em fazer música em qualquer um dos sete ambientes harmônicos, a partir desse ponto você pode usar Sol e Lua como sua técnica primária para estudar harmonia pura. Cada vez que fizer isso, você vai selecionar uma nota inicial diferente para usar como seu centro tonal, bem como um acorde diferente para contrastar com o acorde 1. A consequência dessas duas simples variáveis é que em determinado momento você terá estudado cada relacionamento harmônico possível em qualquer tom possível, em ambas tonalidades maior e menor. Isso faz de Sol e Lua (Nível de Maestria) um exercício incrivelmente compacto que lhe permite praticar tudo que você viu no método IFR até agora.

Quero terminar este capítulo com alguns pensamentos sobre ritmo de estudo. Você deve ter percebido que cada vez que eu revelo um desses exercícios a você, eu estou lhe dando talvez *meses* de trabalho para mantê-lo ocupado. Tente lembrar que eles não são deveres de casa e não há "data de entrega". Eles são apenas ideias para investigar quando você estiver a fim. Toda vez que você estiver com vontade de mergulhar no mundo da harmonia, minha esperança é que você irá abrir este livro e rapidamente encontrar uma atividade que soe divertida e interessante. Então, por favor, lembre-se que o método IFR não é algo que um dia você chega a finalizar. Você nem mesmo precisa experienciar pessoalmente cada exercício que eu lhe mostro. Eles são todos apenas ideias e possibilidades. O mais importante princípio orientador é o que eu lhe disse logo no começo deste livro. Essa prática musical inteira é exclusivamente para o seu próprio prazer. Nosso único objetivo é você aprender a usar o seu instrumento como uma porta para o seu paraíso pessoal. Se você já encontrou essa porta para si, então a verdade é que não faz nenhuma diferença o que você for estudar a partir daqui. *Tudo* que você fizer em seu mundo particular da harmonia irá levá-lo a aprender e crescer. Então aprenda novos conceitos harmônicos de acordo com seu próprio apetite. Vá e divirta-se com o que você já sabe agora. Quando você estiver com fome para mais, retorne e iremos olhar para algo novo.

Tensão e Relaxamento (em melodia)

Uma das características que definem a música ocidental é a constante interação entre Tensão e Relaxamento. Em nossa música, dificilmente passa um segundo que não envolva essa historinha rolando de um jeito ou de outro. De fato, a nossa música é tão abundante dessa interação que seria literalmente impossível contar todas as vezes que sentimos essas duas sensações no decorrer de uma canção específica.

Toda vez que você trabalhar no Exercício 3: Harmonia Pura, uma das áreas de consciência que você está desenvolvendo tem a ver com a diferença entre as "notas do acorde" em qualquer ambiente harmônico e as "outras notas" da escala. Por exemplo, no ambiente harmônico do acorde 1, as notas do acorde são 1, 3, 5 e 7 e as outras notas são 2, 4 e 6. Na verdade, a minha definição do acorde 1 como sendo apenas as notas 1, 3, 5 e 7 é uma simplificação. Mas é útil, especialmente no começo. Para o iniciante que está tentando entender esse imenso mundo de sons e sensações, um bom primeiro passo é apenas juntar todas as notas em duas categorias amplas: notas do acorde e as outras notas.

Pense por um minuto sobre essa dinâmica entre as notas do acorde e as outras notas. Quando você está improvisando em Sete Mundos Expandidos e está usando todas as sete notas da escala, você percebe como as notas do acorde *continuam* sendo as notas mais consonantes? Em outras palavras, você consegue sentir as sensações de Tensão e Relaxamento em sua música quando você move de uma das "outras notas" para uma das notas do acorde? Caso não, retorne e pratique isso bem devagar e preste atenção ao que você sente.

A próxima vez que você escutar seu álbum favorito, tente perceber essas mesmas sensações de Tensão e Relaxamento no seu corpo. Não pense demais sobre isso. Lembre-se que não é uma questão de adivinhar como a música funciona ou tentar descobrir o que os músicos estavam pensando. É uma questão de *perceber* o que a música provoca em você. Apenas volte sua atenção para dentro, e veja se consegue encontrar alguns momentos que você possa claramente identificar como momentos de grande tensão seguidos de um agradável relaxamento no seu corpo.

No entanto, lembre-se também que esses conceitos são subjetivos e são apenas metáforas. Você não pode literalmente rotular cada nota somente como Tensão ou Relaxamento. Uma nota pode parecer relaxante quando comparada à nota anterior, porém tensa quando comparada às notas que se seguem. Então, você não deve tentar rotular cada momento como Tensão ou Relaxamento; ao invés disso, simplesmente procure tornar-se consciente dessas sensações no seu corpo quando elas ocorrerem.

Agora vamos olhar um exercício que pode ser pensado como o nível de maestria do Exercício 3. Neste nível, temos consciência de cada nota da escala cromática e praticamos usando todas essas notas em nossa música. Você pode continuar organizando mentalmente essas notas em categorias separadas se isso o ajuda, mas agora há *três* categorias:

- as notas do *acorde* (as quatro notas que formam o acorde).
- as *outras* notas (as três notas restantes da escala).

- as notas *de fora* (as cinco notas fora do tom, ou os pequenos pontos pretos no nosso desenho do mapa tonal).

Eu gostaria de dar um conselho. Tocar notas de fora não é difícil. O que é difícil é manter controle da sua música enquanto faz isso. Quando você fizer o exercício a seguir, faça um esforço constante de manter o ambiente harmônico vivo passando a maior parte do tempo nas notas do acorde e nas outras notas da escala. Guarde as notas de fora para momentos especiais, pelo menos no começo. Isso irá ajudá-lo a conhecê-las sem destruir a coerência geral da sua música.

Exercício 3: Harmonia Pura (nível de maestria)

1. Escolha uma nota inicial no seu instrumento e escolha um dos sete ambientes harmônicos para trabalhar em cima. Faça desenhos das três diferentes categorias de notas nesse ambiente: notas do acorde, outras notas da escala, e notas de fora. Em nosso exemplo, usaremos o acorde 2.

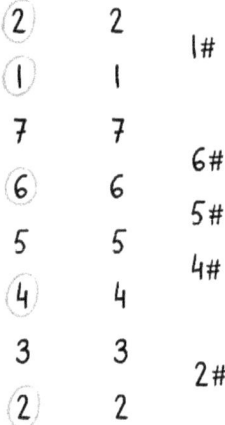

2. Usando Sete Mundos Expandidos ou Cantar Acompanhado, improvise com todas as três categorias de notas. Em suas primeiras experiências com as "notas de fora", você poderá tentar resolver essas notas diretamente com a nota da escala mais próxima. Em outras palavras, não abandone os problemas musicais que você criar. Não deixe uma "nota de fora" pendurada no ar e depois siga para algum outro lugar começar uma nova ideia. Crie a tensão e aprecie pelo tempo que quiser, mas depois *resolva* essa tensão antes de seguir em frente.

3. Uma vez que você tiver conhecido bem o som de todas as cinco "notas de fora", tente incorporá-las em suas improvisações com Cantar Acompanhado também. Isso vai tomar muita concentração no início, mas lembre-se que você não precisa dominar todas as 5 notas de fora no primeiro dia. Apenas comece a incluí-las uma de cada vez quando estiver tocando e depois, pouco a pouco, faça o esforço de também imaginá-las quando você estiver cantando.

4. De uma forma geral, de agora em diante, toda vez que você praticar o Exercício 3: Harmonia Pura, tente se manter atento a todas essas três categorias de notas. Inclua essas notas em sua consciência e em sua música. Quando o dia chegar em que você conseguir facilmente imaginar o som de todas as doze notas da escala cromática em todos os sete ambientes harmônicos, você poderá se declarar um mestre absoluto de Harmonia Pura.

Tensão e Relaxamento (em harmonia)

No último capítulo vimos como notas individuais podem criar uma sensação de tensão ou relaxamento contra um determinado pano de fundo harmônico. Mas em qualquer música, esse mesmo drama de Tensão e Relaxamento também está se desdobrando no nível da própria harmonia. Quando um acorde dissonante flui para um acorde mais relaxado, isso produz a mesma sensação de Tensão e Relaxamento que temos aprendido a sentir em nossas melodias.

Você pode perceber isso em algum nível entre qualquer dupla de acordes. Mas existe uma combinação específica de acordes que produz uma sensação tão clara de Tensão e Relaxamento que ela se tornou a máquina de movimento harmônico de toda a nossa música. Essa combinação é o acorde 5 (representando Tensão) e o acorde 1 (representando Relaxamento).

Para experienciar isso por si próprio, use as técnicas que você aprendeu no Exercício 3 para estudar a forma musical simples a seguir:

||: acorde 5 | acorde 5 | acorde 1 | acorde 1 :||

Para sentir o fluir de tensão e relaxamento que ocorre na harmonia, tente permanecer bem próximo às notas do acorde em ambos os ambientes. Não use muitas "notas de fora" tentando produzir tensão *contra* o acorde do momento. Apenas toque as notas do acorde e talvez ocasionalmente as outras notas da escala. Em outras palavras, quando você estiver no acorde 5 tente transmitir o som do acorde 5 tão claramente quanto possível. Dessa forma, quando você fluir para o acorde 1, você irá realmente sentir como a tensão do acorde 5 é relaxada no acorde 1.

Em um nível puramente emocional, perceba como a harmonia acima funciona. A linha começa em tensão, e termina em relaxamento:

Isso dá à linha um senso de completude. Isso dá a você o sentimento de que essa poderia ser a última linha de uma canção. Se a canção continuasse, nós poderíamos repetir essa mesma linha novamente ou poderíamos seguir em frente para uma ideia diferente. Mas a frase musical da qual falamos soa completa quando chegamos ao acorde 1.

Agora olhe o que acontece se nós revertermos a ordem desses dois acordes:

Emocionalmente, agora somos deixados em suspense no final da linha:

Perceba como você sente essa tensão em seu corpo. Quando você atinge o final da linha, você sabe instintivamente que alguma linha precisa vir depois. Você sabe que de maneira nenhuma a canção vai acabar nesse acorde 5. Simplesmente não parece certo acabar a linha no acorde 5. Ele está implorando por uma resolução.

Se você consegue sentir essas sensações quando você toca os acordes acima, então já compreende esses dois acordes perfeitamente. Nós não iremos muito longe com esse tipo de análise porque no fim das contas o que precisamos fazer é retornar ao mundo dos sons e apenas escutar cada acorde como ele realmente é. Mas já que esses dois acordes têm um papel tão importante em criar um senso de movimento harmônico em nossa música, eu quero mostrá-lo algumas maneiras com que podemos usá-los.

Perceba no exemplo acima que quando terminamos uma linha musical em tensão (o acorde 5), isso tem o efeito de abrir uma conversação, como se alguém estivesse fazendo uma *pergunta*. E perceba que quando terminamos uma linha musical em relaxamento (o acorde 1), isso tem o efeito de fechar uma conversação, como se alguém estivesse *respondendo* à pergunta. O que isso significa é que nós poderíamos estruturar essa dinâmica de Tensão e Relaxamento em uma forma mais ampla de Pergunta e Resposta:

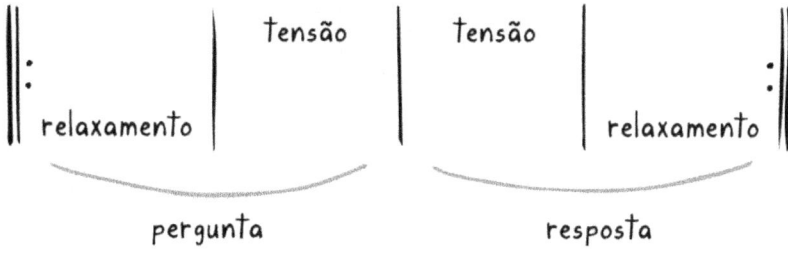

A maneira de expressar essa forma musicalmente seria a seguinte harmonia:

E com certeza, se você tocar a forma musical acima, você vai perceber que o sentimento é exatamente esse. Qualquer melodia que você tocar ao longo dos dois primeiros compassos vai soar como uma pergunta. E qualquer melodia que você tocar ao longo dos dois últimos compassos vai soar como a resposta à essa pergunta.

Para aprimorar sua própria consciência de Tensão e Relaxamento em harmonia, você deveria praticar improvisar sobre todas as formas musicais mostradas neste capítulo. Esses exercícios simples irão lhe dar um embasamento sólido na arte de improvisar em "frases completas". Essa abordagem lírica em criar música será de valor inestimável para você mais tarde, quando estiver improvisando sobre material muito mais abstrato.

Adicionalmente, quando você chegar ao Exercício 4, você vai aprender como usar esses conceitos para criar um senso de direção e movimento em direção a *qualquer lugar* do nosso sistema musical. Como uma preparação para isso, há apenas algumas ideias-chave que você precisa entender deste capítulo:

- O acorde 5 produz tensão, mas não qualquer tipo de tensão. Ele produz um tipo muito específico de tensão que faz seu ouvido esperar uma resolução no acorde 1.

- Com algum truque, nós podemos usar a mesma técnica para causar nos ouvintes uma forte atração por *qualquer* centro tonal.

- Esse é o conceito que vamos explorar completamente no Exercício 4: Harmonia Mista.

Formatos musicais

Neste capítulo vamos olhar os quatro formatos básicos de acorde que aparecem na escala maior. Você irá aprender a reconhecê-los de ouvido, a visualizá-los no seu mapa tonal e a criá-los em qualquer lugar no seu instrumento. Dominar esses formatos musicais é a chave para o seu próximo passo como um improvisador. É pela alteração desses formatos que iremos criar todos os sons ricos e exóticos da Harmonia Mista.

O primeiro formato de acorde é chamado "maior". Ele tem a seguinte forma:

$$1 \quad 3 \quad 5 \quad 7$$

Você está tão familiarizado com esse formato de acorde que não precisamos fazer nada especial para investigá-lo mais a fundo. Esse é o formato de acorde que você usa toda vez que improvisa no acorde 1. Assim, a única informação nova aqui é que esse tipo de acorde é chamado "maior".

O próximo formato de acorde que encontramos na escala maior tem uma sétima bemol. Iremos chamar esse formato de acorde de "dominante". Um acorde dominante tem as quatro notas a seguir:

$$1 \quad 3 \quad 5 \quad b7$$

Para ouvir a diferença entre um acorde maior e um acorde dominante, pegue o seu instrumento e toque ambos formatos de acorde. Escolha qualquer nota de início e faça dela a nota 1 da sua escala maior. Toque a escala inteira se isso ajuda você a se orientar. Depois, toque apenas as notas 1, 3, 5 e 7 e improvise com essas notas por um minuto ou dois. O que você está tocando é um acorde maior. Agora, desça a nota 7 em um semitom para tocar a nota b7. Em nosso desenho da escala maior, esse é o pontinho preto entre as notas 6 e 7. Como qualquer nota alterada, você pode visualizar exatamente onde b7 está localizado ao imaginar nosso desenho da escala maior inteira:

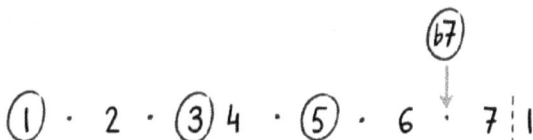

Improvise por alguns minutos com apenas as notas 1, 3, 5 e b7. Esse é o som de um acorde dominante. Vá e volte entre o acorde maior e o acorde dominante até que você possa sentir a diferença entre eles.

O próximo formato de acorde que encontramos na escala maior é chamado "menor". Ele tem tanto uma terça bemol como uma sétima bemol.

$$1 \quad b3 \quad 5 \quad b7$$

Novamente, você pode visualizar ambas essas notas alteradas usando o nosso desenho da escala maior. A nova nota b3 é simplesmente o pontinho preto entre as notas 2 e 3:

$$\text{①} \cdot 2 \cdot \overset{\overset{\text{\textcircled{b3}}}{\downarrow}}{} 3\ 4 \cdot \text{⑤} \cdot 6 \cdot \overset{\overset{\text{\textcircled{b7}}}{\downarrow}}{} 7 \mid 1$$

Para conhecer esse som por conta própria, improvise por alguns minutos com apenas as notas 1, b3, 5 e b7. Esse é o som de um acorde menor. Compare-o ao acorde maior alternando entre os dois. Compare os dois ao acorde dominante. Perceba como a atmosfera da sua música muda quando você alterna entre formatos de acorde.

O último formato de acorde que nós encontramos na escala maior se chama "menor com quinta bemol". Nesse formato de acorde, tudo é bemol exceto a nota 1.

$$1 \quad\quad b3 \quad\quad b5 \quad\quad b7$$

A nova nota alterada é b5, que está localizada entre as notas 4 e 5 da escala maior:

$$\text{①} \cdot 2 \cdot \overset{\overset{\text{\textcircled{b3}}}{\downarrow}}{} 3\ 4 \cdot \overset{\overset{\text{\textcircled{b5}}}{\downarrow}}{} 5 \cdot 6 \cdot \overset{\overset{\text{\textcircled{b7}}}{\downarrow}}{} 7 \mid 1$$

Improvise por alguns minutos com apenas as notas 1, b3, b5 e b7. Isso provavelmente vai soar estranho para o seu ouvido. O formato de acorde menor com quinta bemol tem um som muito bonito e misterioso, mas não é usado com muita frequência na música popular exceto como um acorde transitório. Então, o seu ouvido provavelmente não está acostumado a gastar muito tempo nesse acorde. Mas tome o tempo que precisar para apreciar seu exótico som. Lembre-se que toda vez que um som parecer fora do comum para o seu ouvido, significa que você está aprendendo algo novo. Não se intimide com esses momentos! Abrace-os e aproveite a nova descoberta.

Em síntese, existem quatro formatos de acorde que são encontrados dentro da escala maior:

maior =	1	3	5	7
dominante =	1	3	5	b7
menor =	1	b3	5	b7
menor b5 =	1	b3	b5	b7

Eu ainda não lhe mostrei *onde* esses formatos aparecem, mas iremos chegar lá no próximo capítulo. Mas antes de seguir em frente, você deve tomar o tempo necessário para se tornar especialista nesses quatro formatos de acorde. Não é suficiente apenas entendê-los intelectualmente. Lembre-se do exemplo do Michael Jordan praticando lances livres.

Maestria toma tempo. Você deve estudar esses formatos de acorde até aprender a escutá-los, reconhecê-los, imaginá-los e tocá-los em qualquer lugar no seu instrumento sem um momento de hesitação. Aqui estão algumas ideias que vão fazê-lo pensar em maneiras de desenvolver esse nível de maestria.

Saltando em Pedras

Este exercício me remete a tentar atravessar um riacho saltando de uma pedra para outra. Ele requer que você visualize claramente as distâncias entre as notas de cada formato de acorde.

1. Escolha um dos quatro formatos de acorde para estudar. (Por exemplo: maior.)

2. Escolha uma nota inicial aleatória no seu instrumento e imagine que ela é a nota 1.

3. Agora toque apenas as notas do formato de acorde que você selecionou (em nosso exemplo as notas seriam 1, 3, 5 e 7). Mas ao invés de imaginar a escala maior inteira para conseguir localizar essas notas, use o que você sabe sobre as *distâncias* entre as notas nesse formato de acorde. Essas distâncias estão apresentadas no seguinte desenho:

① · 2 · ③ 4 · ⑤ · 6 · ⑦①
 ⌒ 2 ⌒ ⌒1½⌒ ⌒ 2 ⌒ ½

Olhe com atenção esse desenho e perceba as distâncias entre as notas do acorde:

- Há 2 tons entre as notas 1 e 3.
- Há 1½ tons entre as notas 3 e 5.
- Há 2 tons entre as notas 5 e 7.
- Há apenas um semitom entre a nota 7 e a nota 1 seguinte.

Estude esse desenho e aprenda essas distâncias profundamente de forma que você não precise mais visualizar a escala inteira para encontrar as notas desse formato de acorde. Aprenda a confiar no seu conhecimento sobre as distâncias entre as notas do acorde para que você possa pular diretamente para cada nota, como se você estivesse saltando de uma pedra para outra em um riacho:

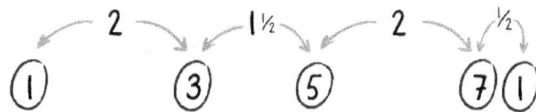

4. Improvise com essas cinco notas (notas 1, 3, 5, 7 e nota 1 da próxima oitava) por alguns minutos. Relaxe e tome o tempo que precisar para apreciar o som desse acorde. Tente visualizar as distâncias entre as notas, mas também tente realmente escutar o som de cada nota. Seja lúdico e faça melodias em cada pequeno canto do desenho acima.

Mas e se você tivesse escolhido um dos outros três formatos de acordes para estudar? Aqui está o conjunto completo de desenhos para ajudá-lo a visualizar os saltos em "pedras" em cada formato de acorde:

Maior

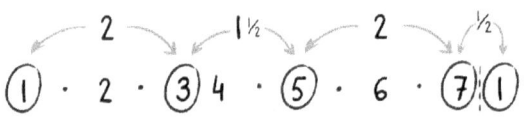

Dominante

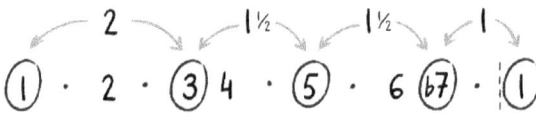

Menor

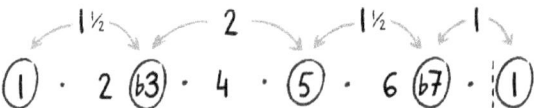

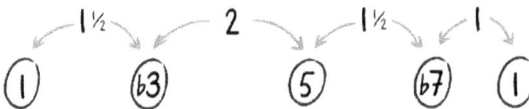

Menor b5

Se você tiver dificuldades em fazer saltos de uma nota para a próxima, lembre-se que você já conhece uma técnica muito poderosa para aprender a visualizar qualquer tipo de movimento ao longo de sua extensão musical. Essa técnica é o Exercício 1. Então, se você estiver batalhando com os exercícios acima de saltar em pedras, você poderá voltar ao Exercício 1 e usá-lo para praticar os quatro tipos de saltos de intervalo que você precisa para que possa fazer todos os formatos de acorde acima. Esses quatro intervalos são semitons, tons, terças menores (1½ tons) e terças maiores (2 tons). Use o Exercício 1 para se tornar um especialista em se mover por todo o seu instrumento usando esses novos saltos de intervalo. Depois, quando você retornar aos exercícios deste capítulo, você vai achá-los muito mais fáceis.

Cantando os formatos

Assim como mostrei a você no Exercício 2, a maneira mais poderosa de dominar qualquer conceito musical é estudá-lo com nada além da sua voz e sua imaginação. Praticar seu instrumento é importante, mas você irá crescer muito mais rápido como músico se você também praticar sua habilidade de imaginar todos esses sons sem a ajuda de um instrumento. Um bom primeiro passo é cantar as duas melodias seguintes para si mesmo:

Você pode usar seu instrumento para ouvir os sons primeiro, se precisar. Mas depois coloque de lado o instrumento e crie os sons puramente com a sua voz. Você deve literalmente cantar os números em voz alta ("um, três, um...um, três bemol, um").

Agora cante as duas melodias seguintes:

Os dois exemplos acima forçam você a imaginar por si próprio a diferença entre maior e menor. A diferença está na terça, que é bemol no acorde menor.

Agora cante as duas melodias a seguir. Essas podem ser um pouco mais difíceis:

Acho que você consegue ver para onde isso vai. Você pode (e deve) continuar sozinho, inventando seus próprios exercícios para comparar e contrastar todos os sons em todos os quatro formatos de acorde. Assim como tudo que estudamos, lembre-se que o poder verdadeiro está em sempre ir *mais fundo*. Estamos sempre buscando maneiras de aperfeiçoar nosso foco de forma que pequenas diferenças começam a parecer grandes e óbvias. No papel, a diferença entre a nota 5 e a nota b5 pode parecer sem importância. Mas se você realmente se concentrar e focar no som quando cantar as duas melodias acima, você irá notar um *mundo* de diferença entre as duas!

Naturalmente, nós deveríamos estender essa investigação para a 7ª. Nós poderíamos começar comparando o acorde maior com o acorde dominante, já que a única diferença entre eles é que a sétima é bemol no acorde dominante:

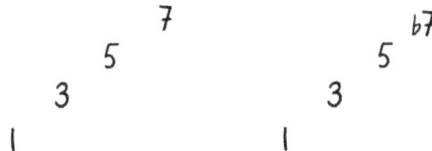

Além disso, não esqueça de praticar movendo para a outra direção. Por exemplo, cante as duas melodias a seguir para ter uma perspectiva diferente sobre a diferença entre a nota 7 e a nota b7.

E não esqueça de começar por outros lugares. Por exemplo, cante qualquer nota aleatória e imagine para si mesmo que essa é a nota 5. Como soariam as duas melodias a seguir?

Poderíamos seguir o dia inteiro inventando maneiras de nos imaginar dentro de cada um dos quatro formatos de acorde básicos. Tome o tempo que precisar, improvise livremente e divirta-se. Conheça cada pequeno canto de cada um desses formatos de acorde. Pratique-os com ambos seu instrumento e sua voz até que você se sinta tão confortável com eles quanto se sente com a própria escala maior.

E se você quiser *realmente* dominar esses sons, você pode até mesmo combinar as notas de maneiras que *não* aparecem na escala maior. Aqui estão alguns exemplos que você deveria tentar cantar valendo um "crédito extra". Esses formatos não aparecem em nenhum lugar da escala maior, mas como exercício eles são uma forma maravilhosa de provar a si mesmo que você realmente está começando a entender todos esses sons. Tente as combinações a seguir apenas por diversão. Você vai reparar que o som exótico delas revela o fato de esses formatos não serem encontrados diretamente na escala maior:

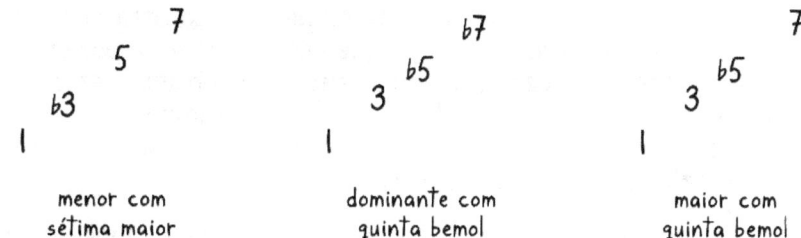

menor com sétima maior   dominante com quinta bemol   maior com quinta bemol

Saltando em Pedras Estendido

Neste exercício, levamos nossa prática do saltando em pedras para o próximo nível. Agora vamos aprender a ver cada formato de acorde da mesma forma que aprendemos a ver a escala maior, como um padrão infinito sem início e sem fim. Nós vamos estender cada formato de acorde ao longo de toda a nossa extensão musical.

1. Escolha um dos quatro formatos de acorde para estudar. (Por exemplo: dominante.)

2. Escolha uma das quatro notas desse formato de acorde. (Por exemplo: 7 bemol.)

3. Escolha uma nota de início aleatória no seu instrumento. (Por exemplo: C#.) Toque esta nota por um momento e imagine que você está na sétima bemol de um acorde dominante. Não se preocupe sobre onde estão localizadas as outras notas do acorde. A maioria das pessoas fica instintivamente ansiosa neste ponto. Elas pensam que precisam saber onde está a raiz do acorde para sentirem-se orientadas. Mas como improvisadores, precisamos nos acostumar a nos sentir em casa, não importa onde estejamos. Então apenas fique aqui por um momento e tente se acostumar com a ideia de que você está tocando uma sétima bemol de um acorde dominante. Essa é a única orientação que você precisa:

4. Agora, ao invés de imaginar-se em um riacho, eu quero que você imagine que está no meio de um vasto oceano. Você está em pé sobre uma pedra chamada b7. Uma série infinita de pedras se prolonga na sua frente e atrás de você. As pedras são as notas desse acorde dominante estendido ao longo de toda a nossa extensão musical:

5. Comece se movendo em uma dessas direções e vá tão longe quanto quiser. Para cada movimento, tudo o que você precisa fazer é visualizar claramente a distância necessária para cada salto.

6. Quando você chegar em cada nova nota, tome um minuto para descansar e refletir sobre onde você está no acorde. Apenas fique nesta nova nota por um minuto e não se preocupe sobre como irá fazer o próximo salto. É importante perceber que a única informação que você precisa é simplesmente o conhecimento de onde você está. Apenas por saber em qual nota você está lhe dá toda a informação de que precisa para fazer o próximo salto para cima ou para baixo.

7. Uma vez que você esteja confortável fazendo esses saltos ao longo de toda a nossa extensão musical, tome um tempo para improvisar com essas notas. Você irá descobrir que existem muitas novas possibilidades melódicas disponíveis agora que você pode cruzar diferentes oitavas.

Estudos de Arpejos Flutuantes

Esta é de longe minha forma preferida de estudar formatos musicais em qualquer instrumento. Ela evoca muito o Exercício 1. É, na verdade, bem mais fácil do que o exercício anterior. Mas mesmo assim, para mim pessoalmente, esse é o exercício mais poderoso que já descobri por desenvolver uma maestria pessoal profunda desses formatos musicais.

1. Escolha um dos quatro formatos de acorde para estudar. (Por exemplo: menor b5.)

2. Escolha uma das quatro notas do formato de acorde. (Por exemplo: b3.)

3. Escolha uma nota de início aleatória no seu instrumento. (Por exemplo: G.)

4. Toque essa nota (G, no nosso exemplo) e imagine que você está na terça bemol de um acorde menor b5. (G = b3.)

5. Feche seus olhos. Relaxe e tente entrar no seu estado de espírito mais meditativo. Não fique pensando em completar o exercício ou tentar "aprender" alguma coisa conscientemente. Nós vamos apenas relaxar aqui e curtir fazer algumas movimentações muito simples.

6. Toque sua nota de início diversas vezes e realmente a escute. Lembre-se que nós decidimos que essa nota de início seria a b3 do acorde:

b3

7. Agora iremos subir para a próxima nota desse mesmo acorde. Em nosso exemplo, você subiria 1½ tons até a nota b5. Mas antes de seguir adiante, vamos tocar com apenas essas duas notas por um momento. Aprecie o relacionamento entre b3 e b5 e perceba como soa esse intervalo. Pense consigo mesmo nos nomes "3 bemol" e "5 bemol" à medida que toca cada nota.

b3   b5

8. Agora, suba outro nível e adicione a próxima nota do acorde. Em nosso exemplo você precisaria subir 2 tons até a nota b7. E depois permaneça para improvisar por alguns minutos com todas as três notas b3, b5 e b7.

$$b3 \quad b5 \quad b7$$

9. Aqui é onde o exercício toma um rumo diferente. Não iremos mais expandir o nosso foco. Três é o número perfeito de notas que nos permite contemplar e comparar distâncias. Então, simplesmente aprecie essas três notas por alguns minutos e repare nas separações entre elas. Perceba como a distância entre as notas b3 e b5 é ligeiramente menor do que a distância entre as notas b5 e b7.

10. Agora o que faremos é *deslocar* para cima nosso foco, para o próximo grupo de três notas. Não estamos expandindo nosso foco como fizemos no Exercício 1. Ao invés disso, simplesmente queremos direcionar nossa atenção para cima, para o próximo grupo de três notas. Para fazer isso, vamos deixar de lado a nota mais baixa e adicionar uma nova nota do acorde no topo. Em nosso exemplo, nós largaríamos a nota b3 e adicionaríamos a nota 1 no topo. Improvise com essas três notas por alguns minutos e repare nas distâncias entre elas enquanto toca:

$$b5 \quad b7 \quad 1$$

11. Continue a deslocar seu foco para cima ou para baixo, como quiser, mas sempre mantenha seu foco em exatamente três notas do acorde estendido. Essa prática de prestar atenção especial a apenas uma pequena parte do formato musical é uma forma muito rápida de desenvolver o seu entendimento do formato inteiro. É também uma experiência importante para o seu ouvido, porque introduz você a uma ampla variedade de sons especiais que são encontrados dentro de cada um desses formatos musicais. Se você conseguir simplesmente relaxar e levar um tempo para improvisar livremente com cada conjunto de três notas, poderá entregar-se a esse exercício por horas.

Eu sugiro que você pratique esses exercícios por algumas semanas ou mesmo meses antes de seguir em frente. Os quatro formatos básicos de acorde que aparecem na escala maior são a matéria-prima de toda a harmonia moderna. Então, se você quiser continuar crescendo como improvisador, esse é o lugar para concentrar toda a sua energia. Uma boa meta para traçar para si mesmo é ser capaz de pegar seu instrumento, escolher qualquer nota aleatória e começar tocando qualquer um dos quatro formatos imediatamente sem nenhuma hesitação. Você deverá também ser capaz de fazer o mesmo com a sua voz. A partir de qualquer nota você deverá ser capaz de imaginar e cantar as notas de qualquer um dos quatro formatos de acorde.

Esse pode ser um projeto de longo prazo que você pode praticar em paralelo com todas as outras coisas que estiver fazendo em sua vida musical. Mas eu não recomendo seguir em frente neste livro até que você tenha se apropriado desses formatos de acorde. Seja paciente e encontre formas de apreciar fazer música com esses quatro formatos simples. Não há pressa em avançar para o próximo capítulo. Você irá muito mais longe como músico se levar o tempo necessário para conhecer cada formato de acorde intimamente. Quando você os dominar, ficará maravilhado de como a Harmonia Mista é realmente simples.

Medindo distâncias

Agora que você é um especialista (ou pelo menos a caminho de se tornar um) nos quatro formatos básicos de acorde, é hora de descobrir onde esses formatos musicais se encontram dentro da escala maior. Para fazer isso, eu quero apresentar um novo conceito a você. Trata-se de uma forma diferente de utilizar o nosso desenho da escala maior. Até agora, temos utilizado o desenho como nosso *mapa* do terreno musical em qualquer tom. Não importando qual nota ou acorde estivéssemos tocando, nós sempre nos orientávamos em relação a esse mapa. Mas agora iremos usar o exato mesmo desenho de uma maneira muito diferente, quase como se fosse uma *fita métrica*. Vamos usá-lo para medir as distâncias entre as notas. Isso irá levar a muitas observações profundas que irão ajudá-lo a compreender de onde realmente vem a Harmonia Mista.

Uma palavra de cautela antes de começarmos: você talvez precisará ler este capítulo mais de uma vez para compreender tudo. Em alguns momentos, poderá ser confuso quando começarmos a usar o mesmo desenho da escala maior de duas maneiras diferentes, ao mesmo tempo. Mas se você lembrar das duas metáforas do mapa e da fita métrica, isso vai ajudá-lo a evitar ficar confuso.

Primeiro, vamos colocar nosso mapa no chão. Precisamos usar um mapa grande de duas oitavas completas para que possamos analisar todos os sete acordes da escala maior:

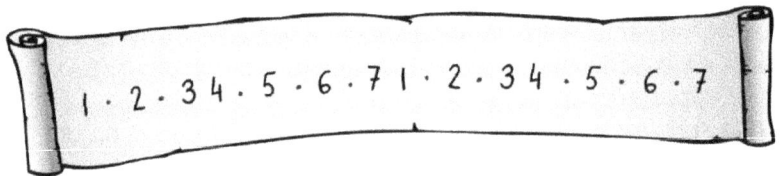

Agora imagine outra cópia da escala maior flutuando acima dessa. Essa escala maior flutuante irá servir como nossa fita métrica. Ela nos permite ver as dimensões de cada acorde e concluir qual formato de acorde é cada um deles. Se posicionarmos nossa fita métrica diretamente sobre o acorde 1 do nosso mapa, alinhando a nota 1 da nossa fita métrica com a nota 1 do nosso mapa, vemos de forma óbvia que os dois desenhos são o mesmo. Neste caso do acorde 1, isso não nos mostra nenhuma informação nova. O acorde 1 é por definição um acorde maior:

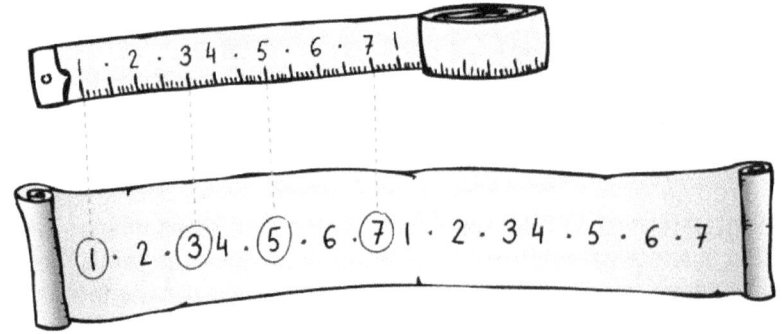

Mas agora vamos usar nossa fita métrica para analisar o acorde 2. Fazemos isso ao alinhar a nota 1 da nossa fita métrica com a nota 2 do nosso mapa tonal:

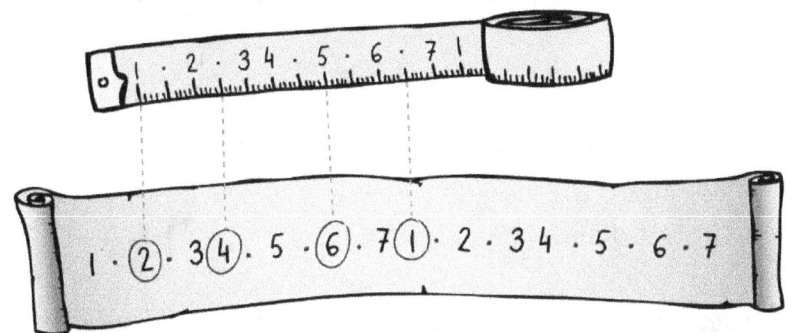

Se você olhar com cuidado esse desenho, irá perceber que as notas do acorde 2 (notas 2, 4, 6 e 1 no mapa tonal) não se alinham todas com perfeição com as notas 1, 3, 5 e 7 de nossa fita métrica. Isso significa que o acorde 2 é de um *formato* diferente do acorde 1. As distâncias indicadas pela nossa fita métrica nos dizem qual formato é o acorde 2. Olhe onde as linhas tracejadas fazem interseção com a fita métrica. Você consegue ver que as distâncias marcadas são 1, b3, 5 e b7? O que isso significa é que o acorde 2 é um acorde menor, porque o formato do acorde 2 corresponde perfeitamente à nossa definição de acorde menor (1, b3, 5, b7).

Não fique com pressa de entender como você vai utilizar depois essa observação. Apenas siga acompanhando. Mais tarde você irá fazer exercícios em que aprende a internalizar, visualizar e *escutar* todo esse material.

(Atividade para tocar)

Você pode confirmar a observação acima por conta própria utilizando seu instrumento:

1. Escolha qualquer nota inicial. (Para esse exemplo, vamos escolher a nota F.)

2. Faça dela a nota 1 da sua escala, e toque a escala maior inteira dessa nota 1 até a próxima nota 1, uma oitava acima:

$$1 \cdot 2 \cdot 3\ 4 \cdot 5 \cdot 6 \cdot 7\ 1$$

3. Agora improvise por um momento com apenas as notas de um acorde maior em que F é a nota 1:

$$1 \quad 3 \quad 5 \quad 7$$

4. Agora desça às notas 3.ª e 7.ª em um semitom para tocar as notas b3 e b7. Improvise com esse acorde menor por alguns minutos:

$$1 \quad b3 \quad 5 \quad b7$$

5. Agora apague essa escala de sua mente e retorne à nota original de início (a nota "F", no nosso exemplo). Desta vez, "F" será a nota 2 da escala maior, e vamos tocar a escala maior inteira a partir dessa nota 2 até a próxima nota 2, uma oitava acima:

$$2 \cdot 3 \ 4 \cdot 5 \cdot 6 \cdot 7 \ 1 \cdot 2$$

6. Toque essa escala algumas vezes e depois improvise por alguns minutos com apenas as notas do acorde 2:

$$2 \quad 4 \quad 6 \quad 1$$

7. Assim como seus ouvidos e suas mãos irão reconhecer, você está tocando as exatas mesmas notas que você tocou antes na etapa 4. Isso é tudo que eu quero que você perceba. As notas em si são simplesmente as notas 2, 4, 6 e 1 da escala maior. Mas agora estamos aprendendo a ver as *distâncias* entre elas. E a forma como resumimos todas as distâncias encontradas em um acorde específico é perceber o seu formato de acorde geral (maior, dominante, menor ou menor b5). Mais tarde, faremos mais exercícios para ganhar confiança nessas duas maneiras de visualizar as notas. Mas por agora, eu quero apenas que você entenda que nenhum dos pontos de vista são "corretos" ou melhores que o outro. Eles são apenas duas formas diferentes de entender onde as notas estão, e nós precisamos de ambos.

Agora vamos medir as distâncias entre as notas do acorde 3:

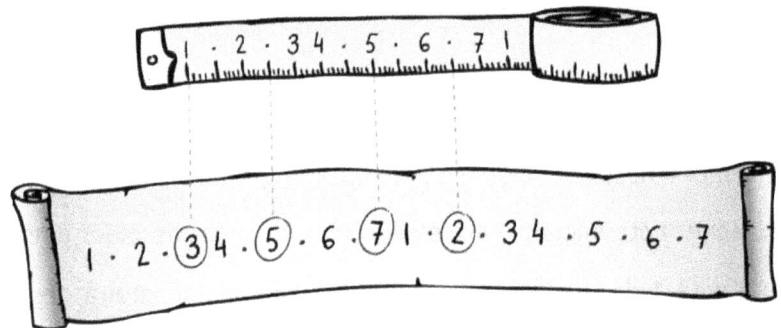

Se você olhar de perto, verá que as notas do acorde 3 se alinham com as notas 1, b3, 5 e b7 na fita métrica. Isso significa que o acorde 3 é um acorde menor também, assim como o acorde 2. Em outras palavras, enquanto que as notas em si são diferentes, as *separações* entre as notas no acorde 3 são as mesmas que as separações entre as notas do acorde 2. Ambos possuem o mesmo formato de acorde.

Agora vamos olhar para as dimensões do acorde 4:

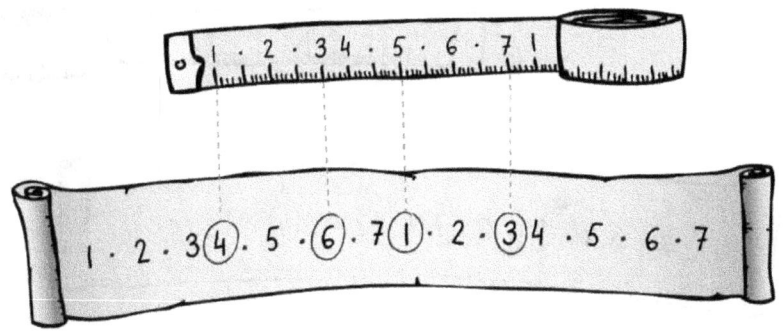

As notas do acorde 4 se alinham perfeitamente com as notas 1, 3, 5 e 7 de nossa fita métrica. Isso significa que o acorde 4 é um acorde maior, assim como o acorde 1.

Agora vamos medir o acorde 5:

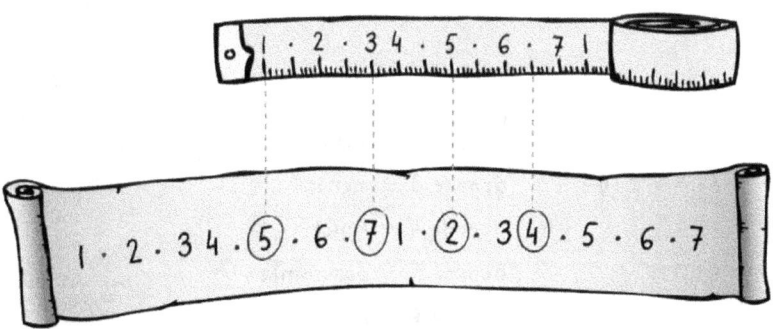

As notas do acorde 5 se alinham com as notas 1, 3, 5 e b7 de nossa fita métrica. Isso significa que o acorde 5 é um acorde dominante.

É hora de analisar o acorde 6, mas você já sabe qual será a resposta. Você aprendeu no capítulo "Sol e Lua" que o acorde 6 é o acorde menor mais importante em nossa música. Nossa análise da fita métrica confirma que o acorde 6 é realmente um acorde menor:

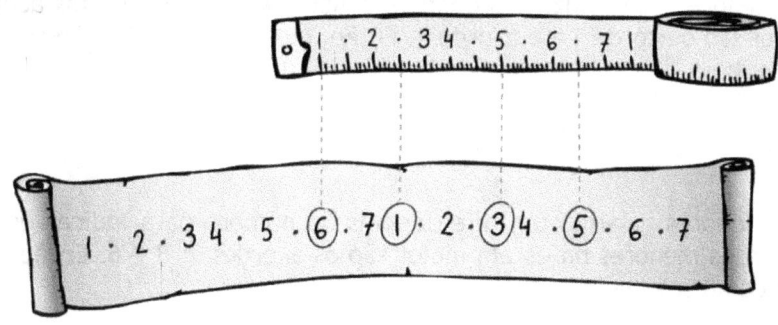

Há apenas um acorde sobrando para analisarmos. Vamos olhar para o acorde 7:

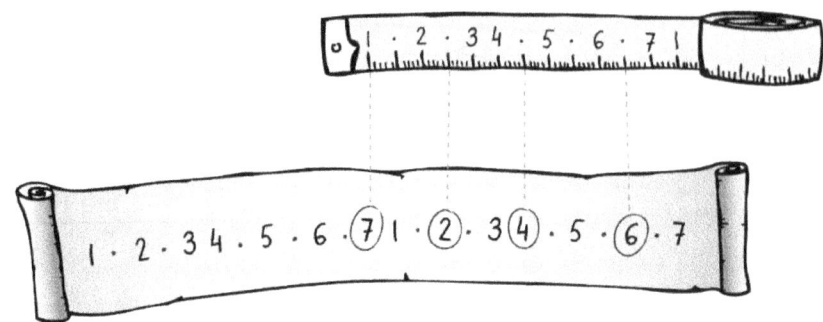

As notas do acorde 7 se alinham com as notas 1, b3, b5 e b7 de nossa fita métrica. Então, finalmente descobrimos onde o formato de acorde "menor b5" se encontra na escala maior. É o acorde 7 que tem esse estranho e exótico formato sonoro.

Então vamos resumir todas essas observações:

> acorde 1 = maior
> acorde 2 = menor
> acorde 3 = menor
> acorde 4 = maior
> acorde 5 = dominante
> acorde 6 = menor
> acorde 7 = menor b5

Agora eu posso finalmente lhe mostrar os símbolos reais que usamos no IFR para descrever os sete acordes da escala maior. Esses símbolos irão parecer redundantes a princípio, mas você vai entender sua utilidade quando começarmos a alterar formatos de acorde para criar os sons da Harmonia Mista.

Para acordes maiores não utilizamos nenhum símbolo adicional. Os dois acordes maiores na escala maior são o acorde 1 e o acorde 4. Então, eles serão escritos como simplesmente os números 1 e 4:

1   4

Para acordes menores, usamos um hífen depois do número para indicar que o acorde é menor. Os acordes menores na escala maior são os acordes 2, 3 e 6. Então esses acordes irão aparecer como segue:

2-   3-   6-

Nós indicaremos acordes dominantes através da utilização da letra D. O único acorde dominante na escala maior é o acorde 5, que vamos escrever como segue:

$$5D$$

Finalmente, precisamos de um símbolo para indicar um acorde menor com uma 5ª bemol. Vamos usar um hífen combinado com o símbolo "b5". É o acorde 7 que tem esse formato de acorde:

$$7\text{-}b5$$

Então, agora temos aqui o gráfico de acordes final de todos os sete acordes da escala maior, utilizando os símbolos corretos para cada tipo de acorde. Esse gráfico substitui o desenho preliminar que eu mostrei a você anteriormente no capítulo "Os sete ambientes harmônicos".

⑦	7	⑦	7	⑦	7	⑦
6	⑥	6	⑥	6	⑥	⑥
⑤	5	⑤	5	⑤	⑤	5
4	④	4	④	④	4	④
③	3	③	③	3	③	3
2	②	②	2	②	2	②
①	①	1	①	1	①	1
1	2-	3-	4	5D	6-	7-b5

Neste momento, você não precisa fazer nada com esses novos símbolos. Porém, tome um minuto para olhar o desenho acima e se tornar confortável com esses novos nomes escritos para os sete acordes da escala maior. Eu ainda vou me referir aos acordes como o "acorde 1", o "acorde 2", etc., quando eu estiver falando sobre eles. Mas eu irei usar esses novos símbolos toda vez que eu precisar escrever os acordes em uma ilustração tonal ou em um exemplo musical.

Se você está se sentindo um pouco confuso neste ponto, não se preocupe. É perfeitamente normal neste ponto se sentir preocupado. Primeiramente, você talvez ache difícil seguir minhas explicações acima com o mapa tonal e a fita métrica. E depois, você provavelmente está imaginando que raios fazer com essa informação. Mas apenas seja paciente. As respostas estão vindo. Quando você tiver a chance de trabalhar com esse material, irá voltar para os desenhos neste capítulo e vai entendê-los perfeitamente. De fato, eles vão parecer tão óbvios que você provavelmente terá dificuldade em lembrar qual era a grande questão.

Cortando e colando formatos musicais

Você está prestes a dar o maior salto adiante em toda a nossa jornada juntos. Com apenas um novo e simples conceito você irá multiplicar suas capacidades cem vezes. E no processo, você finalmente terá todas as ferramentas que precisa para compreender e tocar *toda* canção que já ouviu.

O segredo para essa nova habilidade está em compreender de onde a Harmonia Mista realmente vem. A origem da Harmonia Mista (como o nome sugere) é a mistura e o rearranjo dos sons básicos que nós estudamos em Harmonia Pura. Apenas ao cortar e colar esses sons em outros lugares importantes, podemos produzir todos os sons ricos e sofisticados da Harmonia Mista sem qualquer nova teoria.

A razão pela qual não mostrei esse conceito para você anteriormente é que ele não traria nenhum benefício sem antes você ter uma maestria profunda e pessoal da escala maior. Você precisa ser um tanto expert em enxergar formatos musicais antes de começar a imaginá-los em outros lugares. Mas, agora que você teve algum tempo para trabalhar com os quatro formatos básicos de acorde, é hora de começar a usá-los para criar novos sons dentro do terreno tonal.

A metáfora mais importante em toda a Harmonia Mista é aquela da Tensão e Relaxamento. Você já aprendeu como o acorde 5D e o acorde 1 produzem essas sensações para criar o senso de direção e movimento em uma música. Sua primeira atividade em Harmonia Mista é ver como esses mesmos conceitos podem ser utilizados para criar um senso de movimento em direção a *qualquer lugar* do nosso sistema musical.

A chave para esse movimento é o acorde 5D. Seu formato dominante cria um tipo de tensão muito particular que é perfeitamente resolvido no acorde 1. Apenas escutar o acorde 5D é suficiente para nos fazer, subconscientemente, esperar e desejar uma resolução no acorde 1. Então, se quisermos criar esse mesmo senso de atração em direção a *qualquer* lugar de nosso sistema musical, apenas precisamos colocar um acorde 5D temporário no lugar certo. O "lugar certo" é fácil de visualizar se você olhar para onde o acorde 5D leva você:

Olhe para o desenho acima e pergunte a si mesmo essa questão: se um acorde dominante localizado na nota 5 leva seu ouvido a esperar o acorde 1, então onde teríamos que colocar um acorde dominante para levar seu ouvido a esperar o acorde 2-?

Se você respondeu nota 6, você está certo. Ao colocar um acorde dominante na nota 6, criamos a *ilusão* de um acorde 5D nesse lugar. Isso leva o ouvido a ansiar pela resolução em seu tão amado acorde 1. Porém, como colocamos esse acorde dominante artificial na nota 6, na verdade enganamos o ouvido para ele sentir atração em direção ao acorde 2-.

A maneira de fazer isso é simplesmente alterar o formato do acorde 6- de forma que ele se torne um acorde dominante. Vamos chamar esse novo acorde de "6 dominante" e vamos escrevê-lo como "6D". O acorde 6D leva o ouvido a esperar e desejar uma resolução no acorde 2-.

Mas como isso se parece na prática? Quais são as efetivas notas que formam a harmonia neste momento? A resposta para essa questão está em compreender que esses acordes alterados não são nada mais do que uma *deformação temporária* do ambiente harmônico básico. Eles não representam uma mudança de tom, o que é um erro comumente ensinado em cursos de improvisação modernos. Mudanças genuínas de tom existem e vamos falar sobre elas um pouco mais tarde. Mas a maior parte da Harmonia Mista não tem nada a ver com mudança de tons. Tem a ver com fazer alterações sutis ao ambiente harmônico original para evocar sentimentos diferentes.

Se você compreender que essa é a verdadeira origem da Harmonia Mista, nunca terá que imaginar qual "escala" tocar sobre um acorde em particular. A própria pergunta se torna irrelevante porque você já tem todas as notas bem ali no seu mapa tonal. Tudo o que precisa fazer é aplicar sejam quais forem os ajustes necessários para acomodar o novo formato de acorde.

Se a minha explicação parece complicada, não se preocupe. Na prática, a aplicação desse conceito é a coisa mais simples do mundo. Para ver como funciona, olhe para a progressão de acordes a seguir, a qual é muito comum no pop americano e no jazz:

```
 ⑦    7    7    ⑦
 6    ⑥   ⑥    6
 ⑤   ⑤    5    ⑤
 4    4    ④    ④
 ③   ③    3    3
 2    2    ②    ②
 ①   ①    ①    1
 1    6-   2-   5D
```

Já que sabemos que o acorde 6D cria um forte sentimento de atração em direção ao acorde 2-, não deveríamos nos espantar ao descobrir que uma das variações mais comuns da progressão acima é substituir o acorde 6- pelo 6D. A nova progressão de acordes é a seguinte:

    1   6D   2-   5D

Agora, a pergunta se torna: "Quais notas eu preciso modificar no acorde 6- para torná-lo um acorde dominante?" Se você lembra da nossa análise do acorde 6-, vimos que as notas do 6- estão dispostas em um formato de acorde menor. Ou seja, as quatro notas do acorde 6- (notas 6, 1, 3 e 5) estão nas posições 1, b3, 5 e b7 em relação à nota 6:

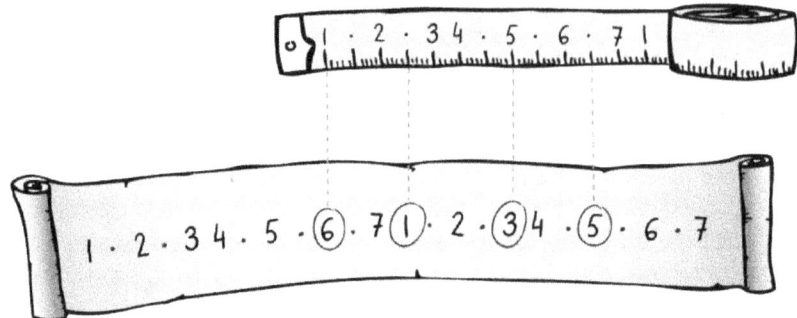

Mas as notas de um acorde dominante seriam: 1, 3, 5 e b7 em relação à nota de início. A diferença está na 3ª do acorde. Um acorde menor tem uma 3ª bemol e um acorde dominante tem uma 3ª natural. Então, de forma a criar um acorde dominante, precisamos subir a 3ª do acorde em um semitom:

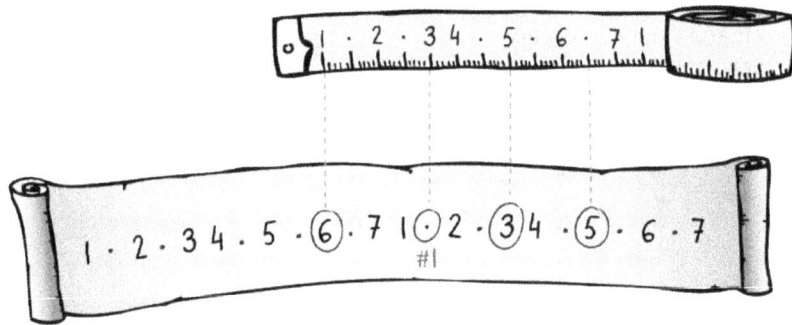

Pronto. Tudo o que precisamos fazer para criar o ambiente harmônico 6D é substituir a nota 1 pela nota #1. O restante das notas permanece inalterado:

Você vai começar a trabalhar com esses ambientes de Harmonia Mista no Exercício 4. Mas, apenas para ter uma ideia de como pode ser fácil criar esses sons em sua música, você pode levar alguns minutos agora para tocar toda a progressão de acordes acima. Você pode estudá-la usando qualquer uma das técnicas que você aprendeu no Exercício 3, seja com seu próprio instrumento primário ou com um piano.

O que eu quero que você perceba sobre essa abordagem em estudar harmonia é quanta informação pode ser reduzida para um resultado final tão simples. A única informação nova aqui é de fato apenas a nota alterada #1. Em outras palavras, o ambiente harmônico 6D inteiro pode ser resumido em lembrarmos que a única alteração ao ambiente harmônico básico é a nota #1.

E através de nossa prática diária podemos aprender a integrar todos esses conceitos e torná-los todos um sinônimo gigante. Para mim, #1 é sinônimo com 6D que é sinônimo com atrair o ouvido para 2-. Mais importante ainda, eu conheci esses sons pessoalmente de tal forma que sou capaz de reconhecê-los e usá-los sem mesmo pensar conscientemente sobre seus nomes. Através da prática diária do Exercício 4, você também irá desenvolver essa habilidade.

Exercício 4: Harmonia Mista

Objetivo: Melhorar continuamente sua habilidade em...

Reconhecer e criar deformações temporárias no ambiente harmônico básico.

O Exercício 4 é uma abordagem simples e pessoal de estudar harmonia moderna que lhe dará a liberdade de continuar aprendendo e crescendo por conta própria pelo resto da sua vida. Ao invés de usar teoria para tentar explicar acordes incomuns e dizer quais escalas tocar sobre eles, eu vou lhe ensinar um método que o capacita a descobrir e compreender esses acordes por si mesmo.

Basicamente, nosso método consiste em incorporar cada novo som em nossa visão tonal e estudá-lo da mesma forma que estudamos os sete acordes básicos da escala maior. Dessa forma, cada novo som é integrado ao nosso repertório pessoal. Assim, toda vez que esse som aparecer em uma canção, vamos reconhecê-lo imediatamente, não importando em qual tom a canção possa estar. E claro, o novo som também estará sempre disponível para usarmos em nossa própria música.

No Exercício 3: Harmonia Pura, você aprendeu uma extensa variedade de exercícios poderosos que pode usar para entrar nos sete ambientes harmônicos básicos da escala maior e explorá-los. Basicamente, você poderia pensar no Exercício 4: Harmonia Mista como um terreno infindável de novos ambientes harmônicos a explorar. Você não precisa de quaisquer novas ferramentas ou compreensão para conquistar esse novo território. Uma vez que você já sabe como explorar qualquer ambiente harmônico e apropriar-se dele, essas mesmas "habilidades exploratórias" são tudo o que você precisa para descobrir o vasto mundo da Harmonia Mista.

Como você aprendeu no último capítulo, Harmonia Mista sempre envolve algum tipo de deformação ao ambiente harmônico básico. Essas alterações criam todo tipo de escalas com sonoridades exóticas e com novas possibilidades melódicas. Então, embora o nosso modelo visual de harmonia seja muito fácil de entender e praticar, os sons que criamos podem ser tão abstratos ou complexos quanto desejamos que sejam. Dominar esses novos sons e aprender a expressar algo pessoal com eles leva tempo. Assim, a primeira coisa que você deve fazer com qualquer novo ambiente harmônico da Harmonia Mista é estudá-lo paciente e amorosamente, utilizando todas as técnicas que você aprendeu no Exercício 3.

Por agora, não se preocupe em tentar entender como você irá, em algum momento, utilizar esses novos ambientes da Harmonia Mista. No capítulo "Tocando Standards de Jazz", você verá muitos exemplos de como esses conceitos podem aparecer nas canções. Mas o verdadeiro poder do nosso método consiste em estudar cada ambiente harmônico como sendo um mundo à parte. É isso o que confere a você a habilidade de reconhecer essa sonoridade em qualquer música, não importando em qual tom ela está. Então, leve o tempo que precisar com cada novo som apresentado neste capítulo. Aprecie cada som plenamente e descubra as novas possibilidades melódicas que ele oferece.

Agora estamos prontos para começar a criar todos os novos e belos sons da Harmonia Mista. Tentarei ajudá-lo a planejar sua jornada apresentando os novos ambientes harmônicos de uma forma organizada. No entanto, você pode estudá-los na ordem que preferir. Apenas vou tentar apresentá-los em uma ordem que corresponda, aproximadamente, à frequência com que aparecem na música.

Harmonia Mista – Preparação em um movimento

O primeiro conceito que devemos explorar é aquele que citei brevemente no último capítulo, que se trata de usar um acorde dominante para criar o sentimento de atração em direção a um acorde específico da escala maior. Esses acordes dominantes que criamos por conta própria são chamados "dominantes secundários" porque eles plagiam o acorde dominante original, que é o acorde 5D. Quando usamos um acorde dominante de forma a fazer o ouvido se sentir atraído para um acorde específico, dizemos que estamos "preparando" aquele acorde.

O primeiro desses novos acordes que iremos olhar é o 3D, que prepara o acorde 6-. 3D significa "três dominante" e possui as notas 3, #5, 7 e 2. (Se você tiver problema em enxergar porque razão essas são as quatro notas que formam o 3D, ou porque o 3D é o acorde que prepara o 6-, você pode encontrar a explicação completa no capítulo anterior. Eu não vou repetir a explicação para cada novo acorde neste capítulo, mas em cada caso estamos simplesmente cortando e colando formatos musicais em novas localizações.)

Aqui está o mapa tonal do novo ambiente harmônico 3D, e o acorde 6- que ele prepara:

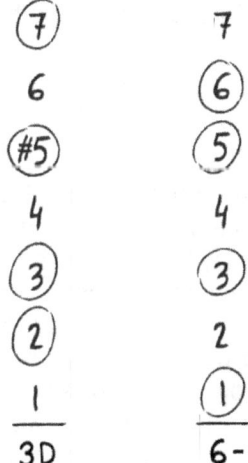

Olhando para um resultado tão simples, é difícil ter uma ideia da importância dessa informação. Mas o acorde 3D é tão fundamental para a música ocidental, que mesmo se você não entendesse nada além da escala maior e do acorde 3D, você já poderia tocar mais da metade das canções já compostas. De fato, 3D é até mais importante do que alguns acordes originais da própria escala maior.

A razão para isso tem a ver com o que vimos no capítulo "Sol e Lua". O acorde 1 e o acorde 6- são os dois mais importantes centros tonais em nossa música. Quase toda canção no mundo está embasada em um desses dois centros tonais. Então, obviamente os acordes dominantes que preparam o acorde 1 e o acorde 6- também são muito importantes. Você já tem muita experiência com o 5D preparando o acorde 1. Então, para os meses seguintes, sua prioridade máxima deverá ser investigar profundamente o novo ambiente harmônico do 3D e sua relação com o 6-.

Para ouvir o 3D por si mesmo, toque a seguinte progressão de acordes em um piano:

‖: 1 | 3D | 6- | 5D :‖

À medida que toca esse exemplo, você é capaz de realmente sentir a sensação de movimento quando você chega ao acorde 3D. Assim que aparece a nota #5, seu corpo inteiro se sente puxado em direção ao acorde 6-. Essa é a mágica do 3D.

Você também deve estudar 3D e 6- da mesma forma que estudou 5D e o acorde 1 no capítulo sobre Tensão e Relaxamento. Por exemplo, você pode contar histórias musicais por horas apenas embasado na simples alternância a seguir:

‖: 6- | 3D | 6- | 3D :‖

E aqui está uma progressão que eu gosto em especial. Ela aparece com frequência na música latino-americana, e é a inspiração para "Song for My Father", de Horace Silver:

‖: 6- | 5D | 4 | 3D :‖

Na canção de Silver há uma ligeira alteração a mais. Ele usa o acorde 4D no lugar do 4. Eu vou mostrar a você esse acorde mais adiante. Mas primeiro leve o tempo que precisar para se familiarizar com os acordes acima, que são muito belos do jeito que são. Perceba a lógica doce e simples dessa linha. Iniciamos no acorde 6- e apenas começamos a descer na escala. Quando finalmente chegamos à nota 3, estamos no lugar certo para fazer o salto de volta ao 6-, porque o 3D é o acorde que prepara o 6-. Uma coincidência tão perfeita é uma indicação forte de que essa progressão será encontrada em qualquer país do mundo. É cativante demais para permanecer desconhecida. Toque essa progressão em um piano e tenho certeza que você irá reconhecer sua sonoridade.

Vamos seguir em frente para o próximo acorde em nossa lista. Depois do acorde 6-, o próximo centro tonal mais importante em nossa música é o acorde 4. Para preparar esse acorde precisamos de um novo som chamado 1D:

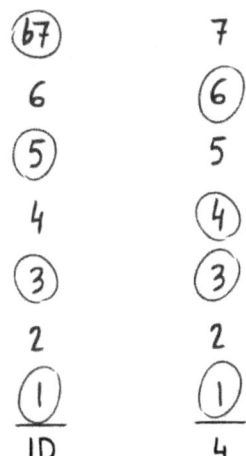

Se você tocar esses dois acordes em um piano, irá notar que eles soam exatamente como os acordes 5D e 1 que você já conhece. Isso nos traz para um ponto importante sobre estudar Harmonia Mista. Se você fosse apenas alternar entre esses dois acordes no piano, na verdade seu ouvido não iria ouvir 1D e 4. Se os únicos acordes que você toca são um acorde dominante e a resolução para seu acorde maior correspondente, seu ouvido irá presumir automaticamente que esses são os acordes 5D e 1. Isso pode parecer muito abstrato, mas é a mesma coisa que você já viu com as notas da escala maior. Não dá para você andar até um piano, tocar uma única nota e dizer "É assim que a nota 3 soa". A nota 3 apenas soa como nota 3 no contexto do restante do tom. Então, a única forma de ouvir a nota 3 é tocar a escala inteira primeiro e então voltar e tocar a nota 3 de novo. *Agora* você sente como soa a nota 3.

A mesma coisa acontece com acordes. De forma a realmente sentir a sensação do 1D, nosso ouvido precisa primeiro estar ancorado no tom da música. Uma forma de fazer isso é simplesmente começar no acorde 1. Aqui está um exemplo que permite a você realmente sentir o 1D e o 4:

Se você tocar esses acordes bem devagar, irá notar que se pode sentir um movimento repentino e instantâneo logo ao chegar no acorde 1D. Quando você começa no acorde 1, não há nada que indique que estamos indo a algum lugar. A canção poderia simplesmente permanecer no acorde 1 o dia inteiro, se quiséssemos. Mas logo que a nota b7 faz sua aparição no acorde 1D, sentimos uma grande onda de energia que nos empurra em direção ao acorde 4. Essa é a sensação do 1D.

Provavelmente o exemplo do 1D que você conhece melhor está na canção "Parabéns para você", que lhe dá um exemplo claro de alguns dos sons mais importantes da harmonia ocidental. E o mero fato de que você já a ouviu milhões de vezes significa que esses sons já estão permanentemente gravados na sua mente. Em outras palavras, essa canção simples o poupa de ter o trabalho de gastar seu tempo aprendendo esses sons básicos. Graças a essa canção, você já conhece esses sons. Você só precisa entender *quais* sons são esses. Então aqui estão os acordes da canção:

```
Para-|| béns pra vo- | cê.    Nesta | da- ta que-| rida.        |
     ||:                     |                                    |
     ||  1           | 5D    | 5D    |    1       |
```

```
Muitas | fe-  lici- | da- des. Muitos | a-  nos de | vida.      ||
       |            |                 |            |          :||
       | 1D         | 4               | 1   5D     | 1        ||
```

Toque essa progressão de acordes em um piano no compasso 3/4 e veja se você consegue cantar a melodia. (Se você tiver problema em começar, vou lhe dar uma dica... a melodia começa na nota 5.)

Perceba que a primeira linha dessa canção ilustra um conceito que vimos anteriormente sobre como o acorde 1 e o acorde 5D podem ser usados para criar a metáfora de uma pergunta e uma resposta. Também perceba como o acorde 1D trabalha na segunda linha para nos direcionar para o acorde 4. Isso é o mais claro que se pode chegar. Não há melhor exemplo de como esses acordes funcionam.

Outro dominante secundário importante em nossa música é o 2D. O acorde 2D tecnicamente prepara o acorde 5D. Mas como o 5D cria um forte senso de atração em direção ao acorde 1, a maioria das canções seguem direto para o acorde 1. Quase sempre encontramos 2D e 5D trabalhando juntos para nos enviar para o acorde 1:

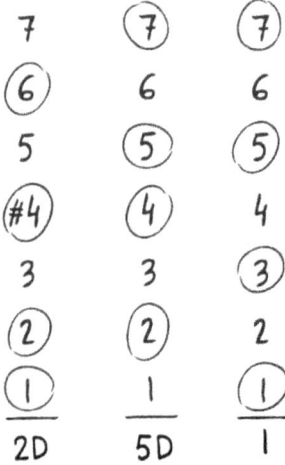

Estude a progressão acima com Caminhos Melódicos e preste atenção especial ao caminho que começa em #4, e que depois desce para 4, finalmente chegando à nota 3. Essa melodia é, para mim, a essência dessa progressão de acordes. Uma outra forma de compreender o som do 2D é compará-lo diretamente ao 2- no mesmo contexto. No exemplo a seguir, compare a primeira linha com a segunda e você irá notar o som muito particular do #4 que aparece no 2D.

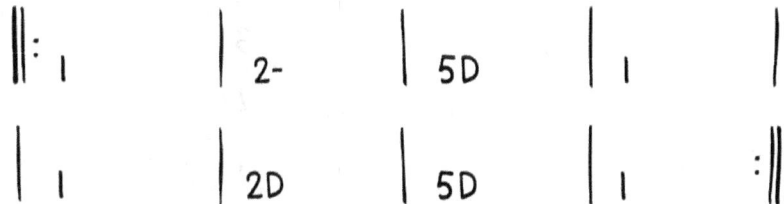

Outro uso muito comum do 2D é ele se "corrigir" e retornar ao 2- antes de avançar para o 5D. Você pode encontrar exemplos disso em "Garota de Ipanema" de Tom Jobim e "Mood Indigo" de Duke Ellington (assim como em outras inúmeras canções populares).

Provavelmente o próximo dominante secundário mais importante é o 6D. Já falamos sobre a construção desse acorde no capítulo anterior:

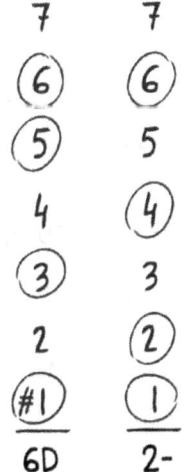

Você também viu um uso muito comum do 6D no capítulo anterior. Aquele exemplo mostrou como o 6D pode aparecer em uma canção centrado em torno do acorde 1:

```
 ⑦    7    7   ⑦
 6   ⑥   ⑥    6
⑤   ⑤    5   ⑤
 4    4   ④   ④
③   ③    3    3
 2    2   ②   ②
 ①  #①   ①    1
 ―    ―    ―    ―
 1   6D   2-   5D
```

Mas outro lugar onde o 6D aparece é em canções de tonalidade menor centradas em torno do acorde 6-. Quando 6- muda para 6D, subitamente nos sentimos puxados na direção do acorde 2-:

‖: 6- | 6D | 2- | 3D :‖

Isso é exatamente a mesma coisa que vimos no centro tonal maior, quando convertemos o acorde 1 em 1D e depois saltamos à frente para o acorde 4:

‖: 1 | 1D | 4 | 5D :‖

Estude as duas linhas acima separadamente, mas perceba como cada linha funciona da mesma forma.

O último dominante secundário importante é o 7D, que prepara o acorde 3-:

```
 ⑦   ⑦
 ⑥    6
  5   ⑤
 #④   4
  3   ③
 #②   ②
  1    1
  ―    ―
 7D   3-
```

7D aparece mais comumente em canções de tonalidade menor baseadas no centro tonal 6-. Aqui está um exemplo de como o 7D pode iniciar uma linha que no fim termina no acorde 6-:

```
   ⑦      ⑦      7
   ⑥      6      ⑥
   5     (#5)    ⑤
  (#4)    4      4
   3      ③      ③
  (#2)    ②      2
   1      1      ①
  ───    ───    ───
   7D     3D     6-
```

Essa é a mesma ideia que vimos anteriormente no centro tonal maior com os acordes 2D, 5D e 1. Em sua prática, você deve comparar essas duas progressões de acordes estudando ambas no mesmo dia. Perceba o que é similar entre as duas linhas, e o que é diferente.

Você tem agora o conjunto completo de dominantes secundários que são usados para criar a sensação de movimento harmônico em direção a qualquer acorde da escala maior. O único acorde que não aprendemos a preparar é o acorde 7-b5. Nós poderíamos, teoricamente, prepará-lo da mesma forma que preparamos qualquer outro acorde, através do posicionamento de um acorde dominante exatamente uma quinta acima da nota 7. Mas o acorde 7-b5 é tão instável que ele nunca é usado como destino dessa forma. Você pode experimentar por conta própria, mas não iremos incluir o acorde 7 em nossa lista de preparações. Aqui está uma recapitulação das preparações importantes que você deve estudar até ter domínio sobre elas:

acorde 1: 5D ⟶ 1
acorde 2: 6D ⟶ 2-
acorde 3: 7D ⟶ 3-
acorde 4: 1D ⟶ 4
acorde 5: 2D ⟶ 5D
acorde 6: 3D ⟶ 6-
acorde 7: (omitido)

Leve o tempo que precisar para aprender esses conceitos. Não seria exagero gastar um ano apenas aprendendo a integrar esses novos sons ao seu entendimento pessoal sobre música.

Eu os apresentei a você de forma rápida, mas na verdade aqui se encontra uma montanha de material. Com apenas esse punhado de novos acordes, você já pode entender e tocar quase todas as músicas populares de todos os países do mundo.

Harmonia Mista – Preparação em dois movimentos

Provavelmente a característica que define a harmonia encontrada na maior parte da música jazz é uma pequena e curta progressão de acordes que usa duas etapas diferentes para preparar a destinação final. Isso é comumente chamado de "progressão dois cinco um".

Essa progressão de acordes nada mais é do que uma extensão do conceito que acabamos de ver. Porém, desta vez, nós preparamos cada acorde com *dois* acordes preparatórios:

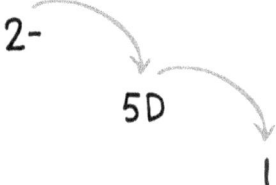

Perceba que o primeiro acorde é 2-, e não 2D. Quando usamos 2D, o ouvido espera uma resolução final logo no próximo acorde. Lembre-se que qualquer dominante secundário remete o ouvido a um acorde 5D e o engana, fazendo-o esperar uma resolução imediata. Às vezes compositores brincam com essas expectativas. Certamente não há nada errado em usar 2D para preparar 5D e depois seguir para 1 como vimos anteriormente:

Mas o que vamos ver agora é diferente. Agora estamos usando o acorde 2-, e o ouvido não espera uma resolução logo no próximo acorde. Ao invés disso, o ouvido reconhece que a real fonte de atração é o acorde 1, e que nós iremos passar por dois diferentes estados para chegar lá:

Se você quer tocar música jazz, você precisa entender essa progressão de acordes até o ínfimo detalhe. Isso é parte da razão de eu ter usado essa progressão para demonstrar nosso exercício Caminhos Melódicos, no Exercício 3. Eu quis lhe dar os desenhos para que você comece descobrindo os funcionamentos internos dessa importante série de acordes.

Além de ser importante em si mesmo, a progressão de acordes acima também serve como nosso *modelo* para preparar qualquer acorde maior. Então, da mesma forma que nós plagiamos 5D anteriormente para preparar acordes em um movimento, agora nós iremos plagiar 2- e 5D para preparar acordes em dois movimentos. Por exemplo, aqui está a progressão de dois movimentos que prepara o acorde 4:

ⓑ⑦	ⓑ⑦	7
6	6	⑥
⑤	⑤	5
④	4	④
3	③	③
②	2	2
1	①	①
5-	1D	4

E aqui está a progressão de dois movimentos que prepara 5D:

7	7	⑦
⑥	⑥	6
⑤	5	⑤
4	#④	④
③	3	3
2	②	②
①	①	1
6-	2D	5D

De fato, essas duas progressões juntas foram comumente usadas como ponte em standards de jazz antigos. Um exemplo é a ponte em "On the Sunny Side of the Street", cuja música foi composta por Jimmy McHugh:

‖ 5- | 1D | 4 | 4 |
| 6- | 2D | 2- | 5D ‖

Perceba que há um detalhe adicional interessante aqui. Bem quando o ouvido está esperando o acorde 5D no terceiro compasso da segunda linha, ao invés disso o acorde 2- aparece e nos faz começar a sentir atração em direção ao acorde 1. Isso prepara o retorno ao acorde 1, que é como a música começa. Quase toda ponte já escrita trabalha dessa mesma forma. Elas sempre acabam com uma progressão de acordes que nos faz querer voltar para o início da música novamente.

Agora, vamos dar uma olhada em como preparamos acordes menores em dois movimentos. Primeiro vamos olhar a preparação do acorde 6-, já que ele serve como modelo de preparação para todos os acordes menores também. Aqui está a progressão de acordes que leva ao acorde 6-:

Assim como a progressão 2-, 5D, 1 é o modelo para preparar todos os outros acordes maiores, essa nova progressão é o modelo para preparar todos os acordes menores. Aqui está como isso funciona na progressão para o acorde 2-:

Um exemplo é a canção brasileira "Manhã de Carnaval" de Luiz Bonfa (mais conhecido nos E.U.A. como "Black Orpheus"). A segunda metade da música começa com essas linhas:

```
|| 6-        | 7-b5  3D | 6-       | 6-       |
|  3-b5      | 6D       | 2-       | 2-       ||
```

O outro acorde menor que precisamos aprender a preparar é 3-. A progressão para 3- traz uma questão interessante. Vimos anteriormente que 7D é o acorde que prepara 3-, porque a nota 7 está exatamente uma quinta acima da nota 3. Mas qual acorde precisamos colocar antes do acorde 7D? Em outros palavras, qual é a nota que está exatamente uma quinta acima da nota 7? Se você chutou a nota 4 você errou, porque o intervalo entre 7 e 4 é uma *quinta bemol*. Precisamos colocar nosso primeiro acorde exatamente uma *quinta justa* acima da nota 7. Então, pela primeira vez, precisamos construir um acorde com uma nota raiz que está fora da escala maior. A nota que precisamos é #4. Aqui está a progressão completa:

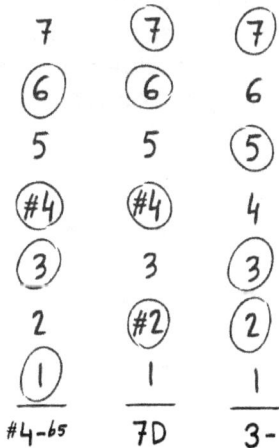

Essa progressão aparece nas canções "These Foolish Things" e "I Hear a Rhapsody". A ponte nas duas músicas começa em 3- e os acordes acima são usados para fazer a transição. Mas eu acho que o melhor exemplo do acorde #4-b5 é logo o primeiro acorde de "Stella by Starlight". O som incomum que inicia esse belo standard é precisamente o som de #4-b5.

Agora você já viu o conjunto completo de progressões de acordes que nos leva para cada destinação prática na escala maior. Eu digo cada destinação "prática" porque nós não criamos uma progressão que nos leva a 7-b5. A razão, como eu disse antes, é que esse acorde altamente instável simplesmente nunca é usado como destinação final de uma progressão de acordes. Então, eu não o incluo nesse conjunto inicial de progressões de acorde que você deve dominar. Aqui está nossa lista de trabalho:

```
acorde 1:    2-   ⟶  5D  ⟶  1
acorde 2:    3-b5 ⟶  6D  ⟶  2-
acorde 3:   #4-b5 ⟶  7D  ⟶  3-
acorde 4:    5-   ⟶  1D  ⟶  4
acorde 5:    6-   ⟶  2D  ⟶  5D
acorde 6:    7-b5 ⟶  3D  ⟶  6-
acorde 7:         (omitido)
```

É importante entender que as preparações em um movimento que vimos anteriormente estão na verdade contidas nessas progressões mais longas. Então, de fato, tudo que você viu até agora no Exercício 4 está resumido bem aqui nesse simples diagrama que você pode usar como guia em sua prática. Cada uma dessas progressões de acordes deve se tornar tão familiar para você quanto os sete acordes básicos da escala maior. Isso irá tomar tempo e prática. Mas a jornada é bela e vale bastante o esforço.

Uma vez que você tenha se tornado especialista em todas as progressões desse diagrama, há um detalhe final que você deve considerar antes de seguir em frente para a próxima seção. Você viu que a maneira como preparamos o acorde 1 e a maneira como preparamos o acorde 6- servem como modelos para preparar todos os outros acordes. Se sua destinação é maior, copiamos a progressão de acordes que nos leva ao acorde 1. Se sua destinação é menor, copiamos a progressão de acordes que nos leva a 6-. Mas uma variação comum que ocorre com muita frequência na música jazz é intercambiar esses sons para criar uma surpresa para o ouvido. Por exemplo, podemos usar a progressão de acordes *menor* para preparar um acorde *maior*. A maneira como fazemos isso é simplesmente alterar as escalas de 2- e 5D (que preparam o acorde 1) de forma que elas soem como 7-b5 e 3D (que preparam 6-). Então, o ouvido se surpreende quando chegamos a um acorde maior ao invés do esperado acorde menor. Abaixo está o resultado de usar a progressão de acordes menor para preparar o acorde 1:

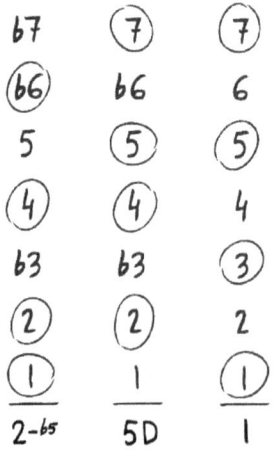

Vou deixar como exercício você descobrir exatamente porque essas são as notas que produzem esse efeito. Mas se você improvisar por um tempo sobre a progressão acima, o seu ouvido deverá reconhecer que os dois primeiros ambientes harmônicos são exatamente os mesmos que os ambientes harmônicos de 7-b5 e 3D. A única diferença está nos *nomes* que estamos usando para as notas, porque agora estamos chamando nossa destinação final de "1" ao invés de "6". Você consegue encontrar o ambiente harmônico 7-b5 escondido na coluna acima referente a 2-b5? Você consegue encontrar o ambiente harmônico 3D "escondido" na coluna acima referente a 5D? Se não, não se preocupe. Apenas toque a progressão e aprecie. Um dia desses você será tão bom em visualizar esses ambientes harmônicos que os verá até mesmo quando estiverem fora do lugar ou disfarçados.

Também podemos usar o mesmo princípio para preparar o acorde 4. Se quisermos, primeiramente, fazer um truque para o ouvido achar que estamos chegando em um acorde menor, podemos usar a seguinte progressão:

(b7)	(b7)	7
b6	b6	(6)
(5)	(5)	5
(4)	4	(4)
b3	(3)	(3)
(b2)	b2	2
1	(1)	(1)
5-b5	1D	4

Assim como antes, os dois primeiros ambientes harmônicos usam as exatas mesmas escalas que vimos para 7-b5 e 3D. Mas agora temos essas escalas deslocadas para outro local, de forma que o ouvido espera um acorde menor construído na nota 4.

Em ambos os casos, o conceito que estou tentando mostrar é na verdade muito simples. Enquanto estamos nos estágios de preparação, nós usamos notas que enganam o ouvido, fazendo-o achar que estamos nos movendo para um acorde menor. É apenas com a aparição final do acorde destino que de repente sentimos a mudança de menor para maior.

Provavelmente o exemplo mais claro da primeira progressão é a canção "Night and Day", de Cole Porter. As duas primeiras linhas são essa progressão menor para o acorde 1. Quando o ouvido escuta os acordes 2-b5 e 5D, ele automaticamente supõe que esses acordes são na verdade 7-b5 e 3D. Em outras palavras, o ouvido é enganado para que pense que estamos nos movendo em direção ao centro tonal menor 6-. Então, a aparição do acorde maior surpreende o ouvido e soa como um súbito raio de sol. Quando você estudar essa progressão de acordes, você verá o que quero dizer.

A ponte em "A Night in Tunisia", de Dizzy Gillespie, também nos mostra um exemplo dessa técnica:

```
|| 3-b5    | 6D    | 2-    | 2-         |
|  2-b5    | 5D    | 1     | 7-b5  3D  ||
```

Não se apresse em compreender todos esses conceitos em um nível intelectual. Apenas comece trabalhando com os sons que eu apresentei neste capítulo. A lógica da harmonia é muito simples, mas é difícil de explicar em palavras. A única maneira de compreendê-la é brincar com os sons e perceber por si mesmo como todos os diferentes formatos musicais podem ser combinados para criar diferentes efeitos.

Harmonia Mista – Algumas nuances adicionais

Você pode, na verdade, definir e estudar qualquer novo ambiente harmônico por conta própria, apenas analisando as alterações que esse acorde causa no tom original da canção. Eu vou deixar isso com você, já que há possibilidades demais para abarcar em um único livro. No entanto, existem só mais alguns sons tão comuns que eu gostaria de incluí-los aqui. Esses sons adicionais são 4D, 4- e b7D. Você deve estudar cada um desses ambientes harmônicos separadamente, e depois estudá-los em um contexto tonal. Uma boa maneira de fazer isso é simplesmente contrastar cada novo acorde com o acorde 1. Você pode usar Caminhos Melódicos para escutar como as vozes fluem entre os dois acordes, e pode usar Sete Mundos Expandidos e Cantar Acompanhado para improvisar sobre uma progressão de acordes formada por esses dois acordes combinados. Aqui está o desenho do ambiente harmônico 4D, junto com o acorde 1 como referência.

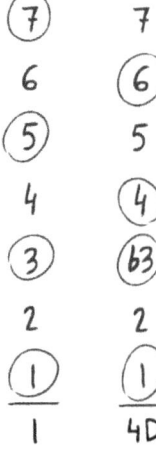

E aqui está o desenho do ambiente harmônico 4- próximo ao acorde 1:

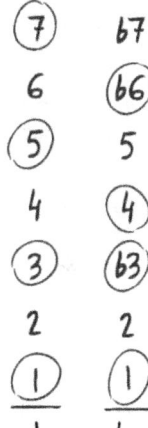

O acorde 4- é usado com muita frequência em stardards de jazz como um acorde transicional entre o acorde 4 e o acorde 3-. Ele é especialmente comum em uma progressão que chamo de "longa viagem para casa", do acorde 4 até o acorde 1. Aqui está uma maneira comum de fazer essa jornada harmônica:

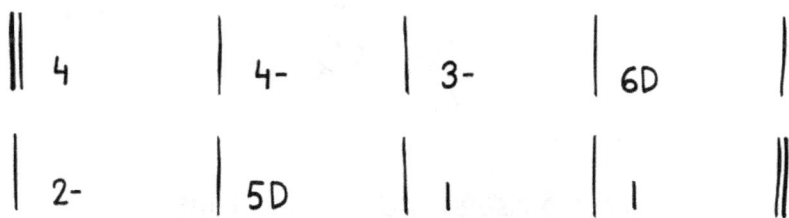

Você encontrará variações dessa ideia básica em muitos standards de jazz e bossas novas.

Aqui estão apenas alguns exemplos:

After You've Gone
All of Me
All the Things You Are
Anthropology
But Not for Me
Corcovado (Quiet Nights of Quiet Stars)
I've Got You Under My Skin
Meditation
My Romance
New York, New York
Summer Samba
There Will Never Be Another You
Triste
Wave

Como você pode ver nessa lista parcial, um dos mais poderosos benefícios de nosso ponto de vista tonal é que começamos a ver os mesmos elementos básicos em centenas de outras canções. Essas conexões são muito difíceis de perceber se apenas olharmos as progressões de acordes escritas, porque as canções estão escritas em diferentes tons.

O último som importante que eu gostaria de compartilhar com você nesta seção é b7D. Esse é um acorde dominante construído na nota b7. Ele tem um belo som tenso que é muito similar ao 4D. Ele aparece com frequência como uma maneira alternativa de criar tensão antes do acorde 1. Alguns exemplos claros desse som aparecem em "After You've Gone", "Stella by Starlight" e "There Will Never Be Another You". Vou mostrá-lo ao lado do acorde 1 de forma que você possa estudar as conexões com Caminhos Melódicos:

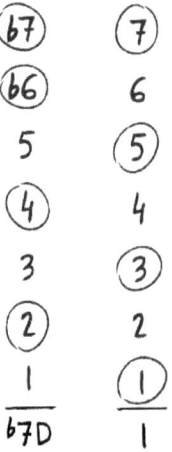

Harmonia Mista – Curtas passagens de outros tons

Muitas canções envolvem passagens curtas de outros tons. Isso é especialmente comum em música jazz. Na maioria dos cursos de improvisação, a abordagem padrão para essas passagens é simplesmente trocar tons mentalmente. As preparações em um movimento e dois movimentos que você viu no começo deste capítulo são meus próprios conceitos e não aparecem em outros cursos de harmonia e improvisação. Ao invés disso, o estudante de música jazz é instruído a simplesmente analisar uma partitura para identificar todas as progressões de acorde do tipo 2, 5, 1 que ocorrem naquela música. Cada uma dessas progressões é tratada como se fosse de fato uma mudança de tom. Ou seja, o estudante é ensinado a esquecer o tom original e considerar os próximos compassos como sendo de um tom completamente diferente. Em nossa linguagem tonal, poderíamos chamar isso de "mover nosso 1", porque nós literalmente declaramos uma nova nota como sendo a nota 1. A vantagem de fazer isso é que fica muito fácil tocar algo que soa musicalmente correto. Tudo o que você precisa fazer é praticar para ficar bom em fazer várias mudanças rápidas de tom, e todo o resto é muito fácil, porque em essência você gasta sua vida inteira apenas tocando a progressão 2-, 5D, 1. Nenhuma das outras progressões que estudamos no método IFR são necessárias se você quiser mover seu 1 constantemente.

Mas para tocar standards e outras músicas populares, eu não ensino harmonia dessa forma, porque isso não reflete a maneira como o ouvido humano de fato sente a música. Essas passagens curtas que usam notas de outros tons não são, na verdade, uma verdadeira mudança de tom. O ouvido humano continua a sentir o tom original o tempo todo. E assim, embora seja verdade que mudar de tom mentalmente irá levá-lo para as novas "notas corretas", isso não é a melhor abordagem se o seu objetivo é expressar os sons que você imagina. Isso não significa que você não pode se tornar um grande músico usando a abordagem tradicional de constantemente mudar de tom. Muitos músicos criativos maravilhosos foram ensinados a improvisar, inicialmente, com escalas e teoria. Mas minha opinião pessoal é que isso é uma abordagem superficial em compreender canções e apenas torna as coisas ainda mais confusas para o improvisador iniciante.

Por essa razão, quando você encontrar passagens curtas de outros tons nas canções que você tocar, eu o encorajo a estudar esses acordes pacientemente e trabalhar para integrá-los em sua consciência tonal, do jeito que você viu neste capítulo. Tente compreender cada nota relativamente ao *tom original*, e aprenda a trabalhar com essas notas sem ter que mentalmente trocar tons. Evitar mudanças de tom desnecessárias é uma parte importante de manter o seu compositor interior engajado e no controle.

Harmonia Mista – Mudanças de tom genuínas e música modal

Mudanças de tom genuínas, por outro lado, são uma história completamente diferente. Mudanças de tom genuínas não são, na verdade, uma parte da Harmonia Mista, porque elas não representam uma deformação no ambiente harmônico original. Elas representam uma mudança para um ambiente harmônico completamente *novo*. Toda vez que há uma mudança de tom genuína em uma música, seu ouvido perde toda a memória do tom original e não tem o desejo de voltar. Nesses casos faz todo o sentido "mover seu 1". Mas perceba que a razão de movermos nosso 1 nesse caso é a mesma razão de *não* o movemos no outro caso. Em ambos os casos, nós apenas queremos que nosso mapa tonal corresponda ao que nosso ouvido está de fato sentindo. Toda vez que houver uma mudança de tom genuína, seu ouvido irá esquecer o tom original e se orientar em relação ao novo. Assim, não seria de ajuda continuar pensando em termos de tom original, uma vez que ele simplesmente não é mais relevante.

Algo semelhante a uma mudança de tom genuína acontece constantemente no estilo mais modal de composição jazz que se tornou popular nos anos 60, sendo o melhor exemplo disso o grupo que Miles Davis tinha na época, com Wayne Shorter, Herbie Hancock, Ron Carter e Tony Williams. Em muitas de suas composições, os acordes individuais não formam progressões de acordes tonais como estamos estudando no Exercício 4. Ao invés disso, cada novo acorde é um ambiente harmônico completamente novo, independente em si mesmo. Nessas composições, cada acorde em uma música pode soar como uma mudança genuína de tom. Por essa razão, quando tocamos esse tipo de música, também precisamos flutuar de um tom para o outro se quisermos ter ideia do que o nosso ouvido está sentindo. No método IFR, isso é o que trabalhamos no Exercício 5: Harmonia Livre.

No entanto, nosso foco agora é em desenvolver uma fundação bastante sólida nos sons essenciais da Harmonia Mista. Essa fundação irá nos dar uma completa maestria da harmonia tonal como ela aparece na música popular de todo o mundo. Para instrumentistas de jazz isso significa tudo, desde blues e standards mais antigos até a era be-bop. Concentre-se nesse material por agora, para aprender as lições importantes de Harmonia Mista. Para seu ouvido, isso é uma preparação necessária para a improvisação totalmente livre que iremos praticar mais tarde.

Resumo

No Exercício 4, você aprendeu a utilizar um modelo mental simples e compacto que lhe permite incorporar qualquer novo som à sua consciência tonal e estudá-lo da mesma forma que você estudou os sete ambientes harmônicos básicos da escala maior. Isso é um projeto para a vida toda, já que há virtualmente uma gama ilimitada de sons que poderiam teoricamente ser estudados dessa forma. No entanto, neste capítulo eu incluí os sons mais importantes da Harmonia Mista de forma que você possa partir para o trabalho imediatamente, descobrindo-os por conta própria e fazendo música com eles.

Eu o encorajo a tomar o tempo necessário para explorar cada uma dessas progressões da Harmonia Mista de forma muito profunda. Mais tarde, você encontrará essas mesmas progressões de acordes em quase todas as canções que quiser tocar. Mas o problema de tentar aprender sobre harmonia através de canções é que a maioria delas contém diversos conceitos harmônicos que valem a pena ser estudados profundamente. Devido ao fato de esses acordes passarem tão rápido, ao se improvisar em cima de uma canção inteira, você poderá conseguir apenas alguns segundos para experienciar um dado ambiente harmônico. Isso não lhe dá o tempo suficiente para de fato explorar o funcionamento interno da harmonia de forma que você compreenda o que está acontecendo.

Essa exploração profunda é exatamente o que fazemos nas Bases Musicais IFR Nível 4: Harmonia Mista Elementar e nas Bases Musicais IFR Nível 5: Harmonia Mista Avançada. E quando você estiver pronto para estudar os tópicos mais avançados cobertos neste capítulo, você pode adicionar as Bases Musicais IFR Nível 6: Sol e Lua à sua prática. Você encontrará todos esses recursos em ImproviseForReal.com.

O tempo

Você lembra quando era criança, quando poderia passar horas deitado na grama apenas olhando para as nuvens? Você consegue lembrar quando tinha todo o tempo do mundo para refletir sobre seus próprios pensamentos e experiências?

A maioria das pessoas nunca percebe a liberdade delas escapando entre os dedos. Nós simplesmente começamos aos poucos a sentir que não podemos permitir a nós mesmos certos luxos. A maioria dos adultos aprendem a viver mais ou menos com uma sensação constante de estar com pressa. Nós nem sequer sabemos porque estamos com tanta pressa. Apenas sabemos que estamos.

O que é irônico é que apesar de toda nossa agitação, ainda assim conseguimos desperdiçar quantidades enormes de tempo. Podemos facilmente ser seduzidos em assistir a uma hora de televisão ou outro entretenimento. Mas a maioria de nós não permitiria a si mesmo uma hora inteira para apenas sentar silenciosamente e olhar as nuvens.

O segredo do IFR não é alguma maneira especial de compreender harmonia. Música é tão simples que você poderia compreendê-la por conta própria se você se dedicasse a ela por um tempo. De fato, somente tocando as notas da escala maior e as ouvindo de verdade já levaria você a compreender tudo o que se precisa saber sobre harmonia. O verdadeiro segredo do método IFR é simplesmente criar uma prática diária em que essa reflexão seja possível.

Alguns dos nossos alunos nos dizem com orgulho na primeira aula que estão dispostos a trabalhar duro. Nós sempre fazemos a eles a mesma pergunta: "Mas você está disposto a *parar* de trabalhar muito duro?" A maioria de nós foi ensinada a pensar o crescimento musical como uma acumulação contínua de conhecimento e habilidades tal que é melhor acelerarmos se quisermos ir longe. Histórias sobre crianças prodígio apenas confirmam nossas suspeitas de que já estamos para trás. Aos poucos, nosso amor inocente pela música é obscurecido pela crescente preocupação em melhorar nossas habilidades. Para alguns, essa luta por aperfeiçoamento na verdade *se torna* todo o seu relacionamento com a música. "Tocar" dá lugar a "praticar". Tornamo-nos incapazes de apreciar plenamente o que estamos fazendo no momento porque estamos tão ansiosos a chegar aonde queremos ir.

Mas o momento presente não é apenas um intervalo de descanso do nosso progresso adiante. O momento presente *é* o nosso progresso adiante. As verdadeiras grandes descobertas não estão esperando por você em algum lugar "lá" no próximo capítulo ou na lição da próxima semana. Elas estão bem diante dos seus olhos, pacientemente esperando serem notadas. Para vê-las por si mesmo, tudo o que você precisa fazer é *desacelerar* e dar sua atenção plena ao que você está fazendo. Infelizmente, isso não é fácil de fazer em uma sociedade que constantemente nos diz para nos movermos mais rápido senão arriscamos cair pelo caminho.

Em resumo, meu conselho para você é: caia pelo caminho. Perca-se na contemplação dos mais simples sons. Esqueça "todo aquele material" que você gostaria de dominar um dia. Jogue fora sua lista de "coisas para fazer". Maestria apenas vem com o crescimento de sua compreensão pessoal, e isso apenas pode acontecer quando sua mente está vazia e calma. Se você quer atingir seu mais alto potencial como um artista criativo musical, o primeiro passo é se reapropriar da liberdade que você desfrutava quando criança, ao se deitar na grama e olhar para as nuvens. A verdade é que você sempre teve essa liberdade o tempo todo.

Tocando standards de jazz

Você não precisa dominar cada novo som da Harmonia Mista para começar a tocar e improvisar em cima de um repertório de canções com outros músicos. Você pode escolher canções de qualquer estilo, já que os conceitos de harmonia que você vem estudando são os mesmos para toda a música popular moderna. Os conceitos são igualmente aplicáveis a gospel, soul, bluegrass, country, rock, salsa, tango, flamenco ou qualquer das centenas de outros estilos musicais. E você pode improvisar de forma igualmente livre em qualquer desses estilos, mesmo que improvisação não forme uma parte importante da tradição daquele estilo.

Mas há um tipo de música que é tão rico e perfeito para improvisar que seu nome se tornou quase sinônimo com improvisação. Esse estilo é a música jazz. Jazz é como o paraíso do improvisador. É como se uma cultura musical inteira tivesse sido criada para nós. Em outros estilos de música, você tem sorte se seus companheiros de banda derem a você permissão de fazer ligeiras variações na sua parte. Mas na música jazz, parte-se do princípio de que você tem completa liberdade criativa de improvisar qualquer coisa que tocar. Os outros músicos dão bastante espaço para você criar o que quiser, e eles complementam suas ideias com respostas criativas próprias. De repente, não se trata mais apenas de expressão própria. Agora você pode se engajar em um autêntico diálogo com outros músicos e ter conversas musicais inteiras.

O mais poderoso aspecto dessa comunicação entre músicos é algo que nem mesmo está coberto neste livro, que é ritmo. Em qualquer bom grupo de jazz há sempre uma intensa conversação rolando que tem a ver com o uso do *tempo* por cada músico.

E mesmo as músicas que os instrumentistas de jazz usam como veículos para suas improvisações são tão sofisticadas e belas que são uma perfeita inspiração para um improvisador. Com um ambiente tão ideal formado por harmonia interessante, conversação rítmica e a energia criativa de outros músicos, tocar música jazz pode ser um dos maiores prazeres na terra. É por isso que tantos músicos continuam a tocar e improvisar em cima de música jazz.

Para estudar qualquer canção (independentemente do estilo) usando nosso método tonal, você primeiramente precisa criar um rascunho tonal da canção. É isso que nos permite enxergar como a canção realmente funciona. Mantenha em mente que esses rascunhos tonais não se propõem a substituir a partitura tradicional. Ao invés disso, pense neles como meros exemplos didáticos que o ajudam a ver por si mesmo como essas canções funcionam. Meu objetivo não é substituir o sistema de partituras padrão por um sistema diferente. Meu objetivo é quebrar sua dependência em relação à música escrita.

Você pode criar seu próprio rascunho tonal de uma canção começando a partir de uma partitura ou gravação:

> **Começando a partir de uma partitura.** Para fazer um rascunho tonal a partir de uma partitura cifrada ou outra partitura, primeiro você precisa identificar o tom em que a canção está escrita. Depois, você precisa escrever tanto a melodia como os acordes

em números tonais relativos a esse tom. Identifique o formato de acorde de cada um dos acordes que aparecem na canção: maior, dominante, menor, ou menor com quinta bemol. Não se preocupe se alguns dos acordes não lhe são familiares. Você provavelmente vai encontrar muitos formatos de acordes construídos em localizações não familiares. Por exemplo, você poderá encontrar um acorde dominante construído na nota b3. Mesmo que você não tenha experiência com esse acorde, o primeiro passo é apenas escrevê-lo em nossa linguagem tonal. Então, você escreveria apenas "b3D" e seguiria em frente. Depois, faça o mesmo para cada nota da melodia, escrevendo cada nota usando o respectivo número tonal. Quando o rascunho tonal estiver finalizado, você será capaz de enxergar exatamente onde quaisquer sons desconhecidos estão localizados. Provavelmente, você já estará familiarizado com a maioria dos acordes, mas normalmente há pelo menos alguns que serão novos para você. Para esses acordes que ainda não estudamos, precisamos analisar quaisquer mudanças que os acordes criam no ambiente harmônico básico. Basicamente, você definirá um novo ambiente de "Harmonia Mista", assim como aqueles que temos estudado no Exercício 4. Desenhe a coluna de notas da mesma forma que fizemos no Exercício 4, e indique quaisquer sustenidos ou bemóis necessários para criar o novo acorde. Finalmente, circule as notas do acorde de forma que você possa enxergar instantaneamente o que realmente está acontecendo na harmonia naquele momento. Estude esse novo ambiente harmônico da mesma forma que você tem estudado os ambientes harmônicos que eu já lhe mostrei. Dessa forma, você continuará a crescer como músico a cada canção que tocar. Com o tempo, você verá que mais e mais acordes lhe são familiares, porque você já os estudou em outras canções.

Começando a partir de uma gravação. À medida que sua confiança em relação à Harmonia Mista crescer, será cada vez mais fácil para você fazer rascunhos tonais diretamente de gravações musicais. Você está se preparando para isso toda vez que trabalha nas atividades "Siga a Melodia" e "Siga a Harmonia" dos Exercícios 2 e 3. Seu sucesso em transcrever uma canção inteira depende de você ter ou não experiência pessoal com cada acorde da canção. Ninguém pode esperar que você reconheça um acorde que não estudou. Então, não se sinta mal quando você se depara com acordes que você simplesmente não reconhece. Toda vez que você estiver desorientado, apenas deixe o espaço em branco no seu rascunho tonal e vá procurar uma transcrição da canção para descobrir qual acorde está sendo tocado naquele momento. Depois, evidentemente, você vai querer estudar esse acorde incomum da mesma forma que fizemos no Exercício 4. Com o tempo, o seu repertório de acordes irá crescer e você vai descobrir mais e mais canções que você pode transcrever inteiramente apenas de ouvido.

Para começar, vamos olhar alguns exemplos de standards de jazz e escrevê-los em nossa linguagem tonal. Um ótimo ponto de partida é o clássico "Autumn Leaves". Somente com o primeiro conceito de Harmonia Mista, o acorde 3D, você já pode tocar essa canção inteira em qualquer tom. Sempre me espanto com o fato de mesmo alguns excelentes músicos de jazz encontrarem problema em tocar "Autumn Leaves" em um tom não familiar. Eu acredito que o problema é que eles estão se prendendo aos nomes dos acordes e não percebem que a harmonia inteira da canção é simplesmente a escala maior somada ao acorde 3D. Aqui está meu rascunho tonal da canção. Perceba que 3D é o único acorde que não vem diretamente da escala maior.

Autumn Leaves - music by Joseph Cosma

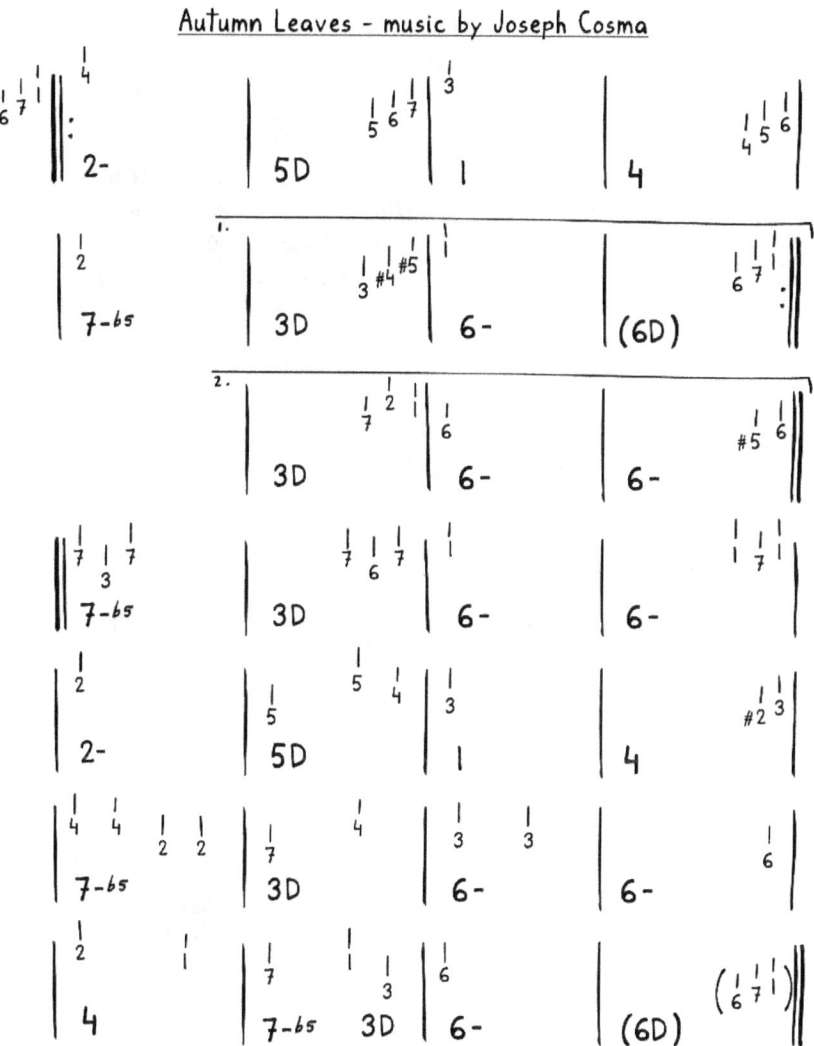

Essa canção é um exemplo muito bonito de uma música que entrelaça as duas progressões de acordes mais importantes que conhecemos, o caminho para o acorde 1 e o caminho para o acorde 6-. Em meu próprio rascunho tonal há alguns acordes adicionais em parênteses, mas você não precisa se preocupar com eles agora. Apenas comece a trabalhar com a canção e permita que ela seja parte do caminho para você compreender o acorde 3D.

Aqui estão algumas ideias de como você poderia estudar essa ou qualquer outra canção para realmente compreendê-la:

1. Cante a melodia em números todo dia.
2. Toque a melodia todo dia em um tom diferente.
3. Estude cada acorde individualmente da maneira que você aprendeu a fazer em Sete Mundos Expandidos do Exercício 3.

4. Toque os acordes no piano em todos os diferentes tons usando Acordes de Descanso, como você aprendeu a fazer no Exercício 3. (Esse é um exercício importante mesmo para pianistas. Embora pareça uma maneira muito primitiva de tocar acordes, ele dá uma importante visão de *onde* exatamente cada nota está na oitava tonal.)

5. Pratique improvisar sobre a progressão de acordes inteira utilizando Sete Mundos Expandidos, Caminhos Melódicos e Cantar Acompanhado, como você aprendeu no Exercício 3. Não esqueça de cantar livremente de vez em quando, sem nem mesmo tentar visualizar onde você está na oitava. É sobre isso que conversamos a respeito em "Libertar sua Imaginação", do Exercício 2.

6. Encontre tempo para escutar as gravações da canção e aprecie a música sem tentar analisá-la de jeito algum. Deixe a canção entrar em você em um nível inconsciente. Não tente reconhecer as notas da forma que fizemos em "Siga a Melodia". Ao invés disso, lembre-se do que eu disse a você anteriormente: *memorize o som*. Um verdadeiro improvisador cria música no mundo dos sons. Quando você escutar uma melodia especialmente bela, apenas permaneça lá no mundo dos sons e aprecie cada detalhe que puder.

Como exemplo de como você pode praticar Caminhos Melódicos, eu vou lhe dar meu próprio desenho dos acordes da canção. Esse é o desenho que eu usaria para descobrir e praticar todos os caminhos melódicos da harmonia.

7	(7)	(7)	7	(7)	(7)	7
(6)	6	6	(6)	(6)	6	(6)
5	(5)	(5)	5	5	(#5)	(5)
(4)	(4)	4	(4)	(4)	4	4
3	3	(3)	(3)	3	(3)	(3)
(2)	(2)	2	2	(2)	(2)	2
(1)	1	(1)	(1)	1	1	(1)
2-	5D	1	4	7-b5	3D	6-

Não se abale com a quantidade de tempo e esforço que dedicamos a aprender cada canção. Lembre-se que tudo que você aprende em uma canção irá também capacitá-lo a tocar muitas outras canções. Então, nós não estamos apenas estudando "Autumn Leaves". Nós também estamos permitindo que a canção em si nos ensine alguns conceitos tremendamente importantes de harmonia básica. Queremos estudá-los profundamente porque vamos continuar a ver esses conceitos repetidas vezes em outras canções.

No caso de "Autumn Leaves", o único conceito novo para você é o acorde 3D. Então, essa canção lhe dá a oportunidade perfeita para se sentir confortável com o acorde 3D. Mais tarde, quando encontrar esse mesmo acorde em outras canções, você não terá que estudá-lo em detalhe porque já o conhecerá intimamente.

O próximo exemplo é a bossa nova brasileira "Manhã de Carnaval", por Luiz Bonfa (frequentemente listada como "Black Orpheus" em fake books de jazz). Essa canção contém tudo o que vimos em "Autumn Leaves" somado a um conceito adicional de Harmonia Mista, o caminho para o acorde 2-. Aqui está minha transcrição tonal:

Manhã de Carnaval (Black Orpheus) – Luiz Bonfa

```
| 6-        | 7-b5   3D | 6-        | 7-b5   3D |
| 6-        | 2-    5D  | 1         | #1°       |
| 2-        | 5D        | 1         | 4         |
| 7-b5      | 3D        | 6-        | 7-b5   3D |
| 6-        | 7-b5   3D | 6-        | 7-b5   3D |
| 3-b5      | 6D        | 2-        | 2-        |
| 2-        | 7-b5   3D | 6-        | 4      #5 |
| 7-b5      | 3D        | 6-        | (7-b5  3D)||

| 2-  6-  | 2-  6-  | 2-  3-  | 6-  ||
```

Perceba que nesta canção os únicos acordes que não vêm diretamente da escala maior são o 3D (que prepara o 6-) e os acordes 3-b5 e 6D (que preparam o 2-). Em minha transcrição, você também irá perceber um acorde diminuto no compasso 8. Você encontrará o tratamento completo para acordes diminutos nas Bases Musicais IFR Nível 7: Acordes Diminutos. Mas por agora, você pode simplesmente considerá-los como sendo o acorde 6D, que realiza a mesma função harmônica do acorde diminuto indicado.

Outra grande canção que não inclui acordes novos em demasia é o standard "All of Me". Esse é um exercício maravilhoso referente ao primeiro conceito do Exercício 4, que é o uso de dominantes secundários para preparar novos acordes em apenas um movimento.

All of Me – Gerald Marks and Seymour Warren

1 5 3	1 2 1	1 7 #5 1 3	3D
1	1	3D	3D

6 5 1 3	#2 3 b7 6	1 5 4	
6D	6D	2-	2-

3 b3 2	3 #5 7	2 1	
3D	3D	6-	6-

7 b7 6	6 2 7	6	7
2D	2D	2-	5D

1 5 3	1 2 1	1 7 #5 1 3	
1	1	3D	3D

6 5 1 3	#2 3 b7 6	1 5 4	
6D	6D	2-	2-

2 1 7	2 1	7 3 5	7 6
4	4-	3-	6D

1 6	3 3	1	1
2-	5D	1	1

E aqui está uma grande canção que permite a você praticar os caminhos para todos os três mais importantes centros tonais em nossa música: o acorde 1, o acorde 6- e o acorde 4. A canção é "There Will Never Be Another You".

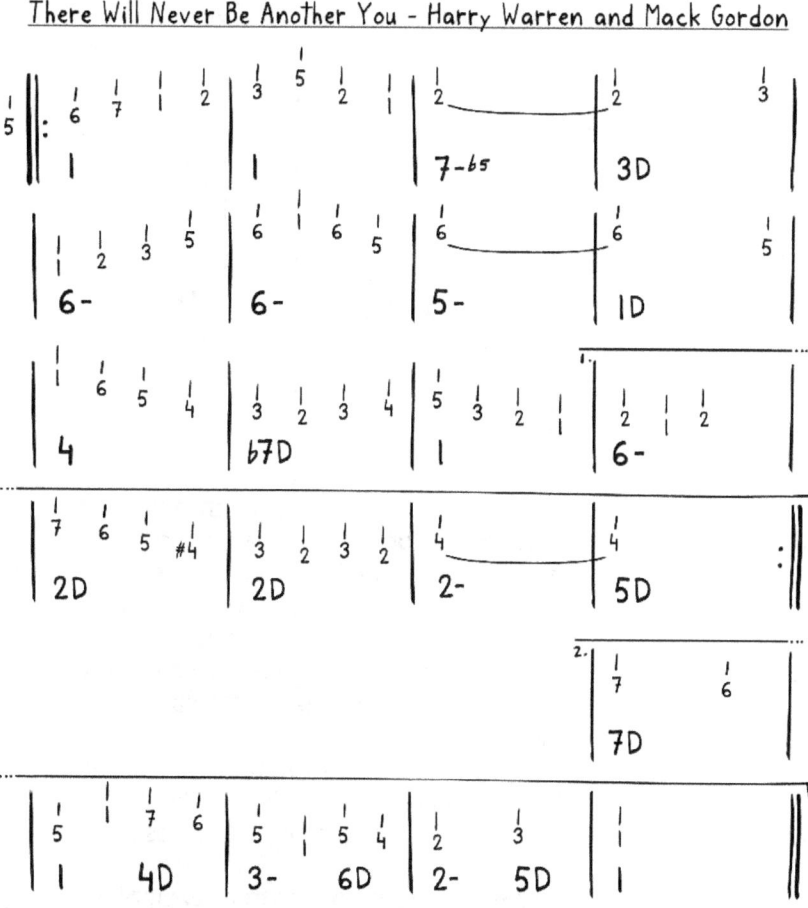

Tome um minuto para reparar como essa canção funciona. Ela tem uma harmonia muito bela que é bastante simples de entender. A canção começa no acorde 1, depois nos leva a caminho de 6- e depois a caminho para o acorde 4. Quando chegamos no acorde 4, começamos uma variação do que eu chamo de "longa viagem para casa", do acorde 4 descendo de volta para o acorde 1. (Essa é a progressão que eu expliquei no final do Exercício 4.) Essa é uma canção maravilhosa para estudar porque é uma bela viagem através dos três mais importantes centros tonais da música ocidental. Não há exemplo melhor para se ensinar.

Enquanto você estudar "There Will Never Be Another You", preste atenção especial ao som de 5- logo depois de 6-. Esse é um movimento muito fácil de reconhecer e, porque é uma transição muito bonita, ele aparece em muitas músicas. Provavelmente meu exemplo favorito desse movimento está na bela balada "Blue in Green", de Miles Davis e Bill Evans. Eu não quero incluir a melodia porque a interpretação de Miles é tão livre que eu não me sinto confortável em dizer qual é a verdadeira melodia. (E eu não concordo integralmente com a melodia impressa na maioria dos fake books de jazz.) Mas aqui está a progressão de acordes completa, e eu vou deixar a interpretação da melodia por sua conta:

Blue in Green – Miles Davis and Bill Evans

2-	3D	6-	5- 1D
4	3D	6-	7D
3-	6-		

Eu quero que você perceba como é fácil entender o movimento harmônico dessa canção. Olhe para o movimento de um acorde para o próximo e imagine-se movendo pelo seu mapa tonal, apenas tocando a nota raiz de cada acorde. Perceba que cada movimento é um movimento simples para cima ou para baixo na escala (por exemplo, o movimento para cima de 2- para 3D que inicia a canção) ou então é um dos saltos que temos estudado (por exemplo no salto do 3D para 6-). Assim, essa é uma excelente canção para praticar "Siga a Harmonia". Ao começar, você poderá não ser capaz de reconhecer todos os acordes de ouvido porque você provavelmente não ganhou experiência suficiente trabalhando com cada um desses acordes separadamente. No entanto, use meu rascunho tonal para se orientar. Se você escutar com atenção a canção e seguir meu rascunho tonal, eu acredito que você irá obter o primeiro sabor de como é reconhecer acordes de ouvido.

Eu poderia facilmente preencher o resto deste livro com mais exemplos, mas você também pode fazer esses rascunhos tonais por conta própria. Para qualquer canção que você gostaria de tocar, apenas identifique o tom da música e depois traduza cada nota e cada acorde para a nossa linguagem tonal. No entanto, lembre-se que nosso objetivo não é meramente traduzir canções para nossa própria linguagem e depois memorizar os novos símbolos de acordes. O que nós realmente estamos tentando fazer é *compreender* as canções, para chegarmos ao ponto em que não mais precisaremos do nosso esboço tonal porque poderemos *ouvir* a harmonia da canção. As melhores canções para você estudar dessa forma são as canções que você ama e que têm um significado especial para você. Essas são as canções que mais têm a lhe ensinar. Analise essas canções e estude cada novo ambiente harmônico dentro delas de forma bastante paciente, para que você possa vir a reconhecê-los instantaneamente apenas pela maneira como soam. Dessa forma, você pode se libertar de ter que memorizar progressões de acordes, e ao invés disso aprender a depender do seu ouvido como sendo a única orientação de que precisa.

Você também irá encontrar um estudo completo de muitos standards de jazz populares na série Standards de Jazz IFR. Cada standard é decomposto nas progressões de acordes que o constituem e que são abordadas no Exercício 4: Harmonia Mista, de forma que você possa ver exatamente como esses conceitos aparecem nas canções que você ama. E para cada standard, nós fornecemos muitos insights criativos, dicas práticas e bases musicais em todos os 12 tons para a prática dos seus solos. Você encontrará a série completa Standards de Jazz IFR em ImproviseForReal.com.

Tocando o blues

Uma característica curiosa do método IFR é que ele demorou todo esse tempo para chegar no que normalmente é a primeira coisa que qualquer estudante de improvisação aprende: o blues. Isso porque o blues de 12 compassos, embora simples na forma, envolve mudanças no ambiente harmônico que nós não saberíamos como lidar até começarmos a trabalhar com Harmonia Mista.

Antes de olhar essa harmonia, eu quero deixar claro o que quero dizer com "tocando o blues". A palavra "blues" se refere a uma maneira de fazer música que existia nos Estados Unidos por volta do final do século XIX. É uma criação afro-americana. Devemos ter cuidado em tentar não reduzir esse enorme corpo de poesia e música a um punhado de mudanças de acordes. Como professor, sou completamente desqualificado para lhe dar sequer a noção mais simples do que o blues realmente se trata. Se você quer descobrir algo sobre essa bela tradição e o que ela significou para as pessoas que a criaram, um bom lugar para começar seria o livro "Blues People" de Amiri Baraka. É um dos melhores livros que já li sobre blues, jazz e cultura afro-americana.

Mas a palavra "blues" também tem um significado diferente para músicos de jazz contemporâneos. Quando dizemos, por exemplo, que vamos tocar um "blues em F", o que estamos realmente falando é de uma forma específica de canção. Essa forma, também chamada de "blues de 12 compassos", é apenas uma das incontáveis formas de canção que existiram na música blues tradicional. Mas essa é a única forma de canção de blues que os músicos de jazz continuam a tocar hoje em dia, e por essa razão com frequência a chamamos simplesmente de um "blues". É essa forma de canção que quero lhe mostrar, para que você também possa tocar um "blues em F" ou em qualquer outro tom quando você for convidado para tal.

O fato curioso a respeito de como tocamos um blues é que todos os acordes são acordes dominantes. Em outras palavras, o ambiente harmônico básico da canção *não* é a escala maior, mas na verdade o acorde 1D. Isso afeta não apenas o acorde 1D, mas também o acorde 4D, como você verá em instantes. Primeiro, vamos apenas olhar para um exemplo típico de mudanças em blues:

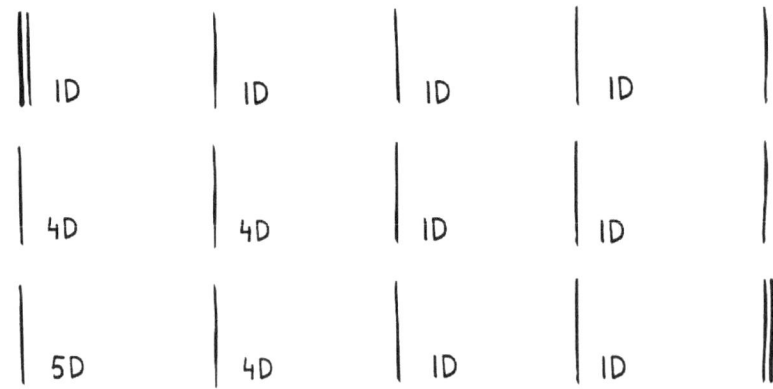

É importante entender como essas mudanças de acorde dão suporte à letra da canção. Tradicionalmente, apesar de a canção ter três linhas, há de fato apenas duas linhas diferentes na letra. A primeira linha da canção é o comentário sobre um problema ou algum tipo de frase provocativa que nos deixa adivinhando sua resolução. Depois, na segunda linha da canção, essa mesma frase é *repetida* uma segunda vez, intensificando seu impacto. E finalmente a resolução é dada na terceira linha da canção.

É essa conexão com a letra que irá ajudá-lo a compreender o propósito e a função harmônica de cada acorde. Veja o desenho acima e reflita em como a harmonia apoia a história que está sendo contada pela letra. Na primeira linha, a harmonia permanece no acorde 1D, permitindo que o cantor faça sua declaração inicial sem qualquer distração de fundo. Mas repare o que acontece na segunda linha enquanto o cantor repete sua declaração inicial. Agora o fundo harmônico muda para o acorde 4D, elevando o nível de suspense e nos ajudando a perceber a urgência da mensagem que está sendo repetida. Essa linha é finalizada ao se retornar para o acorde 1D, criando a sensação de inevitabilidade ou mesmo de tragédia. É o complemento harmônico perfeito para conferir autoridade às palavras do cantor.

Finalmente, a harmonia da terceira linha é o que amarra toda a história. Lembre-se que a terceira linha da canção é o momento em que o cantor revela a segunda metade da letra, a parte que explica ou resolve a declaração apresentada anteriormente. Repare que na harmonia, a terceira linha abre com um acorde 5D criando um momento de tensão máxima, bem quando o sentido da história está para ser revelado. Esse fundo harmônico é então ligeiramente relaxado para o acorde 4D, sugerindo resignação ou uma complexidade adicional no discurso do cantor. É como se a mensagem precisasse de apenas mais algumas palavras de elaboração para ser inteiramente compreendida. E, finalmente, a harmonia retorna ao acorde perfeitamente resolvido 1D, logo que o cantor profere a palavra final da música.

Eu exponho isso porque acredito que se você conseguir se conectar com o significado dessas três linhas, irá se sentir muito mais inspirado a fazer música com elas. A beleza e a significância do blues não estão contidas nos acordes propriamente ditos. Para captar o poder dessa forma de música, você precisa escutá-la por si mesmo, e isso significa escutar diversos artistas de blues tradicionais cantando canções dessa forma. Eu o encorajo a levar a sério essa parte do seu desenvolvimento musical. Antes de você ser capaz de verdadeiramente expressar o que quer sobre o blues, você precisa sentir o poder dessa tradição por si mesmo. Então, leve o tempo que for necessário para enriquecer seu pensamento musical com a poesia, expressividade e o som de grandes artistas do blues. Essa é a única forma de compreender algo sobre o blues.

O que podemos fazer aqui, no entanto, é olhar mais de perto os sons que são usados para criar esses diferentes momentos na harmonia do blues de 12 compassos. Há três ambientes harmônicos que ocorrem na canção. São eles:

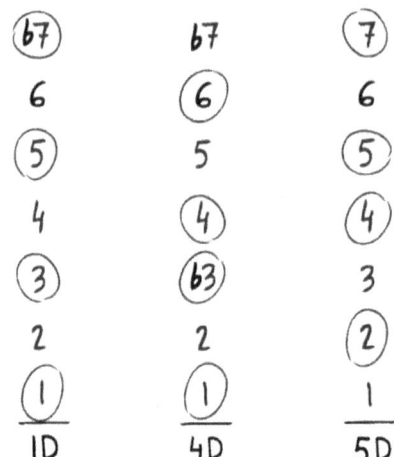

Perceba que o ambiente harmônico 4D apresentado aqui é diferente do ambiente harmônico 4D que eu lhe mostrei no Exercício 4. A diferença está na nota 7. No verdadeiro ambiente harmônico 4D que você viu no Exercício 4, a nota 7 não está alterada. Esse é um importante detalhe que é o que confere ao 4D um som tão belo e marcante.

Mas o que temos no blues é algo diferente. O ambiente harmônico básico do blues não é a escala maior, mas na verdade o acorde 1D. Isso significa que a nota b7 já está presente no ambiente harmônico original da canção. Quando o acorde 4D aparece e deforma esse ambiente, a 7ª bemol ainda está lá. É apenas quando o acorde 5D aparece que essa nota se corrige, já que 5D requer que a nota 7 seja natural.

Não importa, na verdade, se você consegue ou não acompanhar minha explicação, já que é mesmo muito subjetiva. Lembre-se que nossa análise desse ambiente harmônico não se propõe a lhe dizer quais notas você tem permissão de tocar. Você sempre pode tocar a nota que quiser, expressando seja qual som você ouvir em sua mente. Então, tudo que estamos realmente tentando fazer com qualquer tipo de análise harmônica é apenas criar um mapa que corresponde àquilo que ouvimos e sentimos quando escutamos a canção. O único propósito desse mapa tonal é ajudá-lo a se orientar na canção. Então, se você prefere usar uma nota diferente no seu mapa tonal do que eu uso no meu, está tudo bem. Você deve sempre procurar organizar a harmonia da forma que soa mais natural para você.

Além de escutar diversas canções de blues, a outra coisa importante que você deve fazer para compreender harmonia de blues é estudar esses três acordes e os relacionamentos entre eles. Eu recomendo usar Caminhos Melódicos para investigar a conexão entre 1D e 4D, e também a conexão entre 5D e 1D. Isso irá ensiná-lo tudo que é preciso saber sobre como as vozes fluem de um acorde para o próximo.

Agora, iremos olhar para a forma de canção chamada "blues menor". Curiosamente, para tocar um blues menor não precisamos de nenhum dos novos conceitos da Harmonia Mista. Todos os três acordes do blues menor básico estão contidos bem na própria escala maior. A seguir, está um exemplo de um típico blues menor. Também para essa forma, você deve estudar todas as conexões com Caminhos Melódicos para perceber por si mesmo como a harmonia flui através das mudanças de acorde.

```
|| 6-     | 6-     | 6-     | 6-         |
| 2-     | 2-     | 6-     | 6-         |
| 3-     | 3-     | 6-     | 6-        ||
```

Uma vez que você esteja confortável em tocar as mudanças do blues básico maior e menor, você poderá pensar em como pode usar os conceitos que aprendeu no Exercício 4 para criar um senso de movimento harmônico adicional nessas canções. Por exemplo, aqui está uma maneira como um blues maior de 12 compassos pode ser tocado por músicos de jazz hoje:

```
|| 1D       | 4D      | 1D      | 5-    1D   |
| 4D       | 4D      | 1D      | 3-b5  6D   |
| 2-       | 5D      | 1D      | 2-    5D  ||
```

E aqui está um exemplo de como um blues menor pode ser tocado:

```
|| 6-      | 6-      | 6-      | 6D        |
| 2-      | 2-      | 6-      | 6-        |
| 7-b5    | 3D      | 6-      | 6-       ||
```

Poderíamos seguir em frente, imaginando substituições de acorde muito mais sofisticadas que manteriam apenas uma relação bastante abstrata com a forma original da canção. Mas eu faço uma advertência com relação a usar um mapa exageradamente complicado. Dentro da sua própria imaginação, você já possui uma capacidade ilimitada de abstração. Então, não é necessário ter um mapa complicado para tocar música sofisticada. Ao manter seu modelo mental muito simples, você pode improvisar muito mais livremente e fazer música muito mais sofisticada sem se perder. Além disso, é importante manter seu modelo mental simples para que você não se torne escravo de acordes que mudam o tempo inteiro. O que realmente queremos fazer é apenas nos conectar ao movimento harmônico básico que confere o poder do blues de 12 compassos. É essa *conexão* à forma geral da canção que nos permite contar histórias poderosas com nossas improvisações.

Se tocar blues é algo pelo que você tem paixão, outro recurso que você precisa conhecer é o nosso curso Maestria em Blues IFR. Trata-se de um curso completo em harmonia de blues e improvisação, incluindo todas as formas de canções de blues populares e progressões de acordes. Você vai aprender tanto o blues maior como o blues menor em uma variedade de ritmos e estilos. E vai aprender a compreender os acordes especiais e escalas utilizadas no blues para que você possa tocar com confiança junto a outros músicos de blues. Você encontrará mais detalhes sobre esse curso em ImproviseForReal.com.

Tocar escalas não é improvisar

A esta altura, você provavelmente está começando a se dar conta de quão poderosos são os ambientes de Harmonia Mista como ferramenta conceitual. Já que agora você consegue visualizar o fluxo harmônico completo de qualquer canção, você poderia facilmente voar por todo o seu instrumento, tocando as escalas apropriadas de cima abaixo de uma maneira que pode soar bastante impressionante. Para muitos iniciantes, essa nova liberdade de movimento pode ser absolutamente eufórica. Se você sempre se maravilhou com músicos de jazz que conseguem tecer progressões de acorde na velocidade da luz, pode ser entusiasmante descobrir essa habilidade por conta própria.

Mas esse não é o real propósito dos ambientes da Harmonia Mista. Esses novos conceitos não são matéria-prima para usar em suas improvisações. Eles não passam de *mapas* do terreno musical. Seu propósito é permitir que você consiga localizar facilmente os sons que você *imagina*. Não cometa o erro de tocar o mapa propriamente dito. Pode parecer excitante no começo voar de cima abaixo nas escalas alteradas da Harmonia Mista, demonstrando sua maestria de harmonia para a audiência. Mas tocar escalas não é improvisar, não importa quão bem você faça isso.

Lembre-se que você está chegando muito tarde na festa. Seres humanos têm tocado e composto música com esse material por *séculos*. Não importa o quanto você pratique, você nunca vai conseguir tocar essas escalas mais rápido ou melhor que milhões de outros músicos que vieram antes de você.

Mas você tem algo a oferecer que é único, especial e sem preço, que é a sua imaginação. Esse é o seu tesouro. A clareza mental que desenvolvemos no Exercício 4 é para um propósito somente, que é aperfeiçoar nossa habilidade de expressar a música que imaginamos. Não desfile sua maestria de harmonia como se isso tivesse algum valor em si. Ao invés disso, guarde a sua clareza mental para si mesmo, um segredo particular que permite a você expressar belas melodias sem um momento de hesitação. Virtuosos verdadeiros não desperdiçam seus talentos em acrobacias tolas. Eles usam suas habilidades para o único propósito que importa, que é fazer cada nota infinitamente bela.

Composições avançadas de jazz

O material que estudamos até esse ponto pressupõe um centro tonal fixo sem mudanças de tom. Em relação a uma dada nota que chamamos centro tonal, você aprendeu a reconhecer o som de todas as doze notas da escala cromática tonal e aprendeu como usar essas notas para criar muitos tipos diferentes de movimento harmônico. A maioria das músicas populares, incluindo standards de jazz, se baseia puramente nesses conceitos de harmonia tonal. Então, você já possui todos os conceitos de que precisa para desenvolver-se como improvisador nesse tipo de música.

Eu gostaria de compartilhar alguns pensamentos sobre como você pode aplicar esses conceitos de harmonia tonal para composições de jazz mais sofisticadas. Minha experiência própria se baseia em trabalhar com a música de compositores como Thelonious Monk, Charles Mingus, Miles Davis, Wayne Shorter, John Coltrane e Ornette Coleman. Mas eu penso que a mesma abordagem também pode servir para estudar o trabalho de artistas mais contemporâneos como Keith Jarret, Brad Mehldau, Marc Copland, Egberto Gismonti, Paul Bley, etc.

Em primeiro lugar, eu quero reafirmar que não há nada "difícil" a respeito de improvisar em cima de composições de jazz mais sofisticadas. Ao contrário, a riqueza e a beleza dessas composições podem ser tão inspiradoras que a música parece tocar por si mesma. É muito mais fácil fazer música bela se você se encontra guiado por uma estrutura basal de composição que já é fascinante e bela. Então, improvisar músicas fantásticas em cima dessas composições não é o problema. Eu penso que qualquer dificuldade que as pessoas possuam com harmonias sofisticadas é apenas uma questão de não saber como estudar a música em primeiro lugar.

Se você quer improvisar utilizando uma composição moderna de jazz como seu material, então precisa compreender cada momento daquela composição tão profundamente quanto você compreende as canções mais simples com que está acostumado. Não há nada difícil a respeito desse trabalho. Você só precisa ver claramente o tamanho do trabalho de que está falando. Um standard de jazz típico pode incluir apenas uma mudança de tom, tipicamente na ponte. Como você já sabe por experiência, mesmo uma mudança de tom na música é algo que você precisa praticar repetidamente para que você possa ver claramente o que está acontecendo. Assim, se uma composição mais sofisticada consiste de catorze compassos e cada compasso está enraizado em um tom diferente, então você está olhando para um mínimo de catorze vezes a quantidade de trabalho dedicado a se ter uma ideia básica de como a harmonia flui através da música.

E o problema na verdade se aprofunda mais do que isso. Antes de podermos começar a estudar as mudanças de acorde de uma música, primeiro precisamos decidir por conta própria qual é, de fato, a harmonia da música. Isso não é uma questão simples. Compositores de jazz usam a harmonia de maneiras tão abstratas e ambíguas que não é realista tentar reduzir suas composições a partituras como aquelas que estamos acostumados a ver em fake books. E é aí que a maioria dos jovens músicos travam quando se trata de trabalhar com material mais avançado.

Assim, da mesma forma que fizemos com as sete notas da escala maior, nossa primeira tarefa com relação a composições de jazz complexas é conhecer os sons que formam o material musical com que iremos improvisar. Em outras palavras, não há "segredo" em se improvisar em cima de música mais sofisticada. Apenas precisamos estudar essa música tão paciente e amorosamente como estudamos todo o resto até agora. Esse é um trabalho muito divertido e não é para ser difícil para ninguém. Eu vou tentar delinear para você como esse trabalho deve se assemelhar com relação a qualquer música em particular.

Estude a melodia. Tente escutar diversas gravações da música, especialmente performances realizadas pelo próprio compositor. Aprenda a cantar a melodia nota por nota e pratique tocar a melodia inteira no seu instrumento em todos os doze tons. Você pode não conseguir visualizar a melodia inteira em um único mapa tonal porque o tom da música pode mudar diversas vezes durante o curso da canção. Mas apenas abrace esse desafio e descubra sua própria maneira de pensar sobre essas mudanças de tom. Encontre alguma forma de compreender como a melodia inteira da música está conectada, e aprenda a tocar a melodia inteira começando a partir de qualquer nota do seu instrumento.

Estude a composição inteira. Tente obter uma transcrição da música inteira na maneira como é tocada pelo compositor. Se isso não for possível, você poderá ser capaz de conseguir uma cópia do arranjo para piano solo. Isso é muito mais valioso do que uma partitura cifrada porque irá conter inúmeros detalhes que não podem ser sintetizados em apenas uma melodia acompanhada de símbolos de acordes. Você não precisa, necessariamente, ser capaz de tocar a música inteira no piano no andamento adequado, já que isso pode ser difícil demais. Mas ainda assim, você pode usar o piano para descobrir e contemplar cada som da composição e visualizar todos os relacionamentos harmônicos entre os sons. Não se preocupe em tentar identificar a harmonia neste momento. Esqueça a procura por escalas e acordes que possam guiar sua improvisação futura. Apenas aprecie conhecer a composição pelo que ela é.

Decida a harmonia. Essa parte é mais complicada, mas não há nada a temer. Lembre-se que harmonia é subjetivo, especialmente em se tratando de música mais abstrata. Então, o que estamos procurando não é necessariamente a "resposta certa", mas sim alguma forma de comunicar o que você sente quando escuta a harmonia. A autoridade final nessas questões deve sempre ser seu próprio ouvido. Assim, ironicamente, a técnica principal que eu utilizo para estudar as composições de jazz mais sérias é justamente a primeira coisa que mostrei a você sobre música. No capítulo "Compreensão começa no escutar", eu lhe mostrei uma técnica simples que você pode utilizar para se conectar com a tonalidade de fundo que você sentir toda vez que escutar uma música (pode ser que você queira reler aquele capítulo agora para refrescar sua memória). Essa técnica é exatamente o que eu usaria para tornar clara a tonalidade de cada momento em uma composição sofisticada de jazz. Ela é muito mais confiável do que qualquer cálculo de escalas baseado em símbolos de acordes escritos. Isso também me leva a um resultado que é mais útil pessoalmente, porque corresponde ao que realmente escuto e sinto quando ouço a composição. Então, a cada novo acorde da obra, eu apenas pausaria a gravação (ou pausaria minha própria interpretação, se estiver tocando uma transcrição escrita), e identificaria as notas que escuto em minha mente como o ambiente harmônico de fundo daquele momento. Eu também identificaria o centro tonal e depois decidiria sobre alguma forma de resumir isso e anotar. Você pode expressar a harmonia como um símbolo de acorde similar aos que aparecem nos fake books. Ou pode escrever uma escala inteira. Você pode até mesmo utilizar a linguagem tonal que aprendeu em Harmonia Mista, onde for apropriado. Por exemplo, pode ser que você perceba um acorde em particular como sendo o "acorde 3D no tom F", e você pode simplesmente anotar isso. Você pode utilizar o sistema que quiser, já que você é o único que precisa entender seu próprio pensamento.

Pratique improvisação. Quando você tiver aprendido a tocar a composição inteira (ambos acorde e melodia) em um piano, e quando tiver decidido por conta própria o que está acontecendo harmonicamente na música, você está pronto para começar a adicionar sua própria contribuição. Pratique improvisar em cima de cada mudança de acorde tão cuidadosamente quanto como você estudou a primeira progressão de acordes em Harmonia Pura. Especialmente onde há mudanças de tom, procure retomar essas passagens muitas vezes para explorar as possibilidades melódicas. Cada mudança no ambiente harmônico produz uma sensação específica que o compositor sentiu ser importante. Então, tome o tempo que for preciso para se tornar intimamente familiar com a maneira como você sente cada uma dessas mudanças. E pratique criar essas mudanças de acorde com seu instrumento de forma que você possa produzir com confiança essas mesmas sensações para seus ouvintes. O passo final é internalizar tudo isso para que você possa improvisar melodias de ouvido, expressando sua música exatamente como você a escuta em sua imaginação musical.

A principal coisa que quero deixar marcada em você é uma atitude de amor e respeito pelo trabalho de outros compositores. O que eu descrevo pode parecer um grande esforço apenas para adicionar uma música nova ao seu repertório. E certamente não é o único caminho para se fazer isso. Também poderia ser um excelente exercício em improvisação simplesmente tocar uma música usando os símbolos de acorde escritos em uma partitura cifrada. Mas seria somente isso, um exercício em improvisação. Isso não daria a você a oportunidade de enriquecer sua própria imaginação musical com o pensamento profundo de um grande compositor.

Então, o que eu quero apontar é que enxergar essas composições de jazz como "difíceis" de se improvisar em cima é verdadeiramente perder de vista o ponto principal. Essas composições não são quizzes. Elas são belas obras de arte que contêm alguns dos segredos e lições musicais mais incríveis. Assim, ao invés de ver essas composições como um teste de suas habilidades de improvisação, procure enxergá-las como grandes obras de arte que formam uma parte essencial da sua aprendizagem musical. Se você der a si mesmo tempo para estudar e aproveitar cada composição de forma muito profunda, chegando a conhecê-las intimamente, então a improvisação cuidará de si mesma.

Improvisação livre - Sinta, Imagine, Crie

"Improvisação livre" significa coisas diferentes para pessoas diferentes. Para alguns, significa fazer música com ferramentas elétricas e parafernálias de cozinha. Para outros, significa usar instrumentos tradicionais de formas não tradicionais, como batucar no saxofone com um martelo ou gritar dentro do seu trombone.

Para mim significa simplesmente a criação espontânea de música. Não há razão para que isso não seja tão belo como outros tipos de música. Improvisação livre não necessariamente significa evitar tudo que soe melódico ou sensível. Apenas significa que os músicos deixam a direção da música tomar forma no momento presente.

Uma diferença entre improvisação livre e improvisação de jazz tradicional é que improvisadores livres fazem toda a sua comunicação pelo som. Enquanto um instrumentista de jazz pode começar uma música chamando "Vamos tocar Body and Soul em Bb", um improvisador livre pode começar uma música apenas tocando algumas notas no piano. O que o pianista está realmente dizendo é "Vamos tocar algo que começa assim!". Os outros músicos irão escutar por um momento e depois tocar o que quer que deva vir em seguida, de acordo com a imaginação criativa deles.

Em certo sentido, improvisadores livres são como grandes pintores que devem todos pintar simultaneamente na mesma tela. Eles têm apenas alguns minutos para criar uma obra-prima, e a única comunicação entre eles se dá pela tinta na tela. Cada pintor decide o que pintar baseado no que todos os demais estão pintando.

Instrumentistas de jazz apreciam a mesma emoção da criação espontânea, mas eles preferem se organizar um pouco antes de começar. Instrumentistas de jazz entram em acordo sobre o que eles irão pintar; talvez uma cena bucólica de uma casa de fazenda e um campo, e eles atribuem uma responsabilidade específica para cada pintor. Um pintaria o fundo, o outro a casa da fazenda, o outro as árvores, etc.

Eu digo "instrumentistas de jazz" e "improvisadores livres" para ilustrar um ponto sobre como essas duas maneiras de fazer música são diferentes. Mas todos nós podemos tocar música de muitas formas diferentes e não há razão para nos limitar a um conceito ou outro. Em um único show eu posso tocar algumas de minhas próprias composições nota por nota assim como músicos clássicos fazem. Eu posso tocar um monte de músicas com uma estrutura solta e muito espaço para improvisação, como instrumentistas de jazz fazem. E eu posso tocar algumas músicas sem ter qualquer plano, assim como os improvisadores livres. Não há nada certo ou errado a respeito disso. É tudo simplesmente música.

No Exercício 5 iremos começar uma nova prática musical que é essencialmente improvisação livre. Mas essa prática não está restrita a nenhum estilo de música em particular. Você certamente *poderia* praticar o Exercício 5 ao participar de jams de improvisação livre com outras pessoas. Mas você também pode praticar o Exercício 5 com standards de jazz, músicas de rock ou mesmo simples canções infantis. A mudança no

Exercício 5 é uma mudança interna. Tem a ver com o processo mental que você usa para encontrar as notas que você imagina.

No Exercício 2 - Nível de Maestria, você aprendeu a se orientar em qualquer música usando apenas uma nota do seu instrumento. A ideia é que qualquer nota que você toca sempre vai ser uma das doze notas da escala cromática relativas ao tom que você está sentindo, seja ele qual for. Então, simplesmente por conhecer a sensação de todas as doze notas do seu mapa tonal, você nunca precisaria tocar mais de uma nota para estar perfeitamente orientado em qualquer música.

Como eu mencionei naquele momento, uma forma de praticar essa técnica é improvisar ao longo de toda a sua coleção musical. Se você experimentou isso, provavelmente percebeu que sua experiência varia muito dependendo do tipo de música sobre a qual está improvisando. Com músicas simples que permanecem no mesmo tom o tempo inteiro, você apenas precisa se orientar uma vez no começo da canção e depois passa o resto da música desenvolvendo suas próprias ideias musicais. Com músicas mais complexas, você vai perceber que o tom muda com frequência. Isso requer que você se oriente novamente toda vez que o tom muda. Então, obviamente, você tem menos tempo para desenvolver suas ideias antes da próxima mudança de tom.

Em outras palavras, improvisar sobre música simples permite que você pratique sua habilidade de *imaginar* e *criar* música, enquanto que improvisar sobre música complexa dá a você bastante prática em tentar *sentir* o tom do momento.

Em qualquer dos extremos, nós perdemos uma parte do processo. Música simples demais não nos permite praticar nossa habilidade de sentir onde estamos no tom, porque o tom nunca muda. E música muito complexa não nos permite praticar imaginar e criar música porque não há tempo suficiente para tocar nem mesmo uma nota antes que o tom mude de novo. A maior parte do jazz moderno, música clássica e improvisação livre está em algum lugar entre esses dois extremos. O ambiente musical encontra-se geralmente em constante evolução, mas em um passo mais moderado. Nós precisamos prestar atenção para o que estamos sentindo o tempo inteiro, porque o tom pode mudar a qualquer momento. Mas ainda assim, temos muito tempo e espaço para desenvolver e contribuir com nossas próprias ideias. Esse é o ambiente ideal para praticar o Exercício 5.

Para compreender essa nova abordagem em improvisação, vamos retornar àquele momento em particular no Exercício 2 - Nível de Maestria, quando você aprendeu a usar uma única nota no seu instrumento para se orientar na música. O que precisamos fazer é olhar para o pequeno intervalo de tempo entre aquela "nota de teste" inicial e a primeira nota que você de fato toca com intenção. Esse momento é a essência da improvisação livre, e no Exercício 5 vamos aprender a incorporar esse momento em cada nota que tocamos.

A primeira coisa que você fez foi *sentir* onde sua nota de teste estava localizada dentro da oitava tonal que você estava sentindo. Na prática, isso simplesmente significa escutar e reconhecer o som seja qual nota você estiver tocando:

Ao escutar o som de sua nota de teste, você instantaneamente sabe exatamente onde se encontra na oitava tonal que você está sentindo. Nem mesmo importa se esse é verdadeiramente o "tom" da música. Não faz diferença se os outros músicos estão sentindo o mesmo tom que você está sentindo. Tudo o que você precisa é de algum ponto de referência, de forma que você possa localizar a próxima ideia musical que quer tocar.

O próximo passo é apenas aquilo, *imaginar* o som que você quer adicionar à música. Isso é uma ideia puramente musical que lhe ocorre na forma de som:

E assim como você fez com sua nota de teste, agora você precisa localizar essa nova ideia musical dentro da oitava tonal que está sentindo. Assim que reconhecer qual das doze notas da escala cromática tonal você está imaginando, você pode seguir em frente e *criar* esse som com seu instrumento.

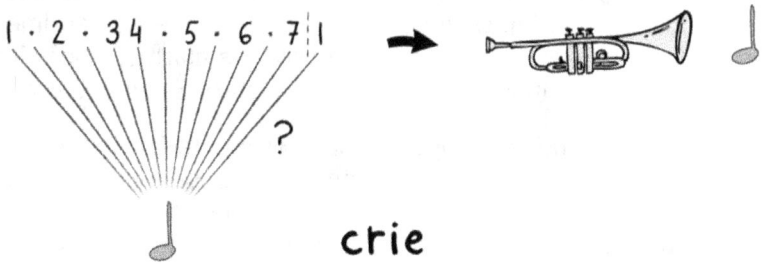

No Exercício 2 - Nível de Maestria, nós fazemos isso apenas uma vez, bem no início da nossa improvisação. Assim que nos orientamos na música, podemos apenas curtir improvisar, porque sabemos que o tom provavelmente não irá mudar. Mas no Exercício 5, nós pressupomos que o ambiente musical está mudando constantemente. Então precisamos fazer um "check in" de cada nota que tocamos para ver se ainda estamos sentindo o mesmo tom que sentíamos um momento atrás. Em outras palavras, não há mais "nota de teste". Literalmente, cada nota que tocamos serve como uma nova "nota de teste". Não importa quantas vezes o tom da música mude, sempre vamos saber exatamente onde estamos no *novo* tom se simplesmente prestarmos atenção ao som da última nota que tocamos.

Assim como tudo mais no método IFR, na prática esse processo é muito mais natural do que ele soa quando você lê pela primeira vez. Requer muitas palavras para descrever esses três momentos, mas na prática você não vai, na verdade, ter a sensação de estar fazendo três ações distintas. Assim que você se acostumar com a nova realidade de que o tom pode mudar a qualquer momento, você simplesmente começa a tocar com uma sensibilidade aumentada para esse fato e aprende a se adaptar às mudanças quando elas vêm.

Para lhe dar uma ideia do sentimento que é improvisar dessa forma, vamos ver um exemplo. Imagine que você esteja improvisando em um ambiente musical complexo que envolve frequentes mudanças de tom. O seu processo interno de pensamento deverá ser mais ou menos assim:

"... Eu acabei de tocar a nota 3, então é aí que estou mentalmente no meu mapa tonal..."

"... A próxima frase musical que me ocorre é composta das notas b6 e depois 5... Irei tocá-las agora..."

"... Ok, eu acabei de tocar b6 e depois a nota 5. Mas logo depois de eu tocar a nota 5, de repente não *sinto* mais que essa é ainda a nota 5. Agora sinto essa nova nota mais como uma nota 7..."

"... Bom. Sem problema. Então estou agora na nota 7. Vamos ver qual o próximo som que eu imagino..."

"...Ok, agora escuto minha próxima ideia musical em minha mente, e é a nota 6. Então irei tocá-la agora. Apenas preciso descer da nota 7 para a nota 6."

Obviamente, nós na verdade não pensamos verbalmente enquanto tocamos, mas a experiência é mais ou menos assim. O ponto é que, toda vez que seu sentimento sobre uma nota em particular lhe surpreender, isso não é motivo de alarme. Você simplesmente se ajusta ao que está sentindo no momento e segue em frente. É simples assim.

O importante é se dar conta que, não importa quão desorientado você se sinta, você *nunca* está fora do seu mapa tonal. Você pode estar em uma das sete notas da escala maior ou pode estar em um dos pontinhos pretos. Mas você sempre está *em algum lugar* daquele desenho. E se você quer saber exatamente onde está, tudo o que precisa fazer é escutar a nota que você está tocando e prestar atenção ao que você está sentindo.

Às vezes, nossos alunos dizem que um benefício legal do método IFR é que a única informação que você precisa lembrar enquanto está tocando é a nota que você está no momento. Se você simplesmente acompanhar onde você está na oitava tonal, você sempre vai saber onde encontrar qualquer outro som que imaginar. Mas mesmo essa afirmação não capta a história completa. A verdade é que você não precisa lembrar *de nada* enquanto está tocando. Você não precisa "lembrar" onde você está no tom porque você pode *ouvir* isso. Apenas escutando seja qual nota você estiver tocando, você pode instantaneamente se orientar no tom que está sentindo, e pode usar essa orientação para encontrar qualquer outro som que imaginar.

Assim, o próximo passo na sua jornada como improvisador é aprender a deixar de lado sua dependência a um ambiente harmônico constante. Se você quer tocar música mais sofisticada, precisa aceitar a realidade de que o tom que você está sentindo irá mudar constantemente. Para se adaptar a essa situação você precisa desenvolver o hábito de escutar *cada* nota que você toca como se tivesse se perdido na oitava tonal. Em certo sentido, estamos desenvolvendo o hábito de propositalmente "esquecer" onde estamos. Já que não podemos mais depender do ambiente harmônico permanecer constante, precisamos fazer "check in" com cada uma das notas e constantemente sentir onde estamos.

No Exercício 5 você vai começar a praticar fazer música dessa maneira. Mas tudo o que você estudou até este ponto ainda é totalmente relevante para o futuro do seu crescimento musical. Todos os cinco exercícios do método IFR foram desenvolvidos para serem praticados em paralelo. E sua habilidade de praticar o Exercício 5 depende de aptidões que só podem ser adquiridas nos primeiros quatro exercícios. Então, se você acha esse novo modo de fazer música difícil ou frustrante, não se torture em praticar o Exercício 5. Ao invés disso, retorne e trabalhe mais os exercícios anteriores. É nos quatro primeiros exercícios que você irá desenvolver o conhecimento, a percepção, a sensibilidade, o controle e a rapidez mental necessários para apreciar praticar o Exercício 5.

Exercício 5: Harmonia Livre

Objetivo: Continuamente aperfeiçoar sua habilidade em...

Tocar inteiramente a partir da sua própria imaginação, usando o seu ouvido como sua única referência.

A água que desce da montanha nunca fica confusa sobre qual direção é para baixo. Não importa quantos obstáculos estejam em seu caminho, a água nunca sobe por acidente. Guiada pela constante força de atração da gravidade, ela flui passivamente para baixo em direção ao centro gravitacional da terra. Da mesma forma, em qualquer música o ouvido humano sente uma força de atração constante em direção a uma nota específica que chamamos *centro tonal*. É a atração a este centro tonal que faz com que todas as outras notas soem como elas soam. As notas que harmonizam bem com o centro tonal são chamadas "notas consonantes", e aquelas que criam conflito são chamadas "notas dissonantes".

A teoria musical é capaz de prever quais notas irão soar consonantes ou dissonantes em qualquer dada situação musical. Apenas saber algumas escalas e algumas regras sobre quando usá-las é suficiente para improvisar linhas que soam muito boas para o ouvido. Por essa razão, a maior parte dos métodos de improvisação se baseiam inteiramente em ensinar essa teoria.

Em outras palavras, tão cedo quanto possível, a atenção dos estudantes é desviada dos sons propriamente ditos e direcionada a um sistema matemático de regras e fórmulas. A maioria dos estudantes nunca percebe esse truque de seus professores, mas pense por um minuto sobre o que aconteceu:

- O ouvido humano percebe alguns sons como agradáveis e outros como dolorosos.
- Nós definimos regras para prever quais notas irão soar agradáveis.
- Seguimos essas regras ao invés de simplesmente ouvir os sons.

Você enxerga o que foi perdido nesse processo? Estamos utilizando teoria musical para guiar nossa improvisação, mas o que se perdeu é justamente aquilo sobre o que estamos teorizando a respeito. Nossas fórmulas são uma tentativa de codificar como o ouvido humano irá perceber sons em diferentes situações harmônicas. Entretanto, já que supostamente você possui um par de orelhas acopladas à sua cabeça, você pode na verdade pular toda a teorização e ir direto para a autoridade. Se você quiser saber se uma nota é bela, tudo o que precisa fazer é escutá-la.

Assim como a água fluindo de uma montanha, o ouvido sempre sabe o que está sentindo. E esses sentimentos são muito mais sutis do que rótulos simplistas como "notas certas", "notas erradas". O ouvido humano é muito sensível e possui uma personalidade complexa. Cada nota que escutamos contém referências culturais que são impossíveis de explicar em palavras. Mesmo na música mais simples, nossas teorias desajeitadas nem sequer chegam perto de contar a história toda. É por isso que o próximo passo em seu crescimento como músico é aprender a tocar, pensar e criar música inteiramente a partir do mundo dos *sons*.

Nos Exercícios 1 até o 4, nós descobrimos muitos novos conceitos que foram úteis naquele período. Esses conceitos são apenas metáforas, mas eles nos dão um caminho para começar a compreender a música que escutamos ou imaginamos. Aqui seguem exemplos de algumas das metáforas que temos usado até o momento:

- "notas do acorde" e "outras notas"
- "o acorde 1"
- "tensão" e "relaxamento"
- "nota 3"
- "o ambiente harmônico 6D"
- Tonalidade "maior" e "menor"
- "formato de acorde dominante", "formato de acorde menor", etc.

No Exercício 5 esses conceitos continuarão a nos servir, mas de uma forma diferente. É hora de eles tomarem o lugar que lhes é devido como sendo nada mais do que metáforas. Não estamos mais preocupados em estudá-los como coisas concretas. Em qualquer momento, uma nota pode soar como a nota 2 e depois, um instante em seguida, a mesma nota pode soar como a nota 3. Podemos tocar uma frase que começa soando como menor, mas depois ela muda para maior e finalmente termina em um som dominante. Os conceitos ainda são úteis, mas apenas como sensações passageiras que percebemos. Os sons propriamente não vêm a este mundo com rótulos pré-definidos.

Você pode pensar sobre o início do seu treino no método IFR como sendo algo similar à maneira como usamos contos de fadas para ensinar crianças sobre conceitos metafóricos como "caras bons" e "caras maus". Como adultos, sabemos que esses conceitos são simplificações grosseiras, e que qualquer um de nós pode se comportar como um cara bom em um momento e um cara mau no momento seguinte. Nós não saímos por aí, literalmente, tentando rotular cada pessoa como boa ou má. Mas essas metáforas foram uma ferramenta importante para aprender sobre conceitos abstratos como justiça, imparcialidade e a diferença entre certo e errado.

Os exercícios musicais que você tem feito até agora são um pouco como contos de fadas musicais. Em contos de fadas, você encontra personagens simples, de uma única dimensão, como reis, dragões e gatos que são curiosos demais. Da mesma forma, em nosso conto de fadas musical você encontra conceitos puros e simples como o acorde 6-. Na vida real, não é sempre possível reduzir cada pessoa a um rei ou dragão. E em música, não é sempre possível aplicar rótulos simples a cada som.

Por essa razão, no Exercício 5 não podemos mais dizer se estamos improvisando no acorde 1 ou no acorde 6- , ou em algum outro acorde. E também não nos importamos mais. Tudo o que importa é que temos alguma forma de compreender onde estamos, e alguma forma de localizar a próxima nota que estamos imaginando. Pode acontecer de *tanto* o conceito do acorde 1 *como* o conceito do acorde 6- acabarem sendo igualmente úteis para nos ajudar a expressar a ideia musical que estamos sentindo. Mas nenhum conceito é "correto". Eles são apenas duas metáforas disponíveis para nós, porque temos trabalhado em cada um individualmente e temos aprendido as lições que cada um tem a ensinar.

O Exercício 5 é sobre praticar a arte de enxergar as coisas como elas realmente são. Isso representa o próximo passo em sua jornada interior, para o mundo dos sons propriamente ditos. As primeiras atividades neste capítulo irão ajudá-lo a construir uma ponte conectando o trabalho que você fez até agora com a nova prática do Exercício 5. Depois, vamos conversar sobre algumas maneiras específicas de você praticar essa nova forma de fazer música. Começaremos nosso trabalho com uma visão atualizada do primeiro exercício do método IFR, o Exercício 1: Terreno.

Terreno Revisitado

Para começar oficialmente a sua prática do Exercício 5, sua primeira tarefa é voltar e ler o Exercício 1 novamente. Repare se as palavras têm um significado diferente para você agora, depois de tudo o que você aprendeu sobre harmonia. Depois, experimente o Exercício 1 Meditação Diária e perceba o que ele faz você sentir. Escolha qualquer intervalo que você quiser, e realmente leve o tempo que quiser com o exercício. Não presuma que você deve ser capaz de realizar o exercício mais rapidamente agora devido a toda sua experiência tocando intervalos musicais no seu instrumento. A verdadeira prova do quanto você cresceu como músico diz respeito a você, agora, saber fazer a meditação mais *lentamente*.

Pense como você poderia expandir o Exercício 1 para incluir qualquer frase musical, riff, melodia ou formato de acorde que você conhece. Por exemplo, você pode se deixar mover pelo seu instrumento usando *ou* um intervalo de terça maior *ou* o arpejo completo de um acorde de sétima menor. Imagine-se subindo uma terça maior, depois outra, e depois descendo através de um acorde de sétima menor como você aprendeu em Saltando em Pedras.

A razão de esses movimentos arbitrários serem tão importantes de praticar é que nós músicos rapidamente desenvolvemos uma habilidade impressionante de evitar nossas áreas de dúvida. Há sempre um milhão de maneiras de resolver qualquer situação musical, então fica fácil improvisar sua vida inteira sem nunca ver certas coisas com clareza. Se um movimento em particular é difícil de visualizar para você, então essa ideia musical simplesmente não virá à sua mente enquanto você estiver improvisando. A única maneira de eliminar esses buracos em nossa compreensão é inventar algum jogo bobo que nos *force* a contemplar movimentos que, de outra forma, não nos ocorreria. Isso não precisa ser uma parte grande da sua vida musical, mas tome alguns minutos cada dia para brincar com alguma variação de Terreno. Se você achar fácil demais, é apenas porque você não está se desafiando. Incorpore formatos mais difíceis que realmente exijam da sua mente.

Você também pode misturar improvisação livre com o Exercício 1, de forma muito natural. Por exemplo, você está fazendo o Exercício 1 Meditação Diária com o intervalo de sexta menor, e então, de repente, você se sente inspirado para tocar uma melodia em particular. Vá em frente e toque-a! Essa é uma excelente habilidade a se praticar porque é precisamente o que acontece conosco o tempo todo na improvisação livre. Você está em algum lugar de sua extensão musical quando sente uma inspiração musical repentina, e você precisa pensar como irá tocá-la. Toque essas melodias sempre que elas ocorrerem a você. Depois, toda vez que a melodia tiver terminado, você pode usar a última nota da melodia como seu ponto de partida para o Exercício 1 Meditação Diária em sextas menores novamente.

Seja lúdico e invente suas próprias maneiras de fortalecer sua confiança ao percorrer seu terreno musical. Não pense no Exercício 1 como uma técnica específica de praticar, mas sim como uma *meditação* pessoal que pode ser iniciada de muitas formas. Toda vez que a sua atenção está focada nos detalhes puramente físicos de se mover pelo seu terreno musical, você está realizando o Exercício 1.

Melodia Revisitada

No Exercício 2 você aprendeu como usar um mapa visual da escala maior como uma referência de tradução entre os sons que você imagina e o seu instrumento. De forma a desenvolver uma forte consciência pessoal dos sons na escala maior, fomos cuidadosos em evitar usar quaisquer outras notas. Você sempre sabia exatamente onde você estava na escala, e sabia qual nota estava sendo usada como centro tonal. Por exemplo, nos exercícios de Sete Mundos, você primeiro escolheria um dos sete ambientes harmônicos para estudar, e depois usaria essa nota em particular como ambos o piso e o teto de sua improvisação musical. Esse exercício simples, repetido ao passar do tempo, permitiu a você desenvolver sua consciência musical de três maneiras importantes:

- Você praticou os *intervalos* que formam cada um dos sete modos da escala maior.

- Você aprendeu a reconhecer o *som* de cada nota em todos os sete ambientes harmônicos.

- Você passou a conhecer e reconhecer a *sensação* geral de cada ambiente harmônico.

No Exercício 5, há duas maneiras importantes com que mudamos nossa abordagem de Melodia:

1. O mapa tonal que nós usamos para nos orientar agora é puramente subjetivo. Já que qualquer melodia pode ser localizada em qualquer mapa tonal, podemos agora usar qualquer mapa tonal que quisermos. Tudo o que importa é termos alguma forma de compreender o que estamos sentindo.

2. Nós sempre consideramos nossa paleta musical como sendo a escala cromática inteira de doze notas. Não importa em qual acorde temos a sensação de estar, somos sempre livres para usar qualquer nota que quisermos.

Como exemplo, digamos que você está improvisando em um contexto musical sofisticado que tem muitos sons livres e ambíguos. Digamos que você acabou de tocar a nota D e agora está imaginando um novo som em sua mente que você quer tocar. (O novo som que você está imaginando é a nota F, mas em nosso exemplo você não sabe disso ainda. Para você é apenas um som, e sua tarefa é descobrir onde esse som está localizado para que você possa tocá-lo.)

Se o ambiente musical é muito ambíguo, então é difícil prever qual tom você irá sentir no momento. Aqui estão apenas alguns exemplos entre muitas possibilidades:

Você pode sentir que acabou de tocar a raiz do acorde 2-. (Em outras palavras, a nota D que você acabou de tocar passa a sensação da nota 2.) Enquanto você imaginar o novo som na sua mente, ele irá passar a sensação da nota 4. Subindo para a nota 4, você irá corretamente tocar a nota F que você estava imaginando:

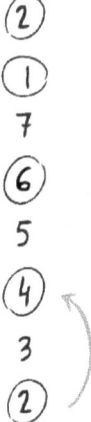

Ou talvez você esteja sentindo algo totalmente diferente. Talvez a última nota que você tocou (D) soou para você como a quinta do acorde 4. (Em outras palavras, a nota D que você acabou de tocar passa a sensação da nota 1.) Enquanto você imaginar o novo som na sua mente, ele irá passar a sensação da nota b3. Subindo para a nota b3, você irá corretamente tocar a nota F que você estava imaginando:

Ou talvez você sinta que acabou de tocar a quarta sustenida do acorde 5D. (Em outras palavras, a nota D que você acabou de tocar passa a sensação da nota #1.) Enquanto você imaginar o novo som em sua mente, ele irá passar a sensação da nota 3. Subindo para a nota 3, você irá corretamente tocar a nota F que você estava imaginando:

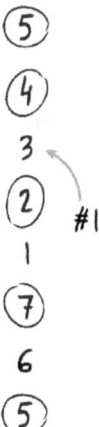

Poderíamos seguir em frente imaginando infindáveis possibilidades. Mas o ponto é que não importa se você está "correto" em sua suposição a respeito de onde você está no tom. O fato é que *qualquer* forma de entender onde você está lhe dará toda a informação que você precisa para tocar a próxima nota que estiver imaginando. Em outras palavras, quando você está aplicando o mapa tonal à sua própria imaginação, não há forma alguma de estar errado. Apenas torne claro o que você sente, e você sempre será capaz de tocar o que imagina.

Dependendo do seu nível de conforto com os sete ambientes harmônicos básicos, esses conceitos podem ou não continuar a ter um papel importante em seu pensamento musical. Algumas pessoas têm uma tendência natural a se imaginarem em um dos sete ambientes da escala maior o tempo inteiro. Outras pessoas gradualmente se afastam do conceito de sete ambientes harmônicos e simplesmente começam a se referir a qualquer centro tonal como "1". Ambas maneiras de imaginar as notas são muito boas, contanto que seu modelo mental corresponda ao que você realmente sente em seu corpo.

Para atingir esse novo nível de liberdade, você vai precisar se tornar um expert absoluto no que chamo de "escala cromática tonal". Com isso, me refiro às doze notas da escala cromática, relativas a um centro tonal em particular. Não pode haver mais qualquer incerteza em sua mente sobre como cada uma dessas notas soa. Em improvisação livre você não pode confiar que estará orientado em uma escala para identificar as notas que você ouve em sua mente. Você terá que reconhecê-las *instantaneamente* e puramente pelos sons delas.

A boa notícia é que você já conhece todos esses sons intimamente. Você poderá precisar trabalhar um pouco para tornar claro qual é qual entre os sons, mas você tem feito música com esses sons o tempo todo. Por exemplo, lembre-se de quando você estava praticando o Exercício 2 - Sete Mundos. Toda vez que você escolheu usar a nota 2 como seu centro tonal, sua improvisação se baseou nos seguintes conjuntos de notas:

$$2 \cdot 3 \; 4 \cdot 5 \cdot 6 \cdot 7 \; 1 \cdot | \; 2$$

Você provavelmente não pensou nisso na hora, mas enquanto estava improvisando com esse material, você também estava conhecendo o som de duas das "notas de fora" da escala maior. Essas duas notas são b3 e b7. Isso porque, em relação ao centro tonal que você estava sentindo, as notas que você estava tocando também poderiam ser descritas pelos números mostrados abaixo:

$$1 \cdot 2 \; b3 \cdot 4 \cdot 5 \cdot 6 \; b7 \cdot | \; 1$$

Esse é o mesmo tipo de análise que fizemos no capítulo "Medindo Distâncias" para determinar que o acorde 2- é um acorde menor, mas agora estamos estendendo nossa análise para a escala inteira. O que realmente estamos fazendo é analisando esse modo específico da escala maior para descobrir a nova escala que existe nesse local. Mas isso não é apenas um exercício acadêmico qualquer. Isso literalmente nos permite levar a mágica do acorde 2- conosco aonde quer que vamos. Todos aqueles belos sons e melodias que você descobriu improvisando no acorde 2- estão na verdade disponíveis para você o tempo inteiro, não importa o que esteja acontecendo ao seu redor harmonicamente. Tudo o que você precisa compreender é *onde* encontrar esses sons relativos a qualquer que seja o centro tonal que você esteja sentindo no momento. Esse é o significado da segunda escala mostrada acima.

O outro propósito de estudar a conexão entre as duas escalas desenhadas acima é para que você aprenda as lições que cada modo da escala maior tem a lhe ensinar. Olhando para a segunda escala desenhada acima, você pode ver que esse modo específico da escala maior já o tornou um expert no som das duas "notas de fora" b3 e b7. Minha opinião pessoal é que uma das mais belas lições do modo 2 é o som da sexta maior em um acorde menor. (Perceba que na segunda escala desenhada acima a nota 3 é bemol e a nota 6 é natural.) Essa é uma combinação única que apenas acontece no modo 2. Para mim, essa é a beleza essencial do segundo ambiente harmônico. No entanto, você pode decidir por si mesmo o que acha que é importante e especial a respeito de cada modo da escala maior. Eu apenas quero que você comece a olhar para esses sons em um contexto mais abstrato, aquele mostrado no segundo desenho acima.

Quero enfatizar que *não* estou insinuando que você memorize a escala nova e procure por oportunidades de despejá-la em seus solos. Esse não é o ponto. O novo desenho é simplesmente uma nova forma de ver as notas do modo 2. Elas são as mesmas notas, mas agora estamos vendo a partir de um ponto de vista diferente. O benefício de estudar cada modo dessa forma é que você acabará tendo um domínio sobre a oitava inteira. Cada uma das doze notas da escala cromática tonal será cheia de significado para você, porque irá lembrá-lo de todos os diferentes ambientes harmônicos em que esse som aparece.

Uma forma de praticar esses novos nomes de notas é simplesmente voltar aos mesmos acompanhamentos que você usou quando estudou o acorde 2-. Talvez você tenha utilizado uma gravação que criou por conta própria, ou talvez tenha utilizado Bases Musicais IFR Nível 1: Sete Mundos. Seja como for, agora você pode praticar improvisar sobre esse mesmo acompanhamento utilizando os novos nomes de notas mostrados no segundo desenho acima como sendo seu mapa tonal. Uma das formas mais rápidas e eficazes de aprender a utilizar esse novo mapa tonal é com o exercício "Cantar o Mapa", mas agora você cantaria os novos números (1, 2, b3, etc.).

Uma vez que você tenha aprendido a ver o modo 2 da escala maior a partir desses dois pontos de vista diferentes, você deve seguir em frente e estudar todos os ambientes harmônicos da mesma forma. O modo 3 da escala maior tem um som especialmente interessante porque ele começa logo de cara com um semitom:

```
3  4  ·  5  ·  6  ·  7  1  ·  2  · | 3
1  b2 ·  b3 ·  4  ·  5  b6 ·  b7 · | 1
```

Novamente, você pode praticar essa nova visão das notas usando os mesmos acompanhamentos que você usou quando começou a estudar o acorde 3-. A única diferença é que agora você vai usar os novos números (1, b2, b3, etc.) para pensar as notas que você está tocando. Você deve fazer o mesmo para todos os modos restantes também. Passaremos por eles rapidamente agora.

O modo 4 da escala maior é quase exatamente igual ao modo 1. (O modo 1 é simplesmente a escala maior em sua ordem original.) A única diferença entre o modo 4 e o modo 1 é a quarta sustenida que dá a essa escala um sentimento ainda mais leve que o modo 1:

```
4  ·  5  ·  6  ·  7  1  ·  2  ·  3 | 4
1  ·  2  ·  3  ·  #4 5  ·  6  ·  7 | 1
```

O modo 5 é também muito similar ao modo 1, sendo que a única nota alterada é a sétima. Essa escala tem um som que é apenas um pouco mais sombrio do que a própria escala maior no modo 1. Esse é o som que caracteriza a maior parte do blues, funk e música rock.

```
5 · 6 · 7 1 · 2 · 3 4 · |5
1 · 2 · 3 4 · 5 · 6 b7 · |1
```

Se a escala acima parece familiar a você, é porque você já a viu no Exercício 4. Naquele momento a chamamos de ambiente harmônico 1D.

O modo 6 é muito similar ao modo 2. A única diferença é que o modo 6 possui uma sexta bemol enquanto que o modo 2 tem uma sexta natural:

```
6 · 7 1 · 2 · 3 4 · 5 · |6
1 · 2 b3 · 4 · 5 b6 · b7 · |1
```

E finalmente, chegamos ao modo 7, que tem o som mais estranho de todos devido à sua quinta bemol:

```
7 1 · 2 · 3 4 · 5 · 6 · |7
1 b2 · b3 · 4 b5 · b6 · b7 · |1
```

Aqui estão todos eles. Como eu disse antes, não há qualquer conteúdo musical novo aqui. Você já tem improvisado livremente com todos os sete modos da escala maior desde o Exercício 2. Seus ouvidos e suas mãos já estão muito acostumados em trabalhar com esse material. O que estamos praticando agora é simplesmente um ponto de vista diferente a partir do qual vemos as notas.

Pratique essa nova consciência usando o exercício "Cante o Mapa" como você tem feito ao longo do caminho, mas dessa vez use os novos números. Os novos números não substituem os velhos números, mas você deve aprender a enxergar as notas a partir de *ambos* os pontos de vista ao mesmo tempo. Uma vez que você já é um expert do ponto de vista tonal (a primeira escala mostrada em todos os desenhos acima), agora você só precisa dedicar algum tempo em desenvolver o ponto de vista modal (a segunda escala mostrada nos desenhos acima).

Gostaria de dizer novamente que nosso trabalho não se trata de memorizar os sete modos da escala maior, nem procurar lugares para inseri-los em nossa música improvisada. A razão de estarmos assumindo esse novo olhar é para descobrir que nós *já* conhecemos todas as doze notas da escala cromática tonal. As muitas horas que você passou improvisando nos sete ambientes harmônicos da escala maior já lhe ensinaram o som de cada uma das notas na escala cromática tonal:

1　b2　2　b3　3　4　b5　5　b6　6　b7　7　| 1

E *essa* é verdadeiramente a paleta de cores melódicas disponível para você sempre que estiver improvisando. Nosso trabalho em Melodia Revisitada se trata de aprender a nos orientarmos nessa escala cromática tonal, não importa o que esteja acontecendo ao nosso redor.

Harmonia Pura Revisitada

No capítulo "Os Sete Ambientes Harmônicos", definimos acordes como sendo a raiz, 3ª, 5ª e 7ª de qualquer escala em particular. Chamamos essas quatro notas de "notas do acorde" e separamos as três notas restantes da escala como sendo as "outras notas". Acontece que isso foi um pouco de simplificação em excesso. No entanto, foi útil naquele momento porque nos permitiu começar a trabalhar com os sete ambientes harmônicos e conhecer como eles soam e o que nos faz sentir.

Chegou a hora de começar a incluir essas "outras notas" em nossa compreensão sobre o acorde. O conceito de acorde não precisa se limitar a apenas quatro notas. Ele pode ser estendido para além da 7ª e incluir a 9ª, 11ª e 13ª. Na realidade essas são apenas as notas 2, 4 e 6 da oitava seguinte. Então, a verdadeira definição teórica do acorde 1 completo é melhor representada pela seguinte figura:

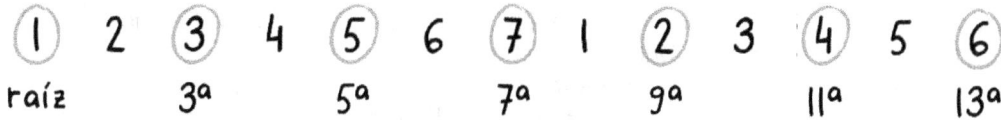

①　2　③　4　⑤　6　⑦　1　②　3　④　5　⑥
raiz　　3ª　　5ª　　7ª　　9ª　　11ª　　13ª

Então, do mesmo modo que você está aprendendo a pensar em termos da escala cromática tonal de doze notas em seu olhar atualizado de Melodia, podemos agora adotar um ponto de vista diferente com relação às "outras notas" em cada um dos sete ambientes harmônicos. Esse novo ponto de vista serve para compreendê-las não como "outras notas", mas como *extensões* do acorde em si. Ao invés de imaginar duas categorias diferentes de notas, como aprendemos a fazer em Harmonia Pura, agora nós enxergamos todas as notas como parte de um continuum, que é mostrado no desenho acima.

Assim como mencionei em nosso olhar atualizado de Melodia, é importante se dar conta de que essa nova prática não tem nada a ver com procurar lugares para inserir as 9ªs e 13ªs na sua música. Nós simplesmente queremos *nos tornarmos conscientes* desses sons e aprender a senti-los como extensões do acorde em si. Não se preocupe sobre como você irá usar esses sons em sua música. Apenas aprecie-os, e deixe que eles penetrem profundamente em sua consciência musical. Confie que esses sons irão enriquecer sua imaginação musical, e que isso irá aparecer naturalmente na música que você imagina.

Você deve investigar as extensões superiores do acorde para todos os ambientes harmônicos que você já viu tanto em Harmonia Pura quanto em Harmonia Mista. Mas concentre-se especialmente nos sete ambientes harmônicos básicos da escala maior, já que é a partir daí que nascem todos os outros sons. Dê uma nova olhada no Exercício 3 e pense como você poderia modificar as atividades naquele capítulo para incluir o acorde estendido inteiro em sua consciência. Você pode reter o conceito de "notas do acorde" e "outras notas", mas você precisa ser mais sofisticado em seu uso dessa metáfora. Olhe novamente para o desenho acima e perceba que ao longo de duas oitavas você ainda vê o mesmo padrão familiar de círculos que alternam. O que é novo aqui é a ideia de que a nota 1 pode ser a "nota do acorde" em uma oitava e a "outra nota" na próxima oitava! Obviamente isso é uma contradição, mas não fique alarmado. Tudo o que estamos tentando fazer é desenvolver nossa própria habilidade de sentir cada nota como sendo *tanto* uma "nota do acorde" como uma "outra nota". Mesmo essa afirmação é por demais simplista. Mas eu acredito que você irá descobrir exatamente o que quero dizer ao experimentar isso por conta própria.

Um bom lugar para começar é o exercício "Sete Mundos Expandidos" do Exercício 3. Depois de escolher sua nota de início e o ambiente harmônico que você quer explorar, toque todas as sete notas desse ambiente harmônico em cima de uma extensão de *duas oitavas* em seu instrumento. Improvise por alguns minutos usando todas as sete notas da escala. Depois, improvise por alguns minutos usando apenas o acorde estendido em cima dessa extensão de duas oitavas: a raiz, 3^a, 5^a, 7^a, 9^a, 11^a, 13^a. Acredito que se você fizer isso, será capaz de sentir a 9^a, 11^a e 13ª não como "outras notas" mas como extensões do próprio acorde.

Esse conceito pode ser inquietante porque levanta questões teóricas que parecem paradoxais. "Como pode a mesma nota ser ao mesmo tempo uma nota do acorde e uma outra nota? Como eu sei quando pensar na nota 2ª como sendo na verdade a 9^a?" A resposta é que ambos esses conceitos (a 2^a e a 9^a) são apenas metáforas. Quando nós estudamos as "outras notas", imaginando-as como sendo as notas 2, 4 e 6, praticamos uma forma particular de usar essas notas. Quando as estudamos como sendo as notas 9^a, 11^a e 13^a, nós estamos praticando uma forma diferente de usá-las. Nenhum dos jeitos é o "correto". Apenas queremos desenvolver nossa própria habilidade de ver as notas a partir de dois pontos de vista, então praticamos essa consciência do jeito específico que descrevi, usando "Sete Mundos Expandidos" do Exercício 3. Mas essa consciência depois se torna parte de você, e aí você não precisa mais pensar nisso de forma consciente. Uma vez que você tenha aprendido a apreciar as notas dessa nova forma, sua sensibilidade expandida irá automaticamente enriquecer sua música.

Em resumo, nossa prática atualizada de Harmonia Pura inclui ambos os seguintes passos:

1. Vamos focar nas extensões superiores do acorde e descobrir seus sons particulares. E vamos expandir nossa imaginação musical de forma a sermos capazes de apreciar essas notas como notas do acorde.

2. Vamos lembrar de nos desprender de todos esses conceitos quando estamos de fato criando nossa música. Toda vez que estivermos improvisando, vamos sempre escutar cada nota como ela realmente é e tocaremos a partir de nossa imaginação, sem tentar rotular as notas que tocamos.

Harmonia Mista Revisitada

No Exercício 4, eu lhe mostrei uma longa lista de ambientes harmônicos alterados que criam diferentes sons e sentimentos. Mas toda vez que estamos improvisando livremente, nossa atração para um centro tonal em particular é algo puramente subjetivo. Como consequência, muitos dos ambientes de Harmonia Mista do Exercício 4 podem ser intercambiáveis, simplificados ou mesmo esquecidos.

Como exemplo, considere a seguinte progressão de acordes que nos leva ao acorde Dm:

$$\| \text{E-7}^{b5} \quad | \text{A7} \quad | \text{Dm} \quad | \text{Dm} \quad \|$$

Se fôssemos encontrar essa progressão no tom F, nós imediatamente a reconheceríamos como a progressão do acorde 6-:

$$\| \text{7-}^{b5} \quad | \text{3D} \quad | \text{6-} \quad | \text{6-} \quad \|$$

Se, por outro lado, estamos tocando uma canção no tom C, entenderíamos a progressão acima como o caminho para o acorde 2-:

$$\| \text{3-}^{b5} \quad | \text{6D} \quad | \text{2-} \quad | \text{2-} \quad \|$$

E se nós estivéssemos tocando uma canção no tom D maior, poderíamos até mesmo pensar na progressão acima da seguinte forma:

$$\| \text{2-}^{b5} \quad | \text{5D} \quad | \text{1-} \quad | \text{1-} \quad \|$$

Toda vez que você estiver tocando canções como standards de jazz que vimos logo depois do Exercício 4, essas diferenças são muito importantes. Ao contrário da maneira com que muitas escolas de música ensinam improvisação, o fato é que as três progressões de acorde acima *não* são a mesma coisa, mesmo se todas elas levam você a tocar as exatas mesmas notas. O que é diferente é a sua orientação tonal, que é a coisa mais importante do mundo para um verdadeiro improvisador. Improvisadores de verdade não estão procurando por regras e atalhos para chegar às "notas corretas". O que estamos procurando é um domínio sobre a oitava, a habilidade de visualizar onde estamos e localizar qualquer som que possamos imaginar. É por isso que tratamos cada progressão de acordes em Harmonia Mista como algo único e especial que deve ser estudado independentemente.

Isso continua verdadeiro no Exercício 5. Nós ainda consideramos cada uma das progressões acima como únicas e especiais. O que é novo no Exercício 5 é que nossa percepção dessas progressões é agora inteiramente *subjetiva*. Já que não estamos mais ancorados a um tom específico, é possível para nós sentir qualquer uma das progressões acima (assim como inúmeras outras) em qualquer dado momento. Nossa única orientação é nosso próprio ouvido. Assim, um complemento natural para sua nova abordagem de Melodia é uma simplificação de seu uso da Harmonia Mista.

Como mencionei anteriormente, pessoas diferentes têm tendência a sentir harmonia de formas diferentes. Algumas pessoas naturalmente se orientam nos ambientes harmônicos que você estudou nos Exercícios 3 e 4, enquanto outras tendem a sentir *qualquer* centro tonal como "nota 1". No caso da progressão de Dm mostrada acima, a pessoa que tende a se orientar na escala maior provavelmente sentiria a progressão acima como sendo 7-b5, 3D, 6-, enquanto a pessoa que se orienta na escala cromática tonal provavelmente a sentiria como sendo 2-b5, 5D, 1-.

Mas o fato é que, em um ambiente de improvisação livre, ambas interpretações estão corretas. Na verdade, *qualquer* interpretação está correta. Os acordes acima podem até mesmo parecer para você como a progressão para um centro tonal incomum como 4-. Mas se é isso que você sente, então é totalmente tranquilo você interpretar os sons dessa maneira. Como você viu antes em nosso olhar atualizado de Melodia, a única coisa que você precisa para tocar o próximo som que você imagina é alguma forma de se orientar em seja qual for o tom que *você* sente.

Então, nossa nova prática no Exercício 5 é aplicar nosso conhecimento de Harmonia Mista de uma forma mais flexível. Toda vez que você estiver improvisando livremente, fique atento para as sensações que descobriu nos ambientes harmônicos alterados do Exercício 4. Apesar de você não estar mais amarrado a nenhum tom específico, essas sensações ainda surgirão em você. E quando surgirem, você pode imediatamente se orientar em qualquer conceito de Harmonia Mista que esteja sentindo naquele momento.

Exercício 5 - Novos exercícios em Sinta, Imagine e Crie

O restante das atividades do Exercício 5 está aproximadamente organizado nas três áreas de habilidade de Sinta, Imagine e Crie. Obviamente há bastante sobreposição entre as diferentes áreas, e muitas das atividades a seguir poderiam ser listadas em mais de uma área. Contudo, eu tentei associar cada atividade com a área de habilidade que ela mais beneficia diretamente, de forma que você possa facilmente selecionar uma atividade para trabalhar uma área de habilidade específica que esteja a fim de praticar.

sinta

Sinta se refere à sua habilidade de reconhecer os sons que você escuta ou imagina. É o que permite a você se orientar em qualquer tom que você esteja sentindo ao escutar o som da última nota que você tocou. Também é o que permite a você localizar em seu mapa tonal a próxima nota que está imaginando.

Escada Invisível. Este é um exercício fascinante que você pode realizar sozinho ou com outras pessoas. Ele consiste em tocar algumas notas aleatórias em um piano e depois usar seu ouvido para "preencher" as notas que faltam. Comece tocando no piano um padrão simples que se repete usando três notas. Você pode escolher quais notas quiser, portanto não se intimide com combinações estranhas e sons fora do comum. Toque um pequeno padrão com essas notas e escute-o algumas vezes. Depois, ajuste sua voz à mais alta dessas notas. Começando nessa altura, apenas comece a descer uma escala musical cantando sejam quais notas parecerem ocorrer a você naturalmente. Cantar essa escala é como descer uma "escada invisível" que conecta as três notas aleatórias que você estava tocando. Quase sempre as notas que você imagina irão formar uma escala maior perfeita, e muitas vezes essa será a *única* escala maior que inclui todas as notas que você estava tocando no piano. Em outras palavras, sua mente subconsciente musical é capaz de instantaneamente imaginar o tom singular que contém as três notas que você estava tocando. Se não há escala maior que contém todas as três notas que você estava tocando, então sua mente subconsciente irá imaginar o tom em que as três notas fazem mais "sentido". Isso é uma habilidade natural que todas as pessoas possuem. (Se você não acredita em mim, tente esse exercício com iniciantes ou mesmo crianças pequenas. Você ficará maravilhado com a frequência com que eles preenchem as notas que faltam com uma escala maior perfeita, mesmo que não tenham ideia do que é uma escala maior!) Todos nós fazemos isso naturalmente porque a música a que temos sido expostos durante nossa vida criou uma espécie de programação subliminar que faz nosso ouvido naturalmente tentar sentir a escala maior *o tempo todo*. Tão logo você escuta as primeiras notas de uma música, sua mente subconsciente automaticamente imagina a escala maior inteira (ou "tom") que contém essas notas. Isso é um exercício importante porque ele mostra a você que o tom da música é subjetivo. "Tonalidade", na verdade, ocorre dentro de nossa própria mente. Mesmo quando se está diante de três notas completamente aleatórias, sua mente subconsciente automaticamente preenche as notas restantes baseada em um tom imaginário. Esse tom soa tão real para você quanto se você estivesse literalmente escutando todas as sete notas do piano. Pratique esse exercício e aprenda a encontrar essa "escada invisível" dentro de você. Uma vez que você tenha se conectado a ela, você será capaz de improvisar sua própria e bela música até mesmo em cima dos ambientes musicais mais estranhos ou sofisticados.

Formatos Móveis de Acorde. Um exercício de aquecimento que eu pratico com frequência com alunos avançados é acompanhá-los com um formato de acorde específico no piano (por exemplo "menor"), enquanto o aluno improvisa. Depois, desloco periodicamente esse formato para uma nova localidade. O aluno deve então se orientar no novo tom. É muito importante não sair desajeitado em busca de novas notas. Lembre-se que a pergunta não é "Qual é o novo tom?". A pergunta é sempre "*Onde* eu estou no novo tom?". A tarefa do aluno é apenas permanecer em seja qual for a nota que ele ou ela está tocando no momento em que o tom muda. O aluno precisa *sentir* onde essa nota está localizada no novo mapa tonal, e depois continuar improvisando no novo tom. Você pode praticar isso com as Bases Musicais IFR Nível 8: Maestria Modal. Primeiro, você irá aprender a dominar mudanças de tom utilizando um único formato de acorde exatamente como faço com meus alunos particulares. Quando você ficar bom em se orientar em um mesmo formato móvel de acorde, você pode seguir para bases mais avançadas que misturam livremente todos os diferentes formatos de acordes (maior, menor, dominante e menor b5) em todas as diferentes localidades. Neste nível, você estará tocando até mesmo as harmonias de jazz mais sofisticadas inteiramente de ouvido.

Progressões Móveis. Uma extensão da última ideia é fazer o mesmo com progressões de acordes inteiras. As mais importantes são 2-, 5D, 1 (o caminho para maior) e 7-b5, 3D, 6- (o caminho para menor). Essa prática é especialmente útil para músicos de jazz, porque os standards de jazz estão repletos dessas pequenas e rápidas progressões 2-5-1 que vêm de outros tons. O que muita gente não percebe é que a mudança de tom *em si* possui um som característico que você pode aprender a reconhecer de ouvido. Assim, como exemplo, se você está improvisando sobre uma canção e de repente há uma mudança de tom que sobe uma terça maior, o som dessa mudança de tom em uma "escalada de terça maior" é absolutamente único e é algo que você pode reconhecer de ouvido. Tudo o que você precisa é de uma oportunidade de praticar improvisar sobre essa exata mudança de tom, da mesma forma que você aprendeu acordes e progressões de acordes. Tudo isso é parte do que fazemos em Bases Musicais IFR Nível 8: Maestria Modal.

Siga a Melodia, Revisitado. No Exercício 2 você aprendeu a escutar uma gravação e a acompanhar a melodia para identificar cada nota como uma das sete notas da escala maior. Na versão atualizada, nós temos as mesmas duas mudanças que vimos antes neste capítulo para Melodia Revisitada. As duas mudanças são que (1) o tom não é mais constante e (2) a nota da melodia pode ser qualquer uma das doze notas da escala cromática tonal. Para praticar essa nova habilidade, é melhor trabalhar com música que é harmonicamente sofisticada, mas ritmicamente lenta. Qualquer música lenta de um compositor clássico do século XX será ótima. Enquanto escuta a música, tente identificar cada uma das notas como uma das doze notas da escala cromática tonal. Quando você sentir a mudança de tom, esqueça o tom antigo e imediatamente se oriente no novo. Não se preocupe em manter controle sobre quantas vezes você sente a mudança de tom. Apenas tente acompanhar a melodia e preste atenção no que cada nota faz você sentir. Se você ficar para trás, apenas pause a música e clarifique o que você está sentindo. Ao cantar algumas notas para cima ou para baixo na escala que você imagina, você deve ser capaz de reconhecer onde está. O nível de maestria dessa prática é pegar seu instrumento e tocar o que o solista toca, nota por nota. Tente acompanhar a melodia como uma sombra, duplicando-a perfeitamente apenas uma fração de segundo atrás.

imagine

Imagine se refere à sua habilidade de imaginar sons que contam uma história cheia de significado. Toda vez que você trabalhar em Imagine, tente esquecer todo o trabalho técnico envolvido em tocar suas ideias no seu instrumento. Esse é o seu momento de trabalhar no cultivo das próprias ideias.

Tocando Música de Outras Pessoas. Finalmente chegamos ao único lugar do método IFR inteiro onde eu irei mencionar sobre estudar a música de outras pessoas. Nós estudamos a música de outras pessoas da mesma forma que estudamos as sete notas da escala maior. Nosso único objetivo é descobrir novos sons e possibilidades. Nós nunca estudamos a música de outras pessoas com a intenção de conscientemente copiá-las ou tentar forçar as ideias dela em nossa música. Tocar uma música clássica ou uma transcrição de um belo solo de jazz nota por nota é uma maneira de prestar seu respeito ao músico que tocou isso. Isso mostra que você está interessado em escutar e contemplar o que aquela pessoa tinha para dizer. Isso mostra que você é curioso, consciente e tem a mente aberta. A razão de eu lhe dizer para não copiar as frases de outros músicos não é porque eu não quero que você aprenda com eles. Pelo contrário, é porque eu *realmente* quero que você aprenda com eles! É a mesma coisa se você estivesse escutando seu sábio avô contar uma história para você. Se sua atenção está voltada para procurar frases que pareçam inteligentes de forma a roubá-las do seu avô para soar tão inteligente quanto ele, então você está perdendo o verdadeiro tesouro que ele está tentando lhe passar. Mas se você apenas *escutar*, se você escutar com paciência e uma mente aberta e apenas refletir nas coisas que ele diz a você, *essa* é a maneira de acabar se tornando sábio como seu avô um dia. Então, estude as composições clássicas e arranjos e transcrições de solo e tudo o mais que você achar belo. Pratique essas músicas diversas vezes até que você consiga tocá-las de cor. Aprecie cada nota e celebre a belíssima música que foi criada por outros. Esse é um dos grandes tesouros da vida moderna, e é seu, para você apreciar o quanto você quiser. Mas toque a música deles com sinceridade e respeito. Não desvalorize a forma de arte ao se focar em frases que soam inteligentes que você pode arrancar. Certifique-se de que você está tirando o verdadeiro presente que eles têm a lhe oferecer, que é enriquecer sua imaginação musical com suas belas ideias. Toque a música deles sem pensar em como você irá usá-la. Confie que a nutrição musical que você recebe irá transparecer em sua própria música um dia.

Cante Livremente, Revisitado. Nesta atividade do Exercício 2, eu o encorajei a cantar música livremente de vez em quando sem fazer qualquer tentativa de se orientar em um tom ou pôr nomes nas notas que você canta. A versão atualizada dessa prática é fazer o mesmo em cima da música mais sofisticada que você encontrar. Tente isso com música jazz contemporânea e compositores clássicos do século XX como Hindemith, Shostakovich e Bartok. Vai ser estranho no começo, mas não deixe sua falta de jeito desencorajar você. Seu ouvido é um gênio musical absoluto que é capaz de imaginar belas melodias mesmo nos ambientes harmônicos mais difíceis ou incomuns. Mas seu ouvido não pode trabalhar para você a não ser que você dê a ele diversas oportunidades para praticar. Você precisa ser tão paciente com sua imaginação quanto é com sua técnica física. É possível que você precise praticar cantar livremente sobre música sofisticada todos os dias por *anos* antes de realmente começar a se sentir confiante. Mas se conforte em saber que cada minuto que você dedica a esse tipo de exercício força sua mente a crescer de formas que você nem sequer percebe. Assim, tente não se apegar demais ao resultado desejado. Apenas tome tempo para apreciar cantar livremente em cima de ambientes musicais bastante complexos, e você estará dando à sua imaginação as experiências que ela precisa para poder crescer.

Memorize o Som. Este último exercício se trata de cantar suas melodias favoritas ou solos nota por nota. Não tente cantar os números ou mesmo pensar sobre onde você está no mapa tonal. Apenas toque uma gravação do seu solo favorito e tente cantar junto com o solista. Você provavelmente não conseguirá cantar o solo inteiro na primeira vez. É necessária muita prática para cantar um solo inteiro nota por nota. Mas você ficará maravilhado sobre quanto detalhe você percebe no solo quando começa a cantar com ele. Se há frases que você gosta em especial, pare a gravação e cante-as em câmera lenta. Elucide cada som de cada uma das notas, de forma que você possa cantar a melodia limpidamente em qualquer andamento. Não se preocupe em tentar descobrir quais são as notas. Apenas *memorize o som* e confie em sua própria habilidade de traduzir esses sons para números toda vez que eles ocorrerem a você durante suas improvisações.

crie

Crie se refere à sua habilidade de expressar no seu instrumento o som que você está imaginando. Isso significa entender onde o som está localizado no seu mapa tonal (que é parte de *Sinta*) e depois ser capaz de executar o intervalo musical necessário no seu instrumento.

Estudos Técnicos. Uma das coisas mais importantes que você pode fazer para tornar mais fácil expressar a sua música é desenvolver um alto nível de maestria física do seu instrumento. Isso inclui o Exercício 1 Meditação Diária, mas vai muito além disso, ao incluir cada aspecto do seu relacionamento físico com seu instrumento. Muitas pessoas não percebem o quanto a criatividade e a técnica física estão inter-relacionadas. No entanto, ter um alto nível de controle sobre seu instrumento é absolutamente essencial para o processo criativo. Se tocar seu instrumento é difícil para você, seu cérebro dedica uma enorme quantidade de energia para gerenciar o processo físico. Você pode não estar consciente disso, mas sua música sofre de todas as formas com essa perda de energia. Seu ritmo não fica tão afiado, seu som não fica tão bonito e suas ideias não ficam tão vivazes. Mas seria errado concluir que você tem um problema com ritmo ou criatividade, mesmo que esses sejam os sintomas que você esteja experienciando. O problema está, com frequência, em sua técnica física. Em termos simples, tocar seu instrumento está requerendo energia cerebral demais. A única maneira de superar esse problema é estudar os aspectos físicos referentes a tocar seu instrumento com um excelente professor. Assim, torne uma prioridade estudar profundamente os mais básicos movimentos envolvidos em tocar seu instrumento. Você ficará maravilhado com o quanto sua criatividade se aprimora depois de apenas alguns meses de estudo técnico sério.

Improvisação Solo Livre. Uma excelente prática diária para o improvisador livre é simplesmente pegar seu instrumento uma vez por dia e, sem qualquer aquecimento, criar uma improvisação livre totalmente espontânea a partir da *primeira nota* que você tocar. Conte uma história, e crie um poema musical curto que represente algo muito preciso. Pode ser que ajude entrar em contato com suas emoções antes de você começar. Pause por um momento antes de você começar a tocar e esclareça o que está sentindo no seu coração e corpo naquele exato momento. Vou deixar que você acesse um grande segredo da performance musical. É muito mais fácil expressar algo que você está realmente sentindo. Então, tome um minuto para se perceber e notar todos os pensamentos e sentimentos que correm através da sua mente. Toque tudo isso. Você realmente é capaz de fazer isso se simplesmente *acreditar em si mesmo*. Talvez você nem sempre ame o que foi capaz de criar. Mas assim como cada um dos outros aspectos da sua arte, seja paciente consigo e dê a si mesmo a oportunidade de praticar. Se o seu sonho é ser capaz de improvisar belas músicas para uma audiência algum dia, então comece praticando agora.

Gravações para adicionar uma parte. Muitos estudantes de música jazz estão familiarizados com gravações em que você adiciona uma parte, feitas especificamente para a prática de improvisação. Há centenas desses produtos no mercado, e alguns deles são de excelente qualidade. As gravações consistem em um grupo de jazz profissional tocando músicas bem conhecidas, onde a única parte que falta é o seu instrumento. Por exemplo, um estudante de piano pode comprar a versão em que a parte do piano está faltando, mas todos os outros instrumentos estão presentes. Essas gravações tipicamente vêm com partitura para as canções, de forma que você possa ler e improvisar com o grupo. Você pode tornar esses produtos um exercício fantástico de Harmonia Livre ao simplesmente jogar fora a partitura. Isso é o que chega mais perto de você experienciar improvisar livremente em um contexto de jazz usando nada mais do que seu ouvido para o orientar. Mesmo que você não sinta que está com 100% de sucesso no início, eu o encorajo a fazer disso uma parte habitual da sua rotina de prática.

Participe Sem Medo. Outra prática importante é participar sem medo de qualquer conversação musical, sem se preocupar sobre quão bem sucedido você se sairá. Isso significa pegar seu instrumento toda vez que houver música tocando em sua casa e tocar junto com ela. Também significa fazer isso em situações sociais reais e presenciais, como jams com outras pessoas. Isso requer que você esteja confortável com a possibilidade de que nem sempre você irá tocar um solo brilhante. Se você for capaz de lidar com isso, então você está no seu caminho. Uma vez que o ego esteja fora do caminho, não há limite para o quão rápido você pode aprender, porque a vida apresenta muitas oportunidades de praticar. Pense sobre o tanto mais rápido que a pessoa aprende uma nova língua se ela está em um país onde fique imersa nessa língua e precisa usá-la para tudo que faz. Tente criar uma vida musical para si mesmo em que você está imerso na linguagem da improvisação livre. Se você participar sem medo de todas as conversações musicais que a vida oferece, a sua confiança irá crescer tão rápido que logo você nem lembrará que estava inseguro no começo.

Improvisação Livre em Grupo. Obviamente, a melhor preparação para a improvisação livre é a própria improvisação livre. Tome a iniciativa de convidar amigos à sua casa para experimentar improvisação livre. Mesmo que seja somente mais uma pessoa, isso é suficiente para lhe dar uma experiência gratificante. Algumas das mais belas músicas improvisadas que já escutei foram criadas por apenas um duo. Para pessoas interessadas em improvisação sincera (em que músicos realmente escutam uns aos outros e experimentam criar algo juntos), eu acredito que formatos pequenos como duos e trios funcionam melhor. Mas não importa o que aconteça, você sempre vai aprender algo e crescer com a experiência. Mesmo nos dias em que você se junta a alguém e não consegue criar música alguma, essas podem ser algumas das lições mais valiosas de todas. Na hora pode ser frustrante porque você não tem certeza da razão de não ter funcionado. Mas depois de você ter tocado com centenas de músicos, você irá começar a enxergar padrões e começará a entender o que você precisa para tocar música. A única maneira de descobrir isso é através da experiência. Então, não espere para começar sua carreira como improvisador livre. Comece hoje e dê a si mesmo a permissão de aprender à medida que caminha. Lembre-se que descobrir o que *não* funciona é tão importante quanto descobrir aquilo que funciona.

Resumo

No Exercício 5: Harmonia Livre, nós aprendemos maneiras de praticar a aplicação de nossas habilidades musicais a um ambiente harmônico que é ambíguo ou está em constante movimento. Nesta configuração, não podemos confiar em um centro tonal constante, então precisamos incorporar nossos sentimentos em cada nota que tocamos. Os mesmos conceitos de harmonia tonal que aprendemos em exercícios anteriores continuam igualmente relevantes, mas agora precisamos aplicar esses conceitos de uma forma subjetiva baseada naquilo que sentimos no momento. Aqui está um sumário dos novos exercícios que irão ajudá-lo a desenvolver essa habilidade:

1. Terreno Revisitado
2. Melodia Revisitada
3. Harmonia Pura Revisitada
4. Harmonia Mista Revisitada
5. Exercícios de Sinta
    - Escada Invisível
    - Formatos Móveis de Acorde
    - Progressões Móveis
    - Siga a Melodia, Revisitado

6. Exercícios de Imagine

    - Tocar Música de Outras Pessoas
    - Cante Livremente, Revisitado
    - Memorize o Som

7. Exercícios de Crie

    - Estudos técnicos
    - Improvisação Solo Livre
    - Gravações para Adicionar uma Parte
    - Participe Sem Medo
    - Improvisação Livre em Grupo

Assim como ocorre com todos os outros exercícios desse livro, você encontrará uma riqueza de ferramentas para acelerar sua maestria em ImproviseForReal.com. Para a sua prática do Exercício 5, um grande recurso são as Bases Musicais IFR Nível 8: Maestria Modal. Esse curso irá guiá-lo em um passo-a-passo através de todo o processo de se tornar um improvisador livre confiante. A cada passo, os materiais harmônicos se tornam apenas um pouco mais abstratos, de forma que você possa avançar em seu próprio ritmo e ganhar confiança enquanto caminha.

A jornada começa

O Caminho que pode ser pronunciado não é um caminho invariável;

Os nomes que podem ser enunciados não são nomes invariáveis;

Foi a partir do Sem-Nome que Céu e Terra nasceram;

Aquilo que possui nome é a mãe que criou as dez mil criaturas, cada uma segundo sua espécie.

- Lao Tzu, China, 550 a.C.

Nas artes marciais japonesas, quando um aluno atinge o nível faixa preta, ele adquire o que é chamado Shodan, que significa "grau iniciante". A jornada não termina aí. Pelo contrário, esse é o momento em que a jornada *começa*. Conquistar o nível Shodan significa que você foi exposto ao conjunto completo de ideias, e agora você pode começar a estudar.

Durante o tempo que você levou aprendendo e praticando o método IFR, você conquistou sua espécie de "grau iniciante". Você adquiriu uma compreensão profunda e pessoal de harmonia, desenvolveu uma maestria sobre os sons do nosso sistema musical e aprendeu como expressar qualquer ideia musical que você imaginar em qualquer tom no seu instrumento.

Mas assim como ocorre nas artes marciais, sua jornada como improvisador está apenas começando. Agora você tem um conjunto poderoso de habilidades que lhe permite praticar sua arte. Mas sua contribuição como um artista depende do que você faz, de fato, com essas habilidades. Em seu momento de autoexpressão, o que você dirá? O que você *precisa* dizer?

Quando você escuta os grandes improvisadores, você sente algo em sua alma que não consegue colocar em palavras. Você se sente tomado de uma imensa e poderosa voz que parece contar a história completa de nossa experiência humana compartilhada. A música deles transcende a harmonia, e a mensagem deles parece infinitamente maior que as notas individuais que eles estejam tocando.

Esse é o eterno mistério da música. Podemos conversar sobre música o dia inteiro, mas nunca iremos conseguir capturar sua essência em palavras. Música, assim como tudo na natureza, pertence ao Sem-Nome. Nossas tentativas de explicá-la em palavras ou reduzi-la a técnicas apenas cria mais daquelas dez mil criaturas que Lao Tzu escreveu a respeito tanto tempo atrás.

E essa é a última ideia que eu gostaria de deixar com você a respeito do assunto música. Eu espero que sua jornada daqui para a frente o leve a um conhecimento mais profundo de si mesmo e a uma conexão mais profunda com as pessoas ao seu redor. E eu espero que você nunca se esqueça que a verdadeira mágica da música não está nas notas. Ela está naqueles momentos poderosos de expressão humana que nos relembram da significância e da majestade da vida que nos foi concedida.

Sobre o autor

Meu nome é David Reed. Eu quero agradecê-lo por ler meu livro. A verdade é que nunca planejei me tornar um escritor, nem um professor de música. Eu nunca quis criar uma forma "diferente" de pensar sobre harmonia. Assim como a maioria dos jovens músicos, eu só queria tocar.

Mas a maior parte da minha vida eu me senti como se estivesse do lado de fora da música, olhando para dentro, para algo que eu não conseguia compreender totalmente. Eu sentava no parque embaixo de uma árvore por horas, tocando acordes e melodias simples no meu violão. Eu estava fascinado por belos sons e queria escutá-los inúmeras vezes. Mas tudo o que eu sabia como tocar estava isolado. Eu não possuía uma visão global do que eu estava fazendo, e nenhuma forma de relacionar os sons de uma melodia com os sons de outra. Por essa razão, a improvisação também não veio naturalmente para mim. Nos primeiros e diversos anos que estudei música, eu não era capaz de improvisar nada. As pessoas me encorajavam a simplesmente "seguir o fluxo", e tocar "seja lá o que sair". Mas nunca saía nada!

Apesar das minhas limitações, eu amava música mais do que qualquer coisa no mundo. Meu pai foi um trompetista de jazz e eu cresci escutando gravações de Miles Davis, Chet Baker e Billie Holiday. Comecei a tocar violão quando tinha nove anos. Alguns anos mais tarde eu estava tocando em bandas de rock, cantando no coral da escola e também tocando trompete. Quando eu estava com dezesseis anos, consegui uma oportunidade de tocar rotineiramente em um quinteto local de jazz. Essa foi uma das melhores experiências de aprendizagem na minha vida. Nós tocávamos por quatro horas seguidas toda noite de sexta e de sábado, por quase dois anos enquanto eu ainda estava no colégio.

Eu não tenho um título em música. Na faculdade eu estudei um monte de coisas diferentes que me interessavam, de mecânica quântica à ficção experimental. Mas a ideia de entrar em uma escola de música não me atraía. Eu já possuía um relacionamento muito pessoal com a música, e não gostava da ideia de um monte de professores de faculdade me dizendo como jazz deve ser tocado. Mas ao mesmo tempo, eu estava fascinado pela harmonia do jazz e queria compreendê-la. Eu li todo livro de teoria musical em que pude pôr minhas mãos. Transcrevi álbuns inteiros de Charlie Parker, Chet Baker e Sonny Rollins. Em um verão, eu passei todos os dias na biblioteca da faculdade de música escutando a discografia inteira de Miles Davis, consecutivamente, do primeiro álbum ao último. Eu até mesmo costumava pôr álbuns do Ornette Coleman no meu CD player e programava para repetir a noite inteira porque eu pensava que isso de alguma forma nutriria minha mente enquanto eu dormia.

Minha fascinação com música acabou por me levar a estudar e tocar em Nova York, Los Angeles, Argentina, Brasil, Uruguai, Senegal, Guiné-Bissau e Espanha. Foi em Barcelona, Espanha, que o método IFR foi de fato criado. Por sete anos eu dei aulas de improvisação musical para todos os instrumentos. Eu tive a oportunidade de trabalhar com centenas de estudantes de todos os níveis de habilidade e origens. Além de me dar a chance de explorar modelos alternativos de visualizar harmonia, a experiência também me forçou a reexaminar minhas próprias crenças e atitudes com relação à improvisação. Todas as grandes descobertas que me levaram à criação deste método foram resultado desse período de experimentação em Barcelona.

Alguns outros eventos importantes aconteceram em minha vida durante minha estadia em Barcelona. Eu mudei a afinação do meu violão para possibilitar uma abordagem totalmente visual à harmonia, o que exigiu que eu reaprendesse a tocar violão. Comecei a praticar Aikido, o que me deu uma nova perspectiva em cada aspecto da minha vida, especialmente com relação à música e meu ensino. E o evento mais importante foi que eu me apaixonei por uma jovem e bela violinista chamada Mireia, que hoje é minha esposa. Mireia criou todas as ilustrações que aparecem neste livro. Ela também criou muitos dos cursos do IFR e materiais de aprendizagem, incluindo nosso programa inteiro de treinamento de ouvido.

Levou muitos anos para que eu encontrasse todos os pedaços do meu próprio quebra-cabeças pessoal. Hoje, improvisação musical é a maior fonte de prazer da minha vida. Eu sou muito agradecido por esse presente e feliz de compartilhá-lo com o máximo de pessoas que eu puder. Eu não afirmo que sei tocar melhor que alguma outra pessoa. E realmente não me importo com isso. Mas tenho esperança que esse livro irá ajudá-lo um pouco a encontrar o seu próprio prazer na música.

www.ingramcontent.com/pod-product-compliance
Lightning Source LLC
Chambersburg PA
CBHW080359170426
43193CB00016B/2763